数据可视化
从概念、方法到典型案例

SHUJU KESHIHUA CONG GAINIAN FANGFA DAO DIANXING ANLI

骆岩林◎著

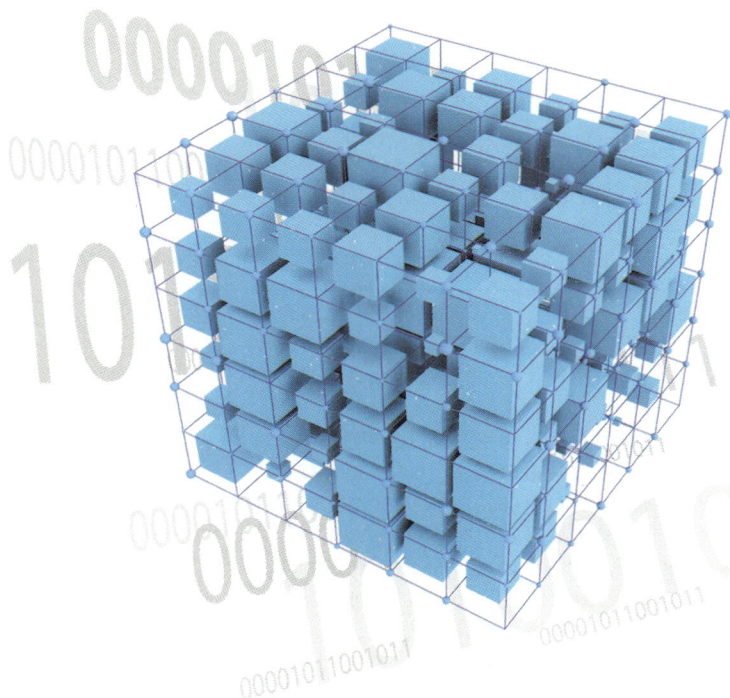

扫码查看资源
激活码k8RGfkQm

北京师范大学出版集团
BEIJING NORMAL UNIVERSITY PUBLISHING GROUP
北京师范大学出版社

图书在版编目(CIP)数据

数据可视化：从概念、方法到典型案例/骆岩林著.—北京：北京师范大学出版社，2021.3
ISBN 978-7-303-26772-9

Ⅰ. ①数… Ⅱ. ①骆… Ⅲ. ①可视化软件-数据处理-教材 Ⅳ. ①TP317.3

中国版本图书馆 CIP 数据核字(2021)第 017604 号

营 销 中 心 电 话　　010-58802181　58805532
北师大出版社科技与经管分社　www.jswsbook.com
电 子 信 箱　　jswsbook@163.com

出版发行：北京师范大学出版社　www.bnupg.com
　　　　　北京市西城区新街口外大街 12-3 号
　　　　　邮政编码：100088
印　　刷：北京京师印务有限公司
经　　销：全国新华书店
开　　本：787 mm×1092 mm　1/16
印　　张：12
字　　数：248 千字
版　　次：2021 年 3 月第 1 版
印　　次：2021 年 3 月第 1 次印刷
定　　价：52.50 元

策划编辑：赵洛育　　　　　责任编辑：赵洛育
美术编辑：李向昕　　　　　装帧设计：李向昕
责任校对：段立超　　　　　责任印制：赵非非

内容简介

    本书涵盖了信息可视化、科学可视化及交互等内容，由知识点导读、方法概要、系统介绍与配置、导图操作等部分组成。共有 5 个典型案例：多维视（多维非空间数据可视化）、社网视（社交网络三维可视化）、脑网视（脑网络三维可视化）、体视（体数据可视化）、体交互（体数据交互）。前两章侧重信息可视化，后三章主要介绍了科学可视化及可视化交互技术。

    本书既可作为高等院校计算机相关专业的数据可视化教材，也可作为相关专业的自学读本或相关从业人员的参考用书。

前　　言

人们常说：一图胜千言。研究表明：人脑要处理的信息多与视觉有关，因为人类获取的信息83％来自视觉。虽然信息量很大，但在加工视觉信息时认知负荷很低，所需努力极其微小。而当抽象数据以直观可视化展示时，用户通过视觉认知，往往能够很容易地洞悉数据背后隐藏的信息并转化为自身知识以及能力。因此，可视化能够起到有效表达、沟通并辅助数据理解和分析的作用。

数据可视化，是将抽象数据用图形、图像等形式直观呈现，并融合了交互体验技术的科学技术。它可以帮助人们利用视觉感知分析和识别数据中隐藏的模式、关系、规律等特征，从而获得知识和灵感。降低数据理解的难度，使数据价值被有效挖掘。

通常，人们认为信息可视化、科学可视化和可视分析是数据可视化的3个主要分支。信息可视化处理的对象是非结构化、非几何的抽象数据，核心挑战是针对大尺度的高维复杂数据如何减少视觉混淆对有用信息的干扰。科学可视化方法主要面向科学和工程领域的数据，如含有空间坐标和几何信息的三维空间测量数据、计算模拟数据和医学影像数据等（这些数据通常来自物理、化学、生物学、医学、航空航天、气象环境等自然学科），重点探索如何以几何、拓扑和形状特征呈现数据中蕴含的规律。此外，由于数据分析的重要性，将可视化和分析结合，即可视分析。

数据可视化涉及抽象数据、概念、理论和方法等，其内容往往非常枯燥、晦涩难懂，造成学生认知困难。同时，在以往教学过程中，人们发现了一些常用的数据可视化工具，如 Tableau、Gephi、VisIt 等，它们使信息学科领域的学生在学习数据可视化方面的知识时比以前容易，但 Tableau 不提供开源代码，无法了解前端数据可视化技术的细节；Gephi 提供的社交网络可视化只是二维；VisIt 在遇到较大规模的标量场数据可视化时速度不能实时等，这些应用软件远不能满足实际教学需求。鉴于编者对数据可视化教学的热爱，以及同学们对这门课程的肯定和喜爱，激励编者尽快出版一本融合不同知识点及相关技术的书籍，以拨开可视化"迷雾"，使学生能够通过实操体验，获得该学科的知识和感悟，培养和提升可视化素养和创新能力。

本书共分为5章，如图1所示，其中，第1章和第2章选取了信息可视化的两个典型案例，如多维非空间数据可视化系统、社交网络三维可视化系统，让学生了解数据前端可视化的相关技术；第3章和第4章主要讲解脑网络三维可视化、体数据可视化的经典体绘制技术。第5章主要介绍可视化交互案例，基于体数据设计交互，如切割、滤镜，可以让学生了解到三维交互和虚拟现实的一些概念。

　　虚拟现实是一种创建虚拟情境和体验的技术，作用于用户的视觉、听觉、力触觉，使其"沉浸"于其中。虚拟现实以其沉浸性、交互性、想象性可为用户提供逼真的沉浸式交互体验，对教育产生深远的影响，沉浸式学习环境就是其典型应用。作为沉浸式学习的应用，借助 HTC 设备可以直观地呈现结果和体验沉浸式交互，如第 2 章中的社交网络三维可视化系统。另外，本书每章均附有测试数据，读者可在其基础上扩展功能。每个系统都支持鼠标的二维交互操作，在没有三维交互设备的情况下也不影响学习。

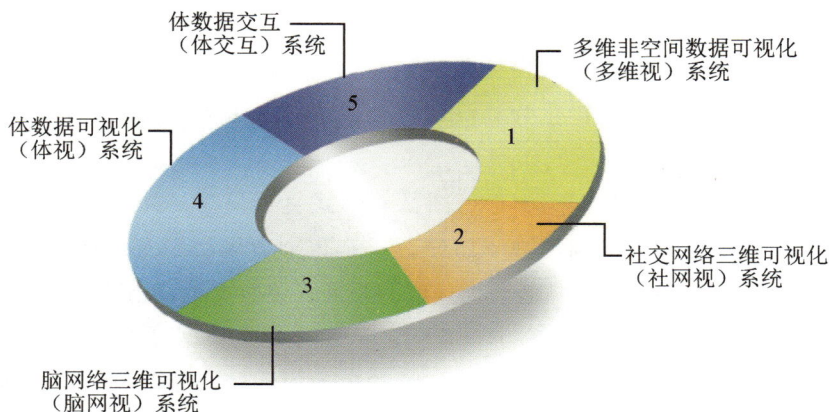

图 1　本书内容组织

　　科学问题能提高学生学习科学的兴趣，编者将科研成果转化为原创性教学案例，并梳理了以往的研究成果，力争抽取出重要知识点、方法等，以图文并茂、简洁易懂的方式整合在体视、体交互等系统中，用作优质教学资源。自 2010 年"数据可视化"课程开课以来，多次获得北京师范大学教师发展中心、教务处的项目支持，如人工智能课程改革背景下"数据可视化"的教材建设、"可视化直观教学法""数据可视化"课程的混合式教学等，这些不断鞭策着编者使本书尽快问世。

　　编者在编写本书时，旨在强调可视化课程教学中的案例教学、自主学习等问题。可引导学习者通过知识点导读、方法概要、系统介绍与配置、导图操作等内容，进行循序渐进地学习。本书具有以下特色。

　　①图文并茂：知识点导读、方法概要等部分采用大量图解直观说明、叙述简洁。

　　②可操作性强：通过系统介绍与配置、导图操作部分，帮助读者学习和体验可视化技术。

　　③良好的可扩展性：读者可以方便地在所提供的案例基础上增加系统功能和扩展应用。

　　④附有电子资源：提供配套的源代码、课件等。

　　在本书付梓之际，向编者的几位研究生表示深深的感谢！他们在繁忙的学习中抽出时间协助整理本书，其中，王裕栋负责多维非空间数据可视化系统、韩靖和厉高翔负责社交网络三维可视化系统、邵璟璇负责体数据可视化系统、田歌和惠筱负责脑网络三维可视化系统和体数据交互系统。同时，感谢国家自然科学基金（No.61977063）和国家重点研发计划课题（2017YFC0108104）的支持！尽管编者希望本书能够呈现最全面、最系统的典型案例，但由于时间和水平有限，书中难免存在疏漏和欠缺之处，期待今后做进一步优化和完善，扩展原有案例功能，或增加更多教学案例。欢迎广大教师和读者提出宝贵意见，邮箱：luoyl@bnu.edu.cn。

骆岩林

2020 年 12 月 10 日

目　　录

第 1 章　多维非空间数据可视化

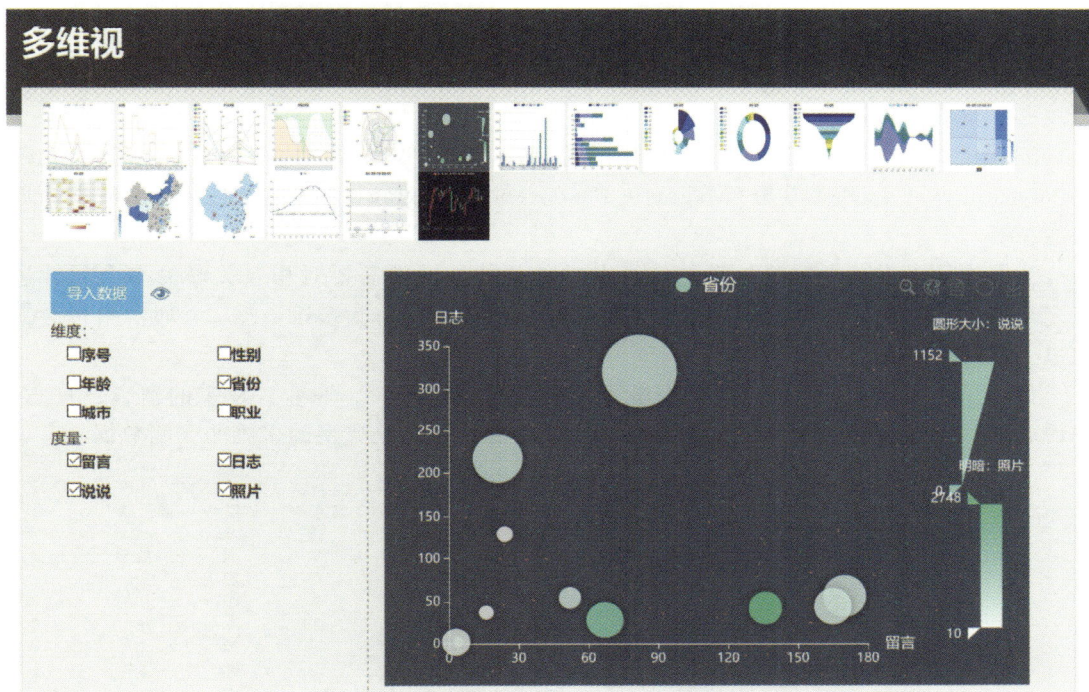

图 1.1　多维视系统界面与效果图

摘要：

随着互联网的发展，人们在日常工作与学习中会接触到各种各样的多维非空间数据，通过可视化软件可对其进行分析，探索其数据项的分布规律和模式，并揭示不同维度属性之间的隐含关系，在数据分析中有着较广泛的应用。然而，多维数据可视化软件桌面版安装烦琐，而且要求用户有一定基础，科研所用的专业版软件费用普遍较高。这使得数据可视化软件受众不多，存在诸多不便。多维非空间数据可视化（以下简称为"多维视"）系统是一个网页版的数据可视化应用，如图 1.1 所示，读者可通过学习了解前端数据可视化技术。

1.1 知识点导读

1.1.1 多维数据

一维数据：只有单一属性的数据，如一维向量。

二维数据：包含两个主要属性的数据，如含有 X 坐标和 Y 坐标的直角坐标系、具有经度和纬度的地理数据等。

三维数据：含有三个主要属性的数据，如医学计算机断层扫描（Computed Tomography，CT）和磁共振（Magnetic Resoncence Imaging，MRI）数据、气象数据、地质数据等。

为了全面、准确地反映信息的特征及总体规律，通常需要对相互关联的多个属性进行多个维度的刻画，这些具有多个维度的数据属性或变量称为多维数据①。通常指包含三个以上属性的数据。

如图 1.2 所示，QQ 用户的调查数据，包括省份、年龄、职业、发表的留言、日志、说说和照片的数量等多个维度信息，且与空间信息无关，是典型的多维非空间数据。

	A	B	C	D	E	F	G	H	I	J
	序号	性别	年龄	省份	城市	职业	留言#V	日志#V	说说#V	照片#V
	1	女	21	浙江	金华	财务/审计/统计	15	15	158	363
	2	女	23	广东	深圳	财务/审计/统计	12	5	34	11
	3	女	30	浙江	温州	财务/审计/统计	1	140	25	176
	4	男	20	青海	西宁	财务/审计/统计	3	2	316	199
	5	女	44	山东	枣庄	财务/审计/统计	4	2	0	76
	6	男	21	宁夏	中卫	财务/审计/统计	16	37	74	10
	7	男	14	湖南	岳阳	财务/审计/统计	41	10	734	1
	8	女	23	湖南	邵阳	财务/审计/统计	41	311	418	605
	9	女	26	山西	运城	财务/审计/统计	52	54	208	480
	10	女	27	上海	杨浦	财务/审计/统计	52	12	319	1479
	11	女	28	北京	朝阳	财务/审计/统计	124	1	382	2292
	12	男	26	内蒙古	鄂尔多斯	财务/审计/统计	164	3	456	208
	13	女	25	西藏	拉萨	财务/审计/统计	167	4	262	319
	14	女	21	上海	金华	财务/审计/统计	15	16	158	382
	15	女	23	北京	深圳	财务/审计/统计	12	41	34	456
	16	女	30	内蒙古	温州	财务/审计/统计	1	41	25	262
	17	男	20	西藏	西宁	财务/审计/统计	3	52	316	158
	18	女	44	浙江	枣庄	财务/审计/统计	4	52	0	76
	19	男	21	广东	中卫	财务/审计/统计	12	124	74	10
	20	男	14	浙江	岳阳	财务/审计/统计	1	10	524	1

图 1.2 QQ 用户的调查数据

1.1.2 维度和度量

多维数据集通常用数据表表示。

---

① （Multi-dimensional Data）

维度（Dimension）可以理解成一种分类的方式，或者称为标签，是数据表中的类别数据，如图 1.2 中的性别、省份和职业等。

度量（Measure）是数据表中数值数据，如图 1.2 中的留言、日志、说说和照片。

一般离散型数据适用于维度，如字符、时间、地理位置等；连续型数据适用于度量，如数字。多维视系统根据数据文件首行确定维度与度量信息，以标识"♯V"为后缀的信息被识别为度量信息，其他信息被识别为维度信息。

1.1.3　多维非空间数据可视化

多维非空间数据可视化（Visualization for Multi-dimensional Non-spatial Data）是数据可视化的重要分支之一，其关注对象是多维非空间数据。多维泛指具有多个相互独立维度或多个相互潜在关联变量，非空间数据指不具备空间信息（如位置和拓扑关系）的属性数据。

例如，QQ 用户的调查数据，包括省份、年龄、职业、发表的留言、日志、说说和照片的数量等多个维度信息，且与空间信息无关，是典型的多维非空间数据。人眼能感知的空间不超过三维，因此，多维非空间数据可视化的重要目标是将数据呈现于二维或三维空间内。

1.1.4　可视映射

可视映射（Visual Mapping）是指将数据数值、空间坐标、数据间联系等属性映射为标记、位置、形状、大小和颜色等可视化元素，是整个可视化流程的核心。最常见的数据组织方式为属性与数值的结合，其可视化元素由两部分组成：一是图形元素标记，如点、线和区域，通常每条数据记录对应一个图形元素标记；二是用于控制标记视觉特征的视觉通道，常用的视觉通道有标记的位置、大小、形状、颜色色调、饱和度和亮度等[1]。

在图 1.1 中，QQ 用户调查数据中将各省份记录映射为圆点图形标记，标记的横坐标、纵坐标、大小和颜色明暗四种特征属于视觉通道，分别表示"留言数量""日志数量""说说数量"和"照片数量"四种属性。标记和视觉通道的结合完整地将 QQ 用户的调查数据进行可视化表达，完成可视映射这一过程。

1.1.5　可视化元素

可视化元素（Visual Element）是构成可视化对象的基本元素。人眼对不同可视化元素的感知精确性存在差异，因此在可视映射中不同可视化元素的优先级高低是有所差别的。对常见的三类数据，如数值型、有序型和类别型，可视化元素的优先级高低顺序也不尽相同，根据相关研究和实验[1][2][3]，其优先级顺序如图 1.3 所示。

1. 位置

位置是人眼感知最为敏感的视觉元素，可以精确地描述数值。位置的判定需要参照物，一般为坐标系。

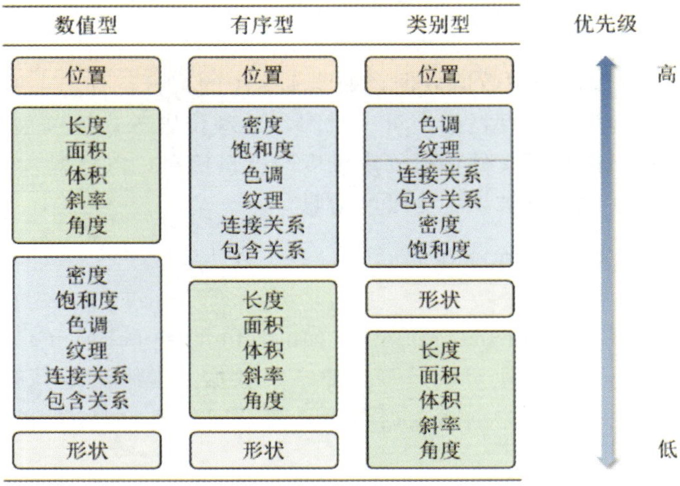

数值型	有序型	类别型	优先级
位置	位置	位置	高
长度 面积 体积 斜率 角度	密度 饱和度 色调 纹理 连接关系 包含关系	色调 纹理 连接关系 包含关系 密度 饱和度	
密度 饱和度 色调 纹理 连接关系 包含关系	长度 面积 体积 斜率 角度	形状	
		长度 面积 体积 斜率 角度	
形状	形状		低

图 1.3　数据类型对应的可视化元素优先级

2. 长度、面积和体积

长度、面积和体积是数据大小在一维、二维和三维空间中的具体表现。相比位置，这三个视觉元素在展现具体数值时较弱，但可以表现数值间的大小关系。

3. 角度

角度用于在极坐标系上表现数据的大小，在展现数据占总体的比例时，在饼图中会有良好的表现，其取值范围为 $0°\sim360°$。

4. 斜率

斜率大小取决于直线或曲线切线与坐标轴的夹角，可用来表示数据的变化程度。由于斜率值与坐标轴的长度和取值范围有关，因此可以通过调整坐标轴来调整斜率大小，其影响用户对数据变化程度的感受。

5. 形状

形状一般用于区分类别型数据。用户的认知能力和经验对形状有较大影响。因此，形状的选择和设计常与现实事物相联系，可以结合设计者的理念进行提炼和创造。

6. 色调、饱和度和纹理

色调、饱和度和纹理属于颜色属性范畴。颜色和形状一样，体现类型的差异性，不同色调和纹理可以很好地区分类别型数据。但相较于位置和长度等元素，颜色表示数值的精确性较弱。

7. 密度、连接关系和包含关系

密度、连接关系和包含关系用于体现两条或多条数据之间的联系，对有序型和类别型数据有较好表现，表示数值型数据的能力较弱。

1.2 方法概要

1.2.1 数据可视化流程

数据可视化是利用人眼的感知能力对数据进行交互的可视表达以增强认知的技术[4]。将数据映射为人们容易感知的图形、符号、颜色等，可以提高数据的可理解程度。同时，其能够直观展示数据内部隐含的模式、趋势和相关性，为进一步分析和处理数据提供了参考思路。借助数据可视化，用户可以验证相关假设，探索新模式。

数据可视化的具体流程有很多种，如图1.4所示为其中一种。用户从自然现象或社会现象中发现问题，采集相关数据，经过数据预处理，包括数据清理、数据集成、数据规约和数据变换[5]，然后通过可视映射得到可以感知的可视化结果，并对流程做出反馈，最终获得知识灵感。其中最为重要的模块是数据预处理和可视映射。

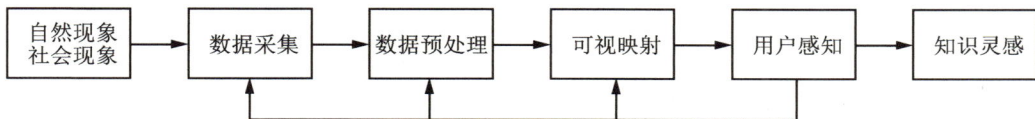

```
┌─────────┐   ┌─────────┐   ┌─────────┐   ┌─────────┐   ┌─────────┐   ┌─────────┐
│自然现象  │→ │数据采集  │→ │数据预处理 │→ │可视映射  │→ │用户感知  │→ │知识灵感  │
│社会现象  │   │         │   │         │   │         │   │         │   │         │
└─────────┘   └─────────┘   └─────────┘   └─────────┘   └─────────┘   └─────────┘
                   ↑             ↑             ↑             ↑
```

图1.4 数据可视化流程示意图

1.2.2 降维投影

当数据维度高于七维时，人们就难以观察，于是习惯每次观察高维中的某两维，利用其结果进行分析，但这种方法效率不高。因此，需要考虑降维，将高维数据投影或嵌入二维或三维的低维空间，展现和分析其整体特征和分布特征。通过线性或非线性变换将多维数据投影或嵌入低维空间，并尽可能保持数据在多维空间中的特征不变。降维算法的好坏，通常可从可视化的效果衡量，如相似的数据是不是离得近，不相似的数据是不是离得远。下面简单介绍常用的数据降维方法，主要包括主成分分析法、多维尺度分析法和t分布随机近邻嵌入法等。

Sklearn是一个Python第三方模块（网址：http://scikit-learn.org/stable/），封装了包括以上三种方法在内的多种数据降维算法，其代码示例参见附录1.1。使用Sklearn封装的函数对2000—2016年我国人均主要工农业产品产量数据（如图1.5所示，共20维度，数据来源于国家统计局官方网站：http://www.stats.gov.cn/tjsj/）进行降维，得出了如图1.6、图1.7、图1.8所示的降维结果。

1. 主成分分析法

主成分分析法（Principal Components Analysis，PCA）基本思想是用一组互相独立的综合指标代表数据的统计性质[6]，该算法的执行步骤如下。

时间	粮食人均	棉花人均	油料人均	糖料人均	茶叶人均	水果人均	猪牛羊肉	水产品人均	人均原煤	人均原油	人均纱产	人均布产	人均机制	人均水泥	人均粗钢	人均发电	人均能源	人均煤炭	人均石油	人均电力
2016年	479.04	3.88	24.66	81.06	1.74	177.02	47.17	46.27	2473.8	144.8	27.07	65.77	89.36	1748.39	585.79	4448.62	3161.2	2789.4	409.1	4446.1
2015年	481.76	4.31	24.73	81.79	1.64	178.85	48.88	45.09	2732	156	25.8	65.09	85.64	1720.5	586.21	4240.44	3135	2895	402	4231
2014年	468.86	4.62	24.72	88.61	1.54	170.81	50.31	43.8	2839.6	155	24.77	65.51	86.39	1826.67	602.74	4247.29	3121	3017	379.8	4132.9
2013年	464.48	4.63	24.22	92.49	1.32	167.59	49.14	42.15	2928	155	23.57	66.13	83.42	1782.29	599.05	4001.56	3071	3127	368	3993
2012年	453.27	4.89	24.33	92.19	1.33	163.56	47.85	40.59	2698.6	153.6	22.09	62.85	81.12	1636.08	535.93	3692.58	2678	2610.9	352.8	3684.2
2011年	437.82	4.85	23.9	86.77	1.21	156.37	45.7	41.7	2616	151	20.22	60.57	81.92	1561.8	509.83	3506.37	2589	2551	338	3497
2010年	417.96	4.31	23.6	84.5	1.1	150.22	46.17	40.2	2418.3	151.8	19.23	59.8	73.5	1406.82	476.36	3145.06	2429	2334.1	323.3	3134.8
2009年	405.19	4.68	23.58	88.24	1.02	143.43	44.75	38.49	2233	142.3	17.02	56.59	67.34	1234.9	409.81	2790.33	2303.2	2222	288.3	2781.7
2008年	403.38	5.46	22.92	98.18	0.95	136.71	42.98	36.96	2115.3	143.8	15.52	54.58	63.45	1074.66	379.76	2617.2	2200.2	2122	281.6	2607.6
2007年	382.54	5.76	21.15	91.68	0.88	127.48	40.37	36.02	2042.4	141.4	14.86	51.24	59.13	1032.85	371.27	2490.01	2128.5	2069.6	278.2	2482.2
2006年	379.89	5.75	20.14	79.78	0.78	130.45	42.78	34.96	1928.7	140.9	13.29	45.66	52.35	943.36	319.71	2185.88	1973.1	1945.6	266	2180.6
2005年	371.26	4.38	23.6	72.5	0.72	123.65	41.98	33	1802.2	139	11.13	37.15	47.6	819.84	270.95	1917.79	1810.2	1778.4	249.6	1913
2004年	362.22	4.88	23.66	73.84	0.64	118.36	40.39	32.76	1637.7	135.7	9.96	37.2	41.77	745.96	228.28	1699.99	1646.9	1601.5	244.6	1695.2
2003年	334.29	3.77	21.82	74.83	0.6	112.68	39.5	31.64	1424.2	131.6	7.63	27.4	37.64	669.11	172.57	1482.91	1426.5	1401.6	210.5	1477.1
2002年	356.96	3.84	22.63	80.39	0.58	112.3	38.49	30.89	1210.9	130.4	6.64	25.18	36.45	566.23	142.43	1291.78	1245.2	1189.3	193.6	1286
2001年	355.89	4.2	22.5	68.05	0.55	52.35	37.99	29.85	1157	128.9	5.98	22.8	29.7	519.75	119.22	1164.29	1182.6	1136.4	180	1157.6
2000年	366.04	3.5	23.4	60.47	0.54	49.3	37.57	29.35	1096.3	129.1	5.2	21.94	19.1	472.82	101.77	1073.62	1152.6	1117.4	178.2	1066.9

图 1.5　2000—2016 年我国人均主要工农业产品产量

第一步，根据 N 条 P 维原始数据 $\vec{x}_i = (x_{1i}, x_{2i}, \cdots, x_{Pi})^T$，$i = 1, 2, \cdots, N$，$N > P$，构造 $P \times N$ 的原始数据矩阵 $\boldsymbol{X} = (\vec{x}_1, \vec{x}_2, \cdots, \vec{x}_N)$。

第二步，对样本矩阵进行如下标准化变换。

$$Z_{ji} = \frac{x_{ji} - \bar{x}_j}{\sigma_j}, \quad i = 1, 2, \cdots, N; \quad j = 1, 2, \cdots, P$$

式中

$$\bar{x}_j = \frac{1}{N} \sum_{i=1}^{N} x_{ji}, \quad \sigma_j = \sqrt{\frac{1}{N-1} \sum_{i=1}^{N} (x_{ji} - \bar{x}_j)^2}$$

得到 $P \times N$ 的标准化矩阵 $\boldsymbol{Z}$。

第三步，对标准化矩阵求 $P \times P$ 的协方差矩阵。

$$\boldsymbol{R} = \frac{1}{N-1} \boldsymbol{Z} \boldsymbol{Z}^T$$

第四步，解协方差矩阵的特征方程 $|\boldsymbol{R} - \lambda \boldsymbol{I}_P| = 0$，得到 P 个特征值。

第五步，对特征值从大到小排序，选择前 K 个。解方程 $\boldsymbol{R}\vec{b} = \lambda\vec{b}$ 得到对应的特征向量 $\vec{b}_k$，$k = 1, 2, \cdots, K$，组成 $K \times P$ 的特征向量矩阵 $\boldsymbol{P} = (\vec{b}_1, \vec{b}_2, \cdots, \vec{b}_K)$。

第六步，将原始数据转换到 K 个特征向量构建的新空间，得 $K \times N$ 的转换后矩阵 $\boldsymbol{Y}$，即 $\boldsymbol{Y} = \boldsymbol{P}\boldsymbol{X}$。

将降维结果在多维视系统中可视化，如图 1.6 所示。

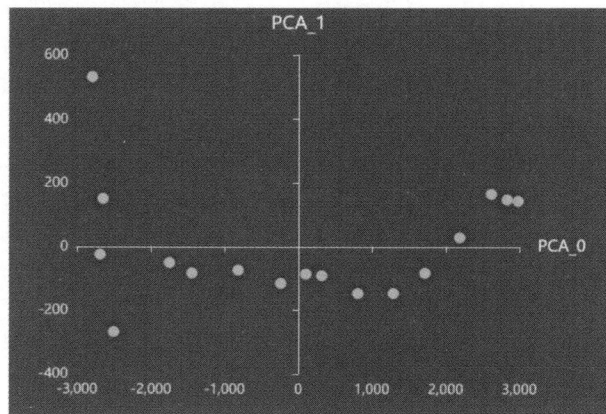

图 1.6　主成分分析法降维投影结果

2. 多维尺度分析法

多维尺度分析法(Multi-dimensional Scaling，MDS)基本原理是根据数据集的相似程度，计算各数据点在低维空间中的位置[7]，该算法执行步骤如下。

第一步，根据 N 条 P 维原始数据，构造 $N \times N$ 的相似矩阵 $\boldsymbol{D}$，d_{ij} 为每对数据的相似度，如欧氏距离。

第二步，构造 $N \times K$ 的矩阵 $\boldsymbol{M}$ 表示所有数据点在 K 维空间的位置。

第三步，根据矩阵 $\boldsymbol{M}$ 构造 $N \times N$ 的相似矩阵 $\boldsymbol{L}$，l_{ij} 为 K 维空间中每对数据的相似度。

第四步，计算应力值。

$$S = \sqrt{\frac{\sum_i \sum_{j>i} (d_{ij} - l_{ij})^2}{\sum_i \sum_{j>i} d_{ij}^2}}$$

第五步，将矩阵 $\boldsymbol{M}$ 中数据点的位置向应力值减少的方向移动，循环至应力值小于预设阈值，或达到预设迭代次数，算法停止。

将降维结果在多维视系统中可视化，如图 1.7 所示。

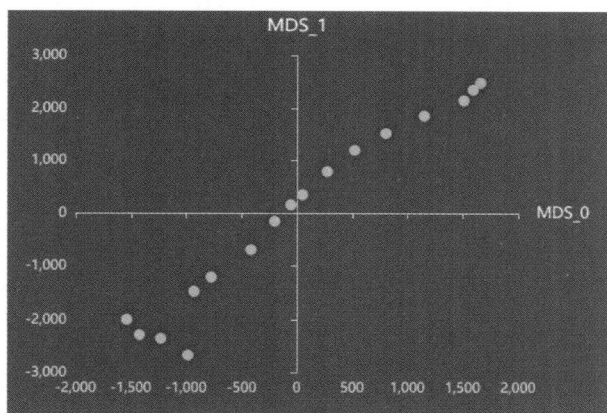

图 1.7　多维尺度分析法降维投影结果

3. t 分布随机近邻嵌入法

t 分布随机近邻嵌入法(t-Distributed Stochastic Neighbor Embedding，t-SNE)属于非线性降维方法之一，其对每个数据点近邻的分布进行建模，在原始高维空间中建模为高斯分布，而在二维输出空间中建模为 t 分布[8]。目标是找到高维空间映射到二维空间的变换，并最小化所有数据点在这两个分布之间的差距。该算法执行步骤如下。

第一步，根据 N 条 P 维原始数据 $\vec{x}_i = (x_{1i}, x_{2i}, \cdots, x_{Pi})^T$，$i = 1, 2, \cdots, N$，$N > P$，构造 $P \times N$ 的原始数据矩阵 $\boldsymbol{X} = (\vec{x}_1, \vec{x}_2, \cdots, \vec{x}_N)$。

第二步，设 $\vec{x}_i$ 降维到低维空间后对应 $\vec{y}_i$，构造 $K \times N$ 的低维数据矩阵并初始化为随机正态分布 $\boldsymbol{Y} = (\vec{y}_1, \vec{y}_2, \cdots, \vec{y}_N)$。

第三步，计算 $N \times N$ 的高维数据分布概率矩阵 $\boldsymbol{P}$。

$$p_{ij} = \frac{p_{i|j} + p_{j|i}}{2n}, \quad p_{j|i} = \frac{\exp(-\|\vec{x}_i - \vec{x}_j\|^2 / 2\sigma_i^2)}{\sum_{k \neq i} \exp(-\|\vec{x}_i - \vec{x}_k\|^2 / 2\sigma_i^2)}$$

式中，$p_{j|i}$ 表示 $\vec{x}_j$ 在 $\vec{x}_i$ 邻域的概率，$\vec{x}_j$ 与 $\vec{x}_i$ 越接近，$p_{j|i}$ 越大，反之则越小。

第四步，计算 $N \times N$ 的低维数据分布概率矩阵 Q。

$$q_{ij} = \frac{(1 + \|\vec{y}_i - \vec{y}_j\|^2)^{-1}}{\sum_{k \neq l}(1 + \|\vec{y}_k - \vec{y}_l\|^2)^{-1}}$$

第五步，计算梯度。

$$\frac{\delta C}{\delta y_i} = 4\sum_j (p_{ij} - q_{ij})(\vec{y}_i - \vec{y}_j)(1 + \|\vec{y}_i - \vec{y}_j\|^2)^{-1}$$

第六步，使用梯度下降法更新低维数据矩阵 Y，使其分布概率矩阵 Q 不断接近高维数据分布概率矩阵 P。

$$Y^{(t)} = Y^{(t-1)} + \eta \frac{\delta C}{\delta y} + \alpha(t)(Y^{(t-1)} - Y^{(t-2)})$$

式中，η 和 $\alpha(t)$ 为预设参数，η 为学习率，用于控制梯度下降速度；$\alpha(t)$ 为动量，适当的动量可以提高梯度下降的效率。

第七步，循环执行第四步至第六步，达到预设迭代次数或阈值后算法停止。

将降维结果在多维可视化系统中可视化，如图1.8所示。

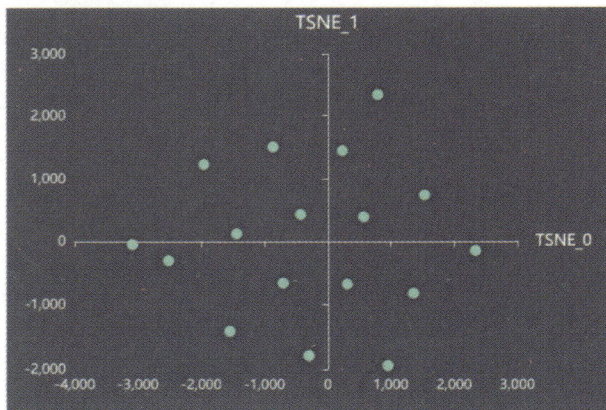

图1.8　t分布随机近邻嵌入法降维投影结果

1.2.3　可视化方法

多维数据可视化方法种类较多，这里介绍一些常用方法。按图形元素分类，主要包括基于点的方法、基于线的方法和基于区域的方法。

1. 基于点的方法

以点为基础，展现单个数据点与其他数据点的关系，如多维可视化系统中的散点图和回归线图，如图1.9和图1.10所示。

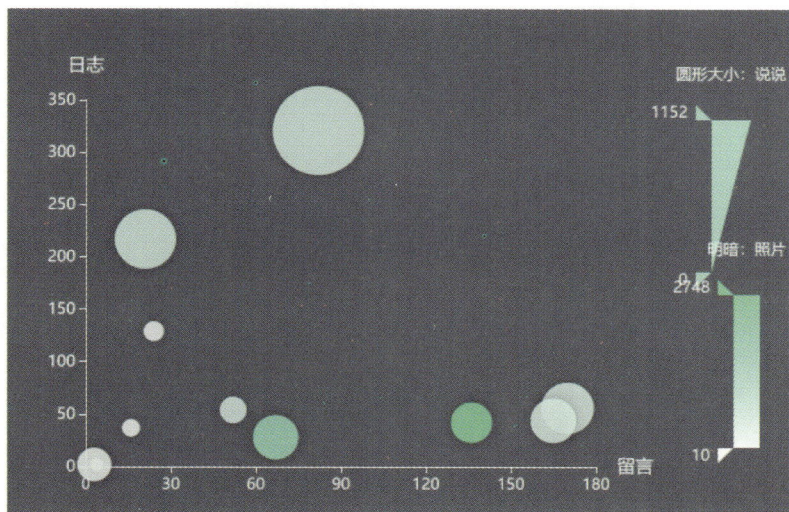

图 1.9　散点图

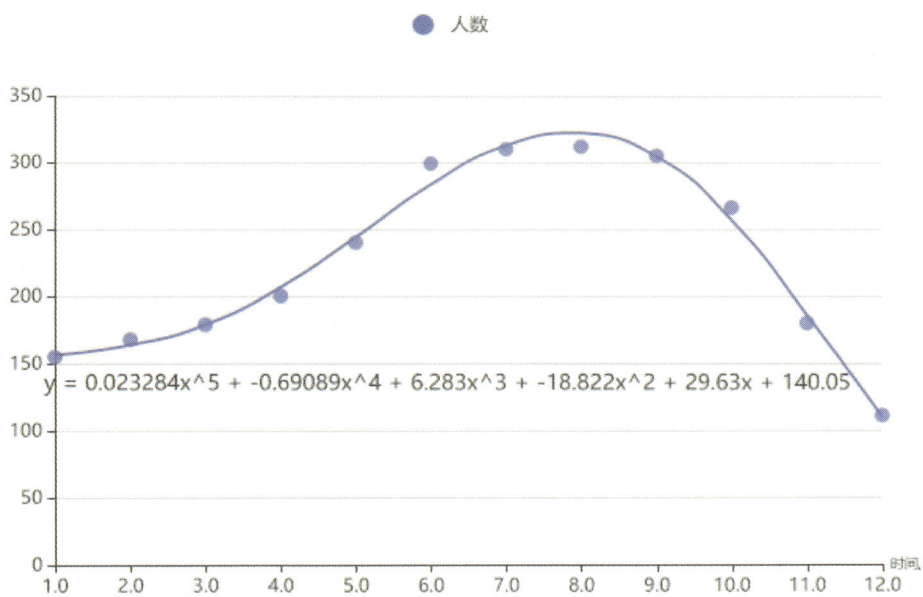

$$y = 0.023284x^5 + -0.69089x^4 + 6.283x^3 + -18.822x^2 + 29.63x + 140.05$$

图 1.10　回归线图

2. 基于线的方法

用线编码单个数据点以体现属性间的关联，如多维可视化系统中的折线图、步线图、平行坐标图、度量关系图及 K 线图，如图 1.11～图 1.16 所示。

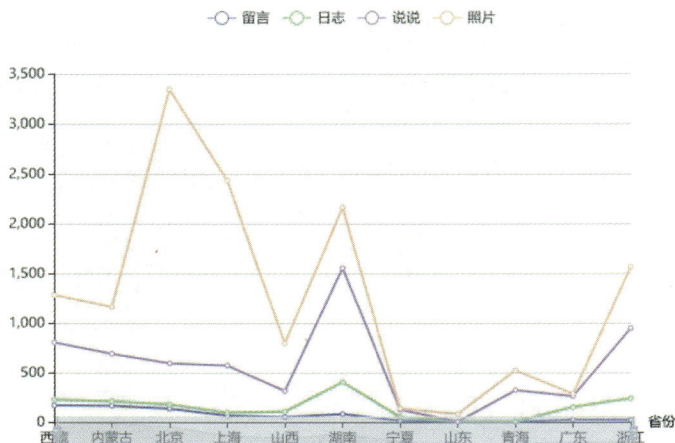

图 1.11　折线图

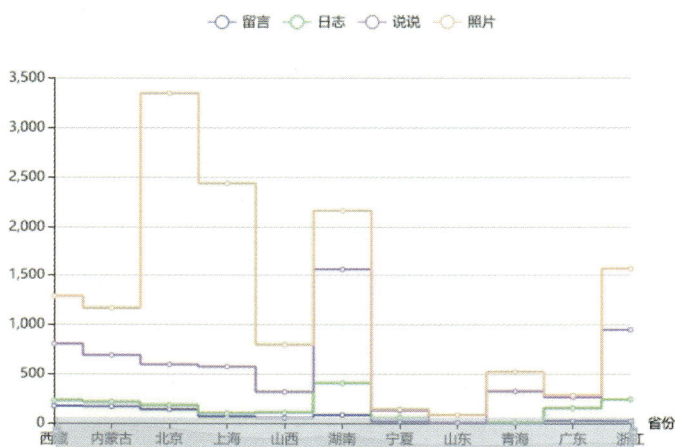

图 1.12　步线图

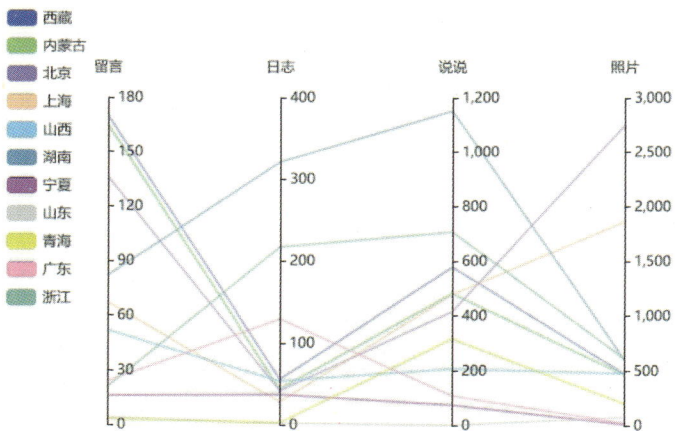

图 1.13　平行坐标图

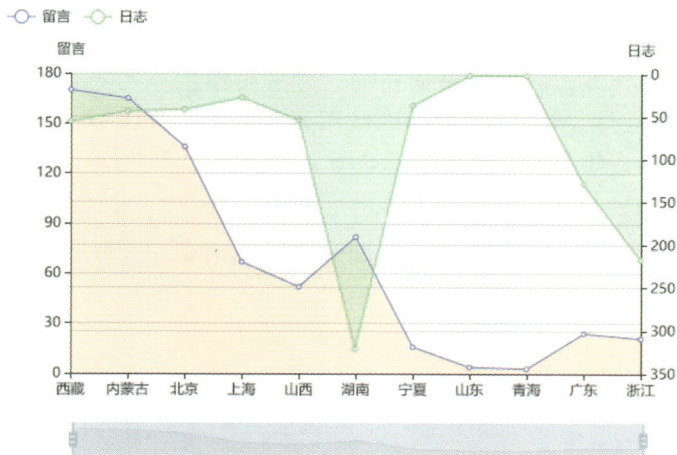

图 1.14 度量关系图

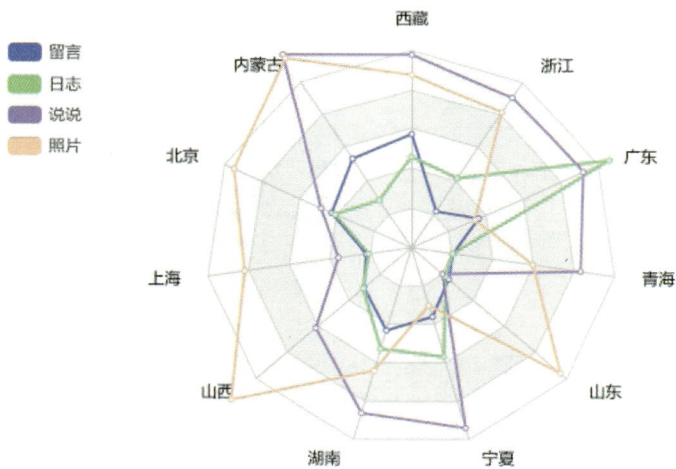

图 1.15 雷达图

图 1.16 K 线图

3. 基于区域的方法

将数据以区域填充方式在二维平面布局,并采用颜色等视觉通道呈现数据属性具体值。多维视系统中基于区域的方法包括柱状图、条形图、玫瑰图、环状图、漏斗图、主题河流图、矩形树图、热力图、箱形图,如图 1.17~图 1.25 所示。此外,还可以做符号地图和填充地图。

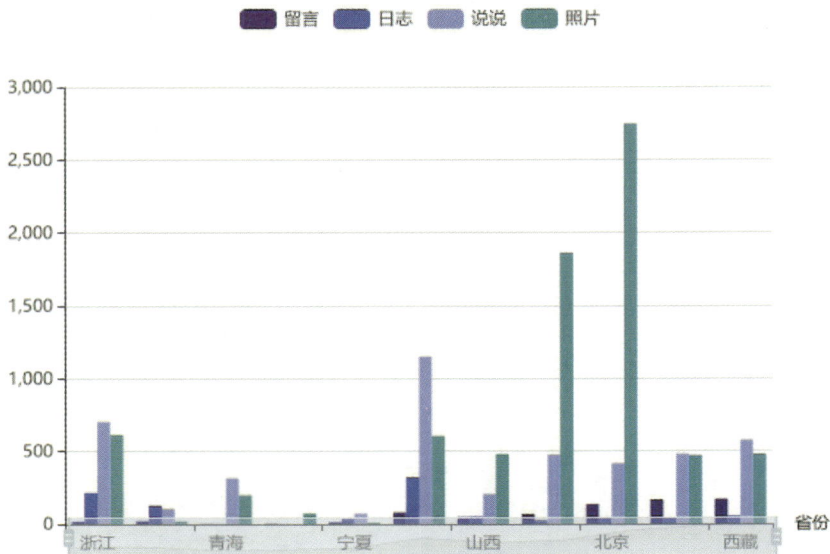

图 1.17   柱状图

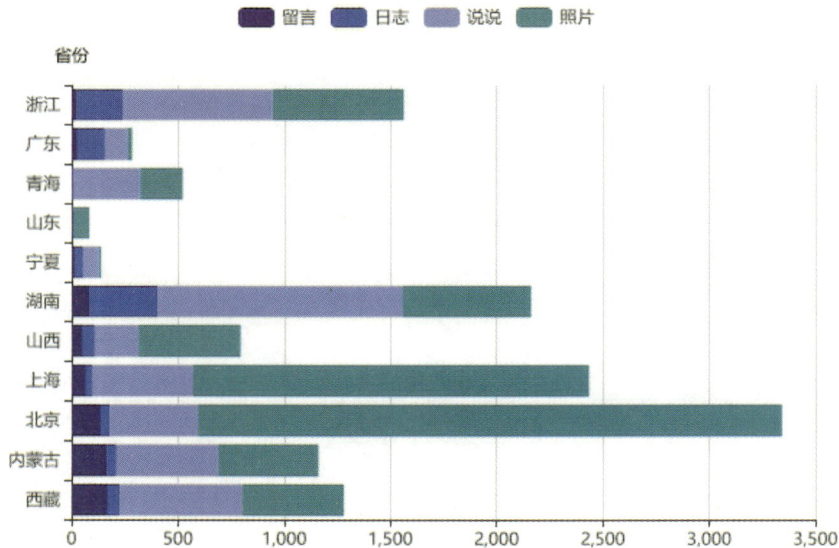

图 1.18   条形图

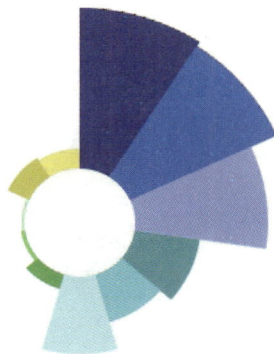

图 1.19　玫瑰图

图 1.20　环状图

图 1.21　漏斗图

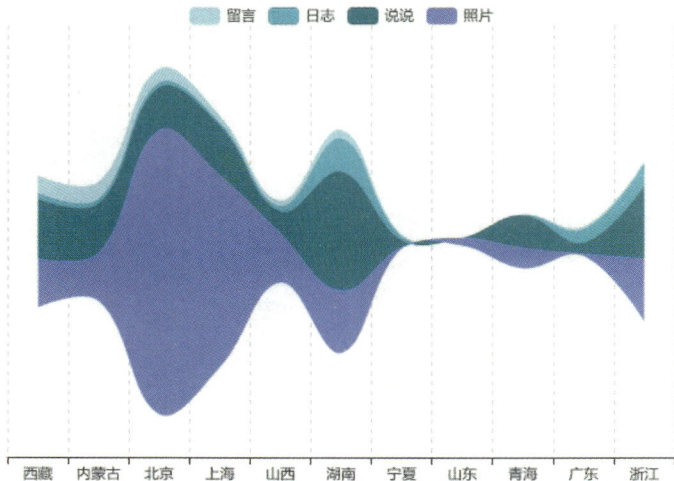

图 1.22　主题河流图

图 1.23　矩形树图

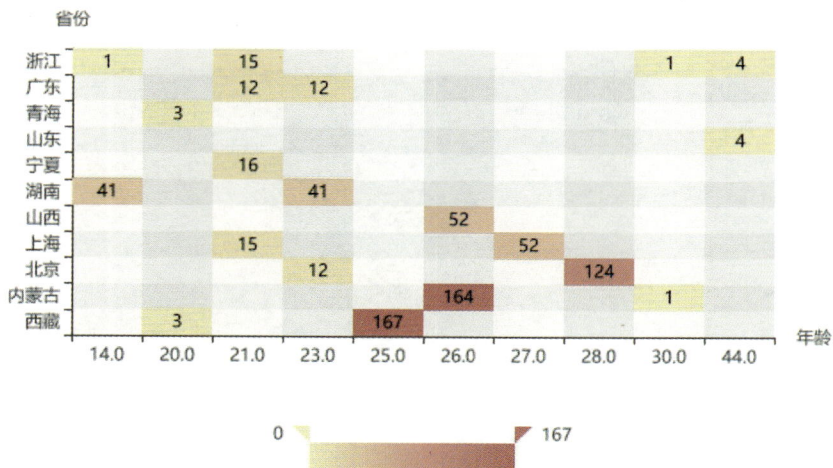

图 1.24　热力图

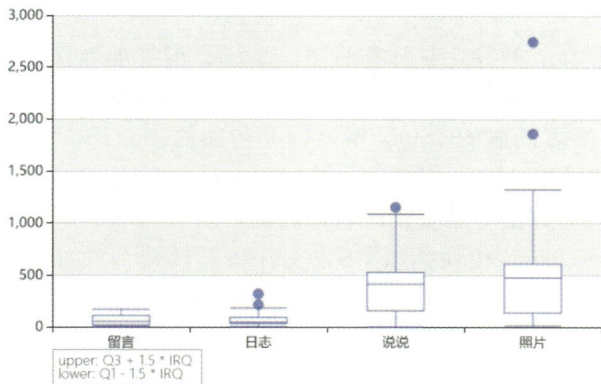

图 1.25　箱型图

1.3　系统介绍

1.3.1　系统介绍

多维视系统基于 Django Web 应用框架，分为前端和后端两个部分，如图 1.26 所示。

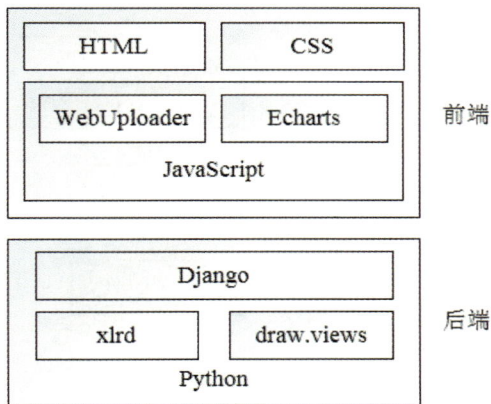

图 1.26　多维视系统架构

前端系统采用 HTML＋CSS＋JavaScript 通用 Web 前端技术标准开发。HTML（HyperText Markup Language）即超文本标记语言，网页浏览器通过 HTML 确定显示哪些元素；CSS（Cascading Style Sheets）即层叠样式表，描述网页元素的外观样式；JavaScript 是目前所有主流浏览器的默认脚本语言，可为 HTML 页面增加动态效果。在本系统中，前端主要功能是将用户导入的数据发送至后端处理，接收后端回传数据并在网页上动态绘制结果。为实现导入数据功能，前端系统引入了上传文件插件WebUploader。绘制功能主要由开源多维数据可视化库 Echarts 实现，其具有易用、可扩展、图表丰富等优点。

后端系统采用 Python 开发，其具有简洁、易读、可扩展等优点。许多开源扩展库都提供 Python 程序接口，为系统开发提供了极大便利。本系统中，后端主要功能是将前端发送的数据转换为前端可读取的 JSON 格式，并传回前端。JSON 是一种数据交换格式，广泛应用于 Web 端的数据传输。用户导入的数据文件包括 XLS、XLSX 和 CSV 格式，其中 XLS 和 XLSX 格式的数据不能直接读取，因此后端引入 Xlrd 库，将以上格式的数据转换为 CSV 格式。draw.views 模块读取 CSV 文件将其转化为前端系统可读取的 JSON 数据，并通过 Django 框架传回前端。Django 是一个基于 Python 的网络应用框架，也是广泛使用的 Web 框架。

多维视系统项目结构如图 1.27 所示，系统绘制流程图如图 1.28 所示。WebUploader 插件将用户导入的数据文件传到后端后，draw.views 模块首先判断其格式，若为 XLS 或 XLSX 格式，则调用 Xlrd 库将其转换为 CSV 格式，然后将 CSV 格式转换为 JSON 格式并传回前端。当用户单击系统界面上的绘图按钮后，前端系统将数据传入相应绘图函数，调用 Echarts 库绘制可视化结果。

绘图函数调用 echarts.init() 函数初始化一个 Echarts 实例，再使用其 setOption() 方法设置可视化选项，如标题由 title 属性设置、颜色通过 color 属性设置等。多维可视化系统绘制平行坐标图的代码片段参见附录 1.2。

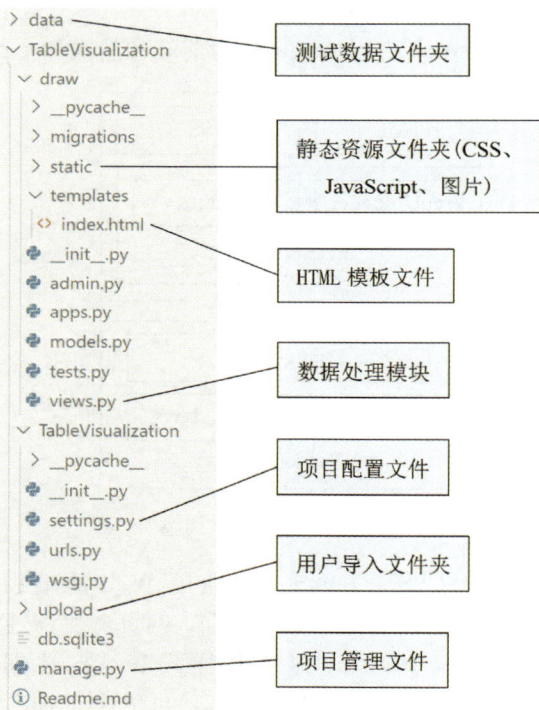

图 1.27 多维视系统项目结构示意图

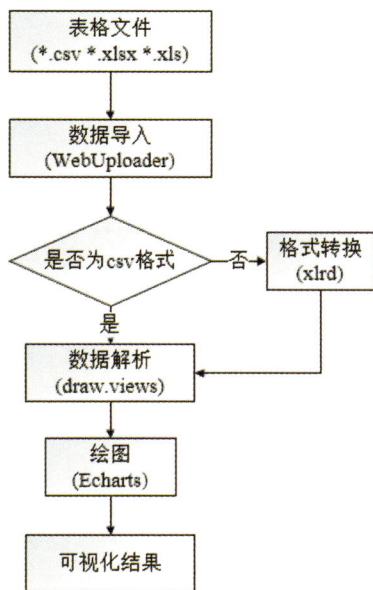

图 1.28　绘制流程图

1.3.2　系统配置

1. 安装 Python

从 Python 官网（http://www.python.org/downloads/）下载对应系统的最新安装包，以 Windows 10（64 位）系统，Python 3.7.4 为例，选择如图 1.29 所示的可执行文件"Windows x86-64 executable installer"。或在本书"\BnuVisBook\SharedResource\MulDimVis\Tools"目录中获取。

图 1.29　Python 官网下载页面

运行安装程序，进入如图 1.30 所示的安装界面，勾选"Add Python 3.7 to PATH"复选框，单击"Install Now"按钮即可安装。

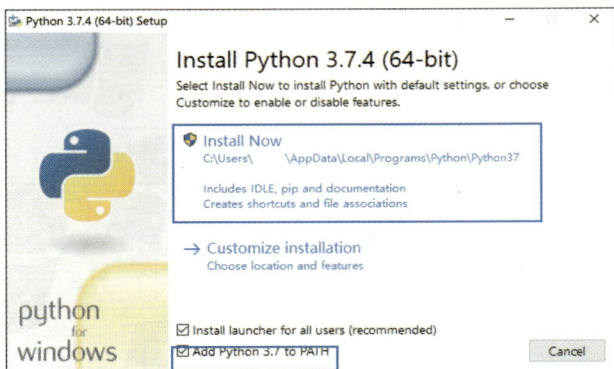

图 1.30　Python 安装界面

打开 Windows 命令提示符窗口（使用"Win＋R"快捷键打开运行窗口，输入 cmd 命令），输入"python --version"命令，若显示正确的版本号，说明安装成功。

2. 安装 Django 和 Xlrd

打开 Windows 命令提示符窗口，输入"pip install django Xlrd"命令，下载并安装 django 与 Xlrd。安装完成后，输入"pip list"命令，确认 django 和 Xlrd 已在已安装列表内。

3. 部署服务器

打开多维视所在目录"\BnuVisBook\SharedResource\MulDimVis\TableVisualization"，双击"runserver. bat"文件。若出现"Starting development server at http://127.0.0.1:8000/"等信息，说明部署服务器成功。

4. 运行系统

部署服务器成功后，打开浏览器，在地址栏输入地址"127.0.0.1:8000"，即可打开系统，主界面如图 1.31 所示。标题下方是图例区，包含可视化图例按钮，如折线图、散点图等，当导入数据后单击这些按钮即可得到相应的可视化结果。图例区下方左侧是导入数据按钮、数据浏览按钮以及数据信息区，右侧是视图区。视图区右上角是 5 个操作按钮，从左至右分别为"查看大图""调整配色""数据视图""还原"和"保存为图像"。

1.4　导图操作

硬件配置：CPU Intel© Core™ i7-9700K（主频 3.6GHz）、内存 DDR4（2666MHz，大小 8GB）、GPU NVIDIA© GeForce© GTX 1660 Ti（显存 6GB）。

软件配置：操作系统为 Windows10（64 位），开发工具为 Firefox70.0，开发语言为

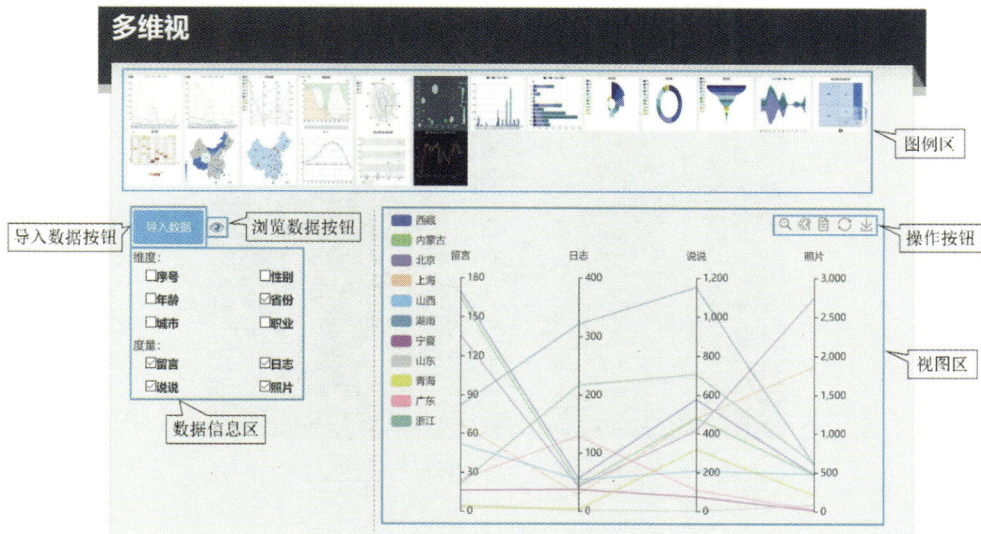

图 1.31 多维视系统主界面

HTML、CSS、Javascript 及 Python3。

1.4.1 测试数据

测试数据所在目录"\BnuVisBook\SharedResource\MulDimVis\data\qqdata.xls"，来源于对某公司财务部门 20 名工作人员 QQ 使用情况的调查，通过网络爬虫获得相关信息。如图 1.2 所示，该文件共包含 20 条记录，每条记录有 10 个维度，代表该工作人员的基本信息和 QQ 使用情况，如性别、年龄、发表留言的数量等。

1.4.2 操作步骤

1. 运行系统

同本章 1.3 节系统配置的第四步，在此不再介绍。

2. 导入数据

单击"导入数据"按钮将打开导入窗口，可选择 XLSX、XLS 或 CSV 类型的数据。如选择其他类型数据，将弹出提示信息"文件类型不符！"。导入测试数据 qqdata.xls，系统根据数据文件首行确定维度与度量信息，以标识"♯V"为后缀的信息被识别为度量信息，其他信息被识别为维度信息。维度与度量信息显示在"导入数据"按钮的下方，如图 1.32 所示。

3. 可视化

勾选"省份"维度信息和"留言""日志""说说""照片"度

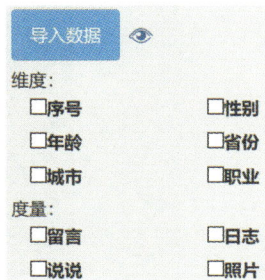

图 1.32 导入数据成功后显示维度与度量信息

量信息，单击"散点图"按钮，即可在右侧视图区得到结果，如图1.33所示。

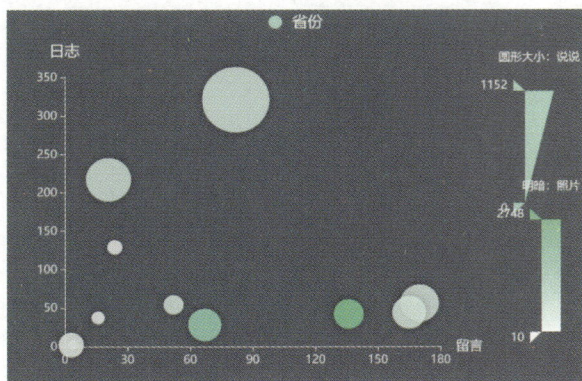

图1.33　各省份用户发表留言、日志、说说以及照片情况

4. 交互操作

将鼠标指针移至标记部分可以查看数据的具体度量值，如图1.34所示。

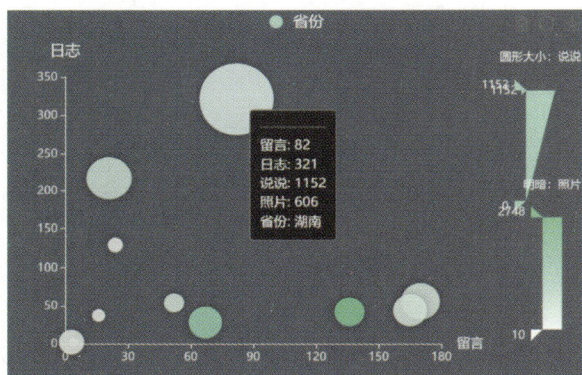

图1.34　查看数据的具体度量值

拖动右上方工具条"图形大小：说说"调整指示器至300～500显示区间，可过滤说说数量在300到500之间的省份，如图1.35所示。

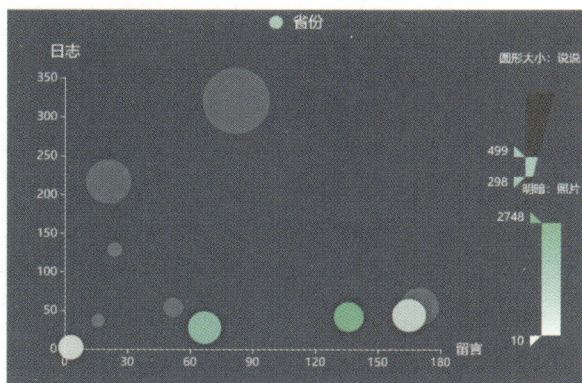

图1.35　说说数量在300到500之间的省份

单击右上方的"查看大图" 🔍 按钮，可以放大查看结果，如图 1.36 所示。

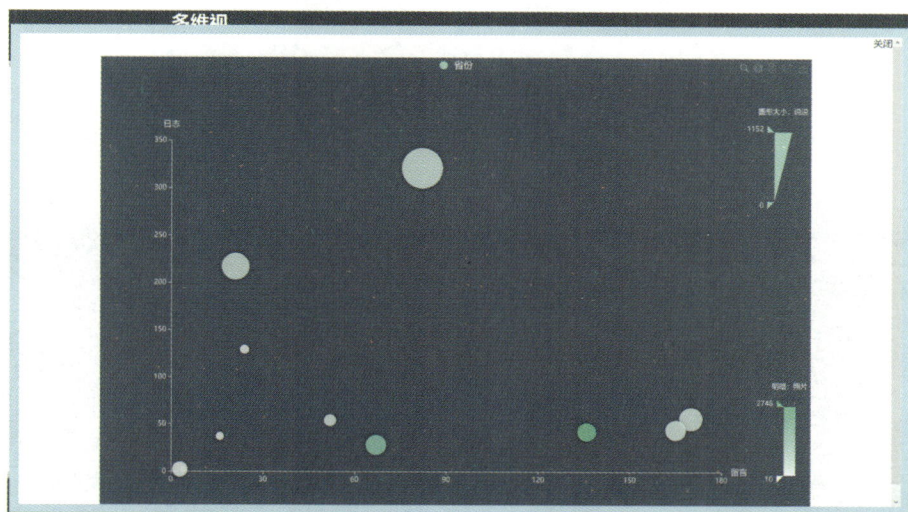

图 1.36 放大结果

单击右上方的"调整配色"按钮，可打开"调色板"窗口调整配色。单击其中颜色色块，在弹出的"调整配色"对话框中选取所需颜色，单击"应用"按钮即可更换配色方案，如图 1.37 所示。

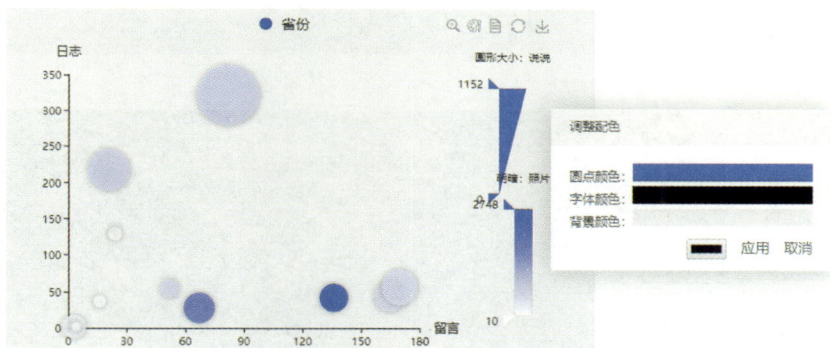

图 1.37 调整配色

第 2 章　社交网络三维可视化

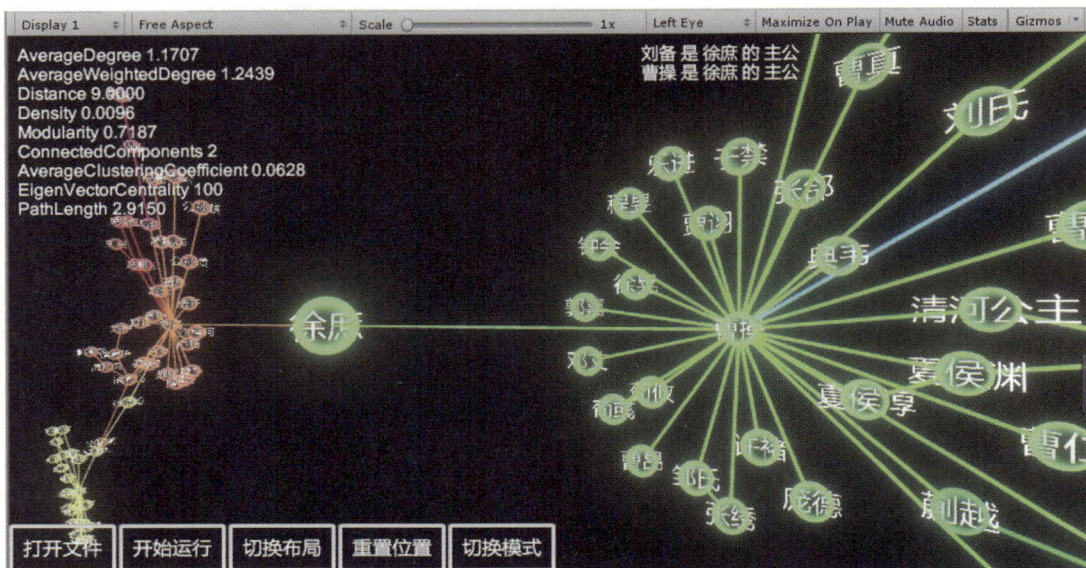

①ShaderGraph球节点加圆柱体边模式

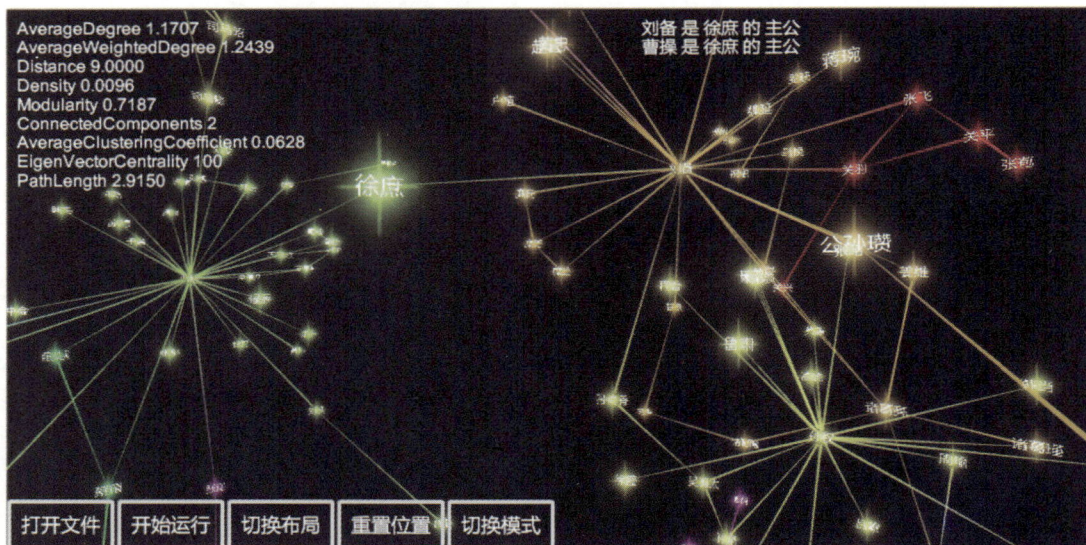

②粒子星节点加LineRenderer边模式

图 2.1　社交网络三维可视化系统界面及效果图

摘要：

社交网络是指人和人之间通过某些关系建立起来的社会网络结构，在各领域都有重大作用，然而，网络结构本身十分抽象，因此，借助可视化方法直观地呈现网络结构是一种有效的解决方法。目前，开源社交网络软件（如 Gephi）在复杂网络中得到广泛应用；但是，社交网络结构极为复杂，常包含高维信息，因此受到二维可视化限制，有些信息不能直观体现。当社交网络三维可视化呈现时，能更直观地体现社交主体、社群之间的关联，以及信息传播过程，提高用户获取信息的效率，如图2.1所示。本章介绍基于 Gephi Toolkit 和 Unity3D 开发的三维社交网络可视化（以下简称为"社网视"）系统。该系统扩展 Gephi Toolkit 得到 Hu Yifan 三维布局、节点/边属性、网络属性等，并可绘制三维节点/边，显示节点/边属性、网络属性等。然后，利用 HTC Vive 设备扩展到支持沉浸式显示和直观交互的三维社交网络。读者通过学习可了解网络关系数据的三维可视化及 VR 的相关技术。

2.1　知识点导读

2.1.1　社交网络

社交网络（Social Network）是由社交主体与社交关系构成的社会网络结构。社交主体通常是指个人或组织，社交关系则包含朋友、兴趣、利益等。社交网络通过社交关系将社交主体联系起来，最终形成一个大型社会网络系统，具有改变人类进行交流、通信和合作方式的巨大潜力，在各领域都有较大作用，如社会学、心理学、计算机科学等。然而，社交网络结构的本身十分抽象，不易于理解和分析，解决这个问题最有效的办法是借助可视化方法将其直观呈现，然后再进行社交网络分析。

社交网络可视化，主要将社交网络抽象成由节点和边组成的网络结构，以便进行视觉传达与数据分析。其中，节点代表社交主体，边代表社交关系。通过社交网络图的节点、边以及整个网络的属性，可以直观分析网络核心主体以及社群分布。如图2.2所示为一张三国演义人物关系社交网络，从图中可以直观分析出曹操、刘备、孙权是主要人物，也可以看出哪些人物处于同一阵营。

2.1.2　网络属性

图论以图作为研究对象，是数学的一个分支。图由若干给定点及连接两点的边构成。全部由无向边构成的图称为无向图，全部由有向边构成的图称为有向图。

图论是社交网络的基本理论，故其中的图属性能直接应用到社交网络分析中，如平均度、平均加权度、直径、密度、平均聚类系数、平均路径长度、连接部件等；但社交网络也有其特有属性，如特征向量中心度、模块化等。下面将做简单介绍。

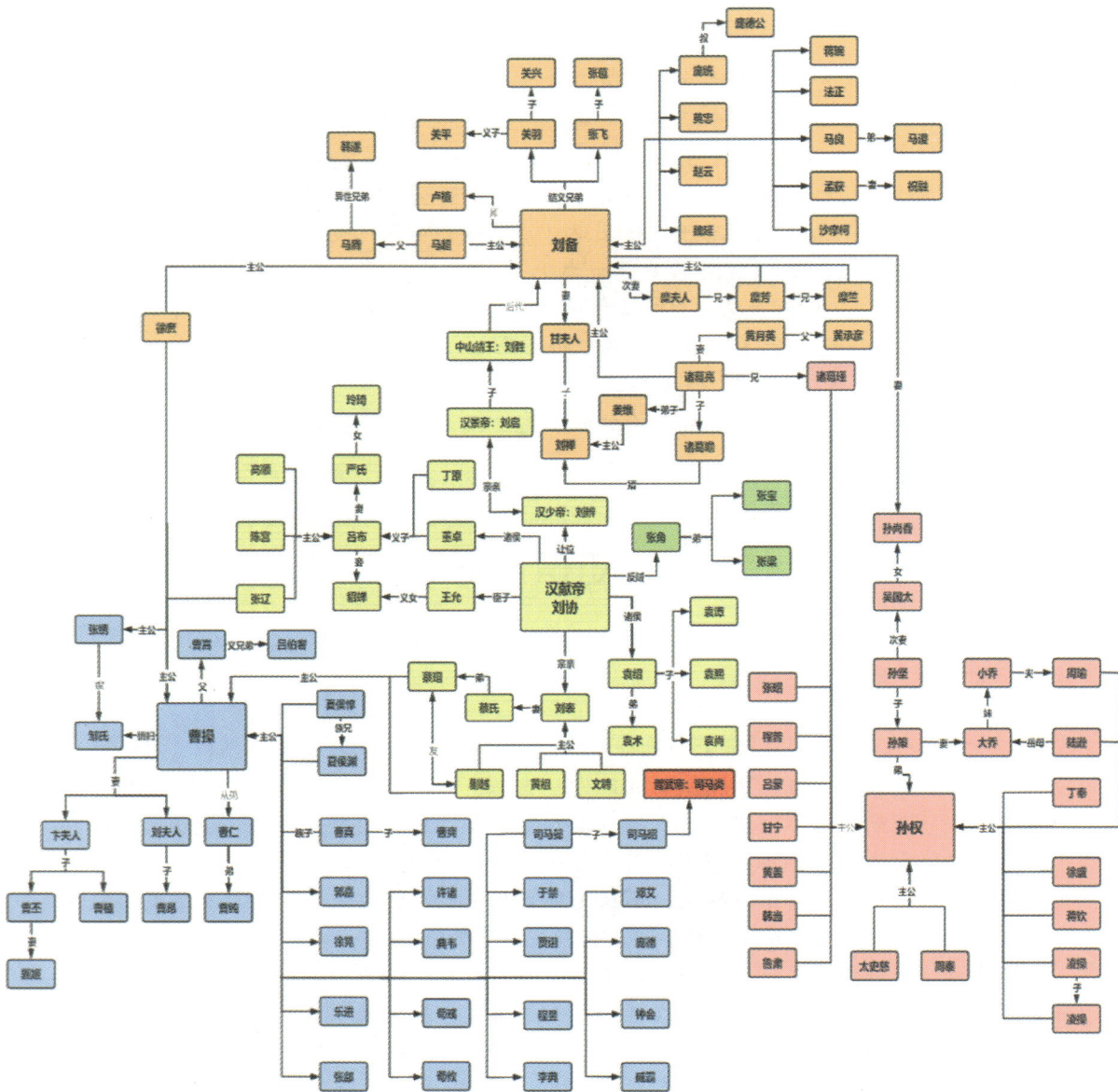

图 2.2　三国演义人物关系社交网络

1. 平均度

图的平均度是所有节点度的平均。节点度 D 定义为与节点直接相连的边数。节点度是对节点互相连接统计特性最重要的描述，节点度分布是网络最基本的拓扑属性。节点度越大则该节点的连接就越多，节点在网络中的地位也就越重要。

无向图的平均度 $\bar{D}$ 为

$$\overline{D} = \frac{\sum_{i=1}^{|V|} D_i}{|V|}$$

其中，$|V|$ 为节点个数；D_i 为节点 v_i 的度。

有向图的平均度 $\overline{D}$ 为

$$\overline{D} = \frac{\sum_{i=1}^{|V|} (D_i^{in} + D_i^{out})}{2|V|}$$

其中，D_i^{in} 为 v_i 的入度，即以 v_i 为目标节点的边数；D_i^{out} 为 v_i 的出度，即以 v_i 为源节点的边数。

在如图 2.3(a)所示的无向图中，v_1 的度为 3，即有(v_1, v_2)、(v_1, v_3)、(v_1, v_4)3 条边与 v_1 相连，其他节点同理。该图的平均度为

$$\overline{D} = \frac{3+2+2+1}{4} = 2$$

在如图 2.3(b)所示的有向图中，v_1 的入度为 1，即有$\langle v_3, v_1 \rangle$1 条边以 v_1 为目标节点；出度为 2，即有$\langle v_1, v_2 \rangle$、$\langle v_1, v_4 \rangle$2 条边以 v_1 为源节点；度为 3。其他节点同理。该图的平均度为

$$\overline{D} = \frac{(1+2)+(1+1)+(1+1)+(1+0)}{2\times4} = 1$$

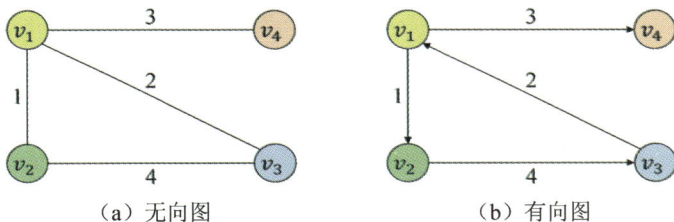

（a）无向图　　　　　　　（b）有向图

图 2.3　图示

2. 平均加权度

图的平均加权度是所有节点加权度的平均，节点加权度是所有与该节点相连边的权重和。

无向图的平均加权度 $\overline{D}^w$ 为

$$\overline{D}^w = \frac{\sum_{i=1}^{|V|} \sum_{j=1}^{D_i} w_{i,j}}{|V|}$$

其中，$w_{i,j}$ 为与 v_i 相连的第 j 条边的权重。

有向图的平均加权度 $\overline{D}^w$ 为

$$\overline{D}^w = \frac{\sum_{i=1}^{|V|} (\sum_{j=1}^{D_i^{in}} w_{i,j}^{in} + \sum_{j=1}^{D_i^{out}} w_{i,j}^{out})}{2|V|}$$

其中，$w_{i,j}^{in}$ 为以 v_i 为目标节点的第 j 条边的权重，$w_{i,j}^{out}$ 为以 v_i 为源节点的第 j 条边的权重。可见，平均度为所有边权重都为 1 的平均加权度特例，若是个无权图，则平均度等于

平均加权度。

在如图 2.3(a)所示的无向图中，$(v_1，v_2)$ 的权重为 1、$(v_1，v_3)$ 的权重为 2、$(v_1，v_4)$ 的权重为 3、$(v_2，v_3)$ 的权重为 4，则该图的平均加权度为

$$\overline{D}^w = \frac{(1+2+3)+(1+4)+(2+4)+(3)}{4} = 5$$

在如图 2.3(b)所示的有向图中，$\langle v_3，v_1\rangle$ 是以 v_1 为目标节点的边，权重为 2；$\langle v_1，v_2\rangle$ 是以 v_1 为源节点的边，权重为 1；$\langle v_1，v_4\rangle$ 是以 v_1 为源节点的边，权重为 3；$\langle v_1，v_2\rangle$ 是以 v_2 为目标节点的边，权重为 1；$\langle v_2，v_3\rangle$ 是以 v_2 为源节点的边，权重为 4；$\langle v_2，v_3\rangle$ 是以 v_3 为目标节点的边，权重为 4；$\langle v_3，v_1\rangle$ 是以 v_3 为源节点的边，权重为 2；$\langle v_1，v_4\rangle$ 是以 v_4 为目标节点的边，权重为 3。该图的平均加权度为

$$\overline{D}^w = \frac{[(2)+(1+3)]+[(1)+(4)]+[(4)+(2)]+[(3)]}{2\times 4} = 2.5$$

3. 密度

图的密度为现有边数与可能存在最大边数的比值。其表示一个图中各个点之间联络的紧密程度，当实际边数越接近于网络中所有可能边数时，网络的整体密度就越大，反之则越小。

无向图的密度 M 为

$$M = \frac{2|E|}{|V|(|V|-1)}$$

其中，$|E|$ 为边的数量，$|V|(|V|-1)/2$ 为 $|V|$ 个节点可能存在的最大边数。

有向图的密度 M 为

$$M = \frac{|E|}{|V|(|V|-1)}$$

其中，$|V|(|V|-1)$ 为 $|V|$ 个节点可能存在的最大边数。

在如图 2.3(a)所示的无向图中，边的数量 $|E|=4$，即有 4 条边 $(v_1，v_2)$、$(v_1，v_3)$、$(v_1，v_4)$、$(v_2，v_3)$，该图的密度为

$$M = \frac{2\times 4}{4\times(4-1)} = \frac{2}{3}$$

在如图 2.3(b)所示的有向图中，边的数量 $|E|=4$，即有 $\langle v_1，v_2\rangle$、$\langle v_2，v_3\rangle$、$\langle v_3，v_1\rangle$、$\langle v_1，v_4\rangle$ 4 条边，该图的密度为

$$M = \frac{4}{4\times(4-1)} = \frac{1}{3}$$

4. 平均聚类系数

图的平均聚类系数为所有节点聚类系数的平均值，节点的聚类系数为所有与该节点直接相连的节点所构成图中实际存在的边数与最多可能存在边数的比值。例如，在朋友关系网络中，某人的两个朋友很可能彼此也是朋友，这种属性称为网络的聚类特性。聚类系数是衡量网络集团化程度的参数，表示某一节点的邻居间互为邻居的可能性。

无向图的平均聚类系数 $\overline{C}$ 为

$$\overline{C} = \frac{\sum_{i=1}^{|V|} \frac{2N_i}{k_i(k_i-1)}}{|V|}$$

其中，k_i 为与 v_i 直接相连的节点个数，这 k_i 个节点最多可能有 $k_i(k_i-1)/2$ 条边，N_i 为实际存在的边数。若 $k_i=0$ 或 $k_i=1$，则 $\overline{C}=0$。

有向图的平均聚类系数 $\overline{C}$ 为

$$\overline{C} = \frac{\sum_{i=1}^{|V|} \frac{N_i}{k_i(k_i-1)}}{|V|}$$

其中，k_i 为与 v_i 直接相连的节点数，这 k_i 个节点最多可能有 $k_i(k_i-1)$ 条边，若 $k_i=0$ 或 $k_i=1$，则 $\overline{C}=0$。

在如图 2.3(a) 所示的无向图中，v_1 与 3 个邻节点 v_2、v_3、v_4 直接相连，这 3 个节点之间可能存在的最大边数为 $3\times(3-1)/2=3$，即包括 (v_2,v_3)、(v_2,v_4)、(v_3,v_4)，而实际存在的边数为 1，即只有 (v_2,v_3)，那么 v_1 的聚类系数为 $\frac{1}{3}$；v_4 只与 1 个节点 v_1 相连，$k_1=1$，故其聚类系数为 0；其他节点同理。该图的平均聚类系数为

$$\overline{C} = \frac{\left(\frac{1}{3}\right)+\left(\frac{1}{1}\right)+\left(\frac{1}{1}\right)+(0)}{4}=\frac{7}{12}$$

在如图 2.3(b) 所示的有向图中，v_1 与 3 个节点 v_2、v_3、v_4 直接相连，这 3 个节点之间可能存在的最大边数为 $3\times(3-1)=6$，即包括 $\langle v_2,v_3\rangle$、$\langle v_2,v_4\rangle$、$\langle v_3,v_2\rangle$、$\langle v_3,v_4\rangle$、$\langle v_4,v_2\rangle$、$\langle v_4,v_3\rangle$，而实际存在边数为 1，即只有 $\langle v_2,v_3\rangle$，那么 v_1 的聚类系数为 $\frac{1}{6}$；v_4 只与 1 个节点 v_1 相连，$k_1=1$，故其聚类系数为 0。其他节点同理，该图的平均聚类系数为

$$\overline{C} = \frac{\left(\frac{1}{6}\right)+\left(\frac{1}{2}\right)+\left(\frac{1}{2}\right)+(0)}{4}=\frac{7}{24}$$

5. 直径

图的直径是距离最远的两个节点之间的距离。

无向图的直径 d 为

$$d=\max(d_{i,j}),\ i<j$$

其中，$d_{i,j}$ 为 v_i 与 v_j 之间的距离，即为 v_i 到 v_j 或 v_j 到 v_i 经过的最少边数。

有向图的直径 d 为

$$d=\max(d_{i,j}),\ i\neq j$$

其中，$d_{i,j}$ 为从 v_i 出发到 v_j 的距离，即为 v_i 出发到 v_j 所经过的最少边数。

在如图 2.3(a) 所示的无向图中，直接相连的节点对：v_1 与 v_2 的距离 $d_{1,2}=1$；v_1 与 v_3 的距离 $d_{1,3}=1$；v_1 与 v_4 的距离 $d_{1,4}=1$；v_2 与 v_3 的距离 $d_{2,3}=1$。非直接相连但连通

的节点对：v_2 与 v_4 的距离 $d_{2,4}=d_{1,2}+d_{1,4}=2$；$v_3$ 与 v_4 的距离 $d_{3,4}=d_{1,3}+d_{1,4}=2$。最远的两个节点的距离 $d_{2,4}=d_{3,4}=2$，故该图的直径为 $d=2$。

在如图 2.3(b)所示的有向图中，直接相连的节点对：从 v_1 到 v_2 的距离 $d_{1,2}=1$；从 v_1 到 v_4 的距离 $d_{1,4}=1$；从 v_2 到 v_3 的距离 $d_{2,3}=1$；从 v_3 到 v_1 的距离 $d_{3,1}=1$。非直接相连但连通的节点对：从 v_1 到 v_3 的距离 $d_{1,3}=d_{1,2}+d_{2,3}=2$；从 v_2 到 v_1 的距离 $d_{2,1}=d_{2,3}+d_{3,1}=2$；从 v_2 到 v_4 的距离 $d_{2,4}=d_{2,3}+d_{3,1}+d_{1,4}=3$；从 v_3 到 v_2 的距离 $d_{3,2}=d_{3,1}+d_{1,2}=2$；从 v_3 到 v_4 的距离 $d_{3,4}=d_{3,1}+d_{1,4}=2$。没有从 v_4 到其他任一节点的路径，故 $d_{4,1}=d_{4,2}=d_{4,3}=0$。最远的两个节点的距离为 $d_{2,4}=3$，故该图的直径为 $d=3$。

6. 平均路径长度

图的平均路径长度是指所有节点对距离的平均，其与直径是衡量网络信息传输效率的指标。

无向图的平均路径长度 $\bar{L}$ 为

$$\bar{L}=\frac{2\sum_{i=1}^{|V|-1}\sum_{j=i+1}^{|V|}d_{i,j}}{|V|(|V|-1)}$$

其中，$|V|(|V|-1)/2$ 为 $|V|$ 个节点可以构成的节点对数。

有向图的平均路径长度 $\bar{L}$ 为

$$\bar{L}=\frac{\sum_{i=1}^{|V|}\sum_{j=1}^{|V|}d_{i,j}}{|V|(|V|-1)},\ i\neq j$$

其中，$|V|(|V|-1)$ 为 $|V|$ 个节点可以构成的节点对数。

在图 2.3(a)所示的无向图中，平均路径长度为

$$\bar{L}=\frac{d_{1,2}+d_{1,3}+d_{1,4}+d_{2,3}+d_{2,4}+d_{3,4}}{6}=\frac{4}{3}$$

在图 2.3(b)所示的有向图中，平均路径长度为

$$\bar{L}=\frac{d_{1,2}+d_{1,3}+d_{1,4}+d_{2,1}+d_{2,3}+d_{2,4}+d_{3,1}+d_{3,2}+d_{3,4}+d_{4,1}+d_{4,2}+d_{4,3}}{12}=1.25$$

7. 连接部件

由无向图某些节点和边构成的图称为该图的子图。若无向图中任意两个不同的节点 v_i 和 v_j 都连通(即有路径)，则称该图为连通图。无向图的极大连通子图为该图的连通分量，极大是指子图中包含的顶点个数极大。无向图的连通分量个数为该图的连接部件。

由有向图某些节点和边构成的图称为该图的子图。若有向图中任意两个不同的顶点 v_i 和 v_j，都存在从 v_i 到 v_j 以及从 v_j 到 v_i 的路径，则称该图为强连通图。有向图的极大强连通子图为该图的强连通分量。有向图的强连通分量个数为该图的连接部件。

图 2.3(a)所示的无向图本身就是个连通图，所以其极大连通子图也就是它本身，有 4 个节点，且有 4 个节点的连通子图也只有这 1 个，故图 2.3(a)所示的无向图的连接部件为 1。

在图 2.3(b)所示的有向图中，没有从 v_4 到其他节点的路径，而另外 3 个节点可以互

相到达，故其极大强连通子图如图 2.4 所示。该极大强连通子图有 3 个节点，且有 3 个节点的强连通子图也只有这 1 个，故图 2.3(b) 所示的有向图的连接部件为 1。

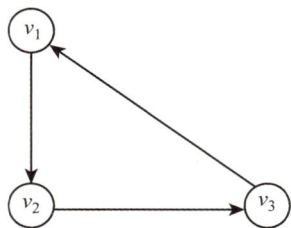

图 2.4　图 2.3(b) 的极大强连通子图

8. 模块化

社区是网络的一个子集，是一个独立、连贯的子网络，如图 2.5 所示为一个社区举例，3 种不同颜色的子图分别为 3 个社区，网络的这种社区分割属性，就是模块化。模块是网络中内部连接密集但对外连接稀疏的节点集团，真实网络往往具有若干个相对独立而又互相联系的模块，通过模块化划分，可以更加细致地区分节点的不同角色和地位，因此模块化可作为节点分类的依据。

对于有向网络，模块化 M 表达为

$$M = \frac{1}{2|E|} \sum_{i,j} \left(A_{ij} - \frac{D_i D_j}{2|E|} \right) \partial(c_i, c_j)$$

其中，A 是网络邻接矩阵，$A_{ij} = 1$ 代表存在从节点 i 指向节点 j 的边，反之 $A_{ij} = 0$；c_i 为节点 i 所在的社区，当节点 i 和 j 同属于一个社区时，$\partial(c_i, c_j) = 1$，否则 $\partial(c_i, c_j) = 0$。M 值越大，说明网络中的社区结构越明显。

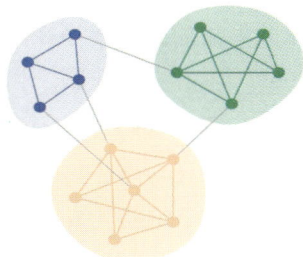

图 2.5　社区例子

9. 特征向量中心度

中心度是一个用来刻画网络中节点作用和地位的统计指标，中心度最大的节点一般会被认为是网络中的核心节点。在一般的中心性度量中，人们往往认为具有较多连接的节点更重要，然而现实中，拥有更多朋友并不能确保这个人就重要，拥有更多重要的朋友才能提供更有力的信息。因此，一个节点的重要性既取决于与其相连节点的数量（即该节点的度），也取决于与其相连节点的重要性，若 $C_E(i)$ 为节点 v_i 的重要性度量值，则

$$C_E(i) = c \sum_{j=1}^{|V|} A_{i,j} C_E(j)$$

其中，A 是该网络的邻接矩阵，c 为一个比例常数，即 $\boldsymbol{C}_E = [C_E(1), C_E(2), \cdots, C_E(|V|)]^T$ 经过多次迭代到达稳态时，可以写成如下矩阵形式

$$\boldsymbol{C}_E = c\boldsymbol{A}\boldsymbol{C}_E$$

其中，$\boldsymbol{C}_E$ 是矩阵 A 的特征值 c^{-1} 对应的特征向量，也可表示为如下形式

$$\boldsymbol{A}\boldsymbol{C}_E = c^{-1}\boldsymbol{C}_E$$

一个节点的特征向量中心度与其临近节点的中心度得分总和成正比。与重要节点连接的节点更重要，有少量有影响联系人的节点其中心度可能超过拥有大量平庸联系人的节点。

其具体计算方法如下。

第一步，计算图邻接矩阵的特征分解。

第二步，选择最大特征值的特征向量，节点 v_i 的中心度等于该特征向量中的第 i 个元素。

2.1.3 聚类方法

聚类即聚类分析，是把数据对象划分成子集的过程，每一个子集成为一个簇，每个簇内的对象彼此相似，但又与其他簇中的对象不同。聚类本质是集合划分问题，由于没有人工定义的类别标准，因此聚类分析算法要解决的主要问题就是如何定义簇，使得每个簇内对象的相似度尽可能大，不同簇内对象的相似度尽可能小。

以下介绍常用的聚类算法[9]其所采用的数据集为 R 软件中附带的"USArrests"数据集（https://stat.ethz.ch/R-manual/R-devel/library/datasets/html/USArrests.html），其中包含美国 50 个州的 4 个犯罪率指标，如 Murder、Assault、UrbanPop、Rape，采用主成分分析法降维至二维表示。在部分聚类算法中还采用人工数据集，如双月型数据集等。相关算法的测试程序在目录"\BnuVisBook\SharedResource\SocialNetworkvis\clustering-code"中。

1. 基于划分的方法

基于划分的方法的基本思想：给定一个 n 个对象的集合，分裂法构造数据的 k 个分组，其中每个分组就代表一个聚类，其中 $k \leqslant n$。这类算法包括 K-MEANS 算法、K-MEDIANS 算法和 CLARANS 算法等。

其具体执行步骤描述如下。

以 K-MEANS 算法为例，该算法流程图如图 2.6 所示，这是一种迭代重定位方法，需要事先确定聚类簇数，主要包含以下两个步骤。

第一步，依据最小距离原则将每个样本分配到最接近的簇。

第二步，重定位，即用重新计算每个簇的样本均值来更新簇中心。重复这两个步骤直到中心不再发生变化为止。

该算法原理用数学来描述就是最小化簇内平方和。由此可见，这类聚类算法原理简单易懂且易于实现，因此被广泛使用。但其缺点是每个样本都要跟簇中心计算距离，在样本数据量较大的情况下会耗费大量的时间和内存，且容易出现局部最优。

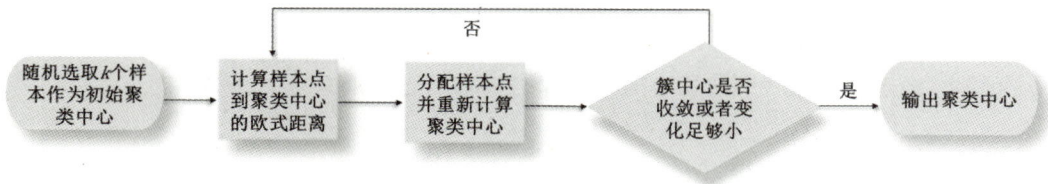

图 2.6 K-MEANS 聚类算法流程图

该算法演示图如图 2.7 所示，图中 3 种不同形状和颜色的样本代表 3 个不同的簇，其中较大的点表示当前的簇中心。在初始状态中，三角形、圆形和＋号表示随机选取的中心。根据这些聚类中心对其余样本点按照距离进行划分。第一步，计算样本和中心的距离并将样本划分到最近的簇中，图中 3 个不同颜色的多边形代表当前算法分类后得到的簇；第二步，根据第一步的划分结果重新计算簇中心。反复进行第一步和第二步的过程，直到簇中心基本不变化为止，达到最终状态。

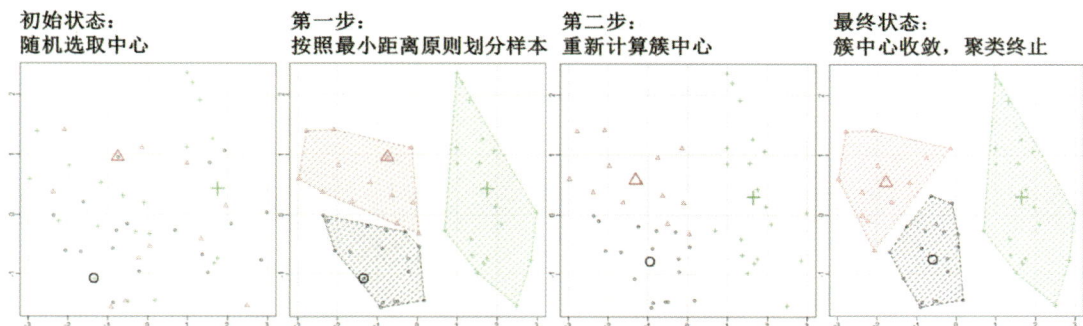

| 初始状态：
随机选取中心 | 第一步：
按照最小距离原则划分样本 | 第二步：
重新计算簇中心 | 最终状态：
簇中心收敛，聚类终止 |

图 2.7　K-MEANS 聚类算法演示图

2. 基于层次的方法

基于层次的方法的基本思想：对给定的数据对象集进行层次分解，直到满足某种条件为止。这类算法包括 AGNES 算法、CURE 算法、BIRCH 算法和 CHAMELEON 算法等。

其具体执行步骤描述如下。

大部分层次聚类都属于自底向上的凝聚型层次聚类算法，如 AGNES 算法。该算法首先将每个对象单独作为一个簇，并计算簇与簇之间的相似性。相似性的度量方法有单链接（取簇间最小距离）、全链接（取簇间最大距离）和均链接（取簇间两两平均距离）等。然后按照以下步骤执行。

第一步，将各类之间最近的两个簇合并成新簇。

第二步，重新计算新簇与所有簇之间的相似性。重复以上两个步骤直到簇的个数达到预设数目。

由此可见，凝聚型层次聚类算法简单且容易理解，但缺点是效率较低、不适用于大数据集并且无法处理孤立点。而 CURE 算法则克服了该类算法的不足，它不像 AGNES 算法一样用所有点来表示一个簇，而是在每个类中选取固定数量的代表点，并且用收缩因子来移动这些代表点[10]，该算法流程图如图 2.8 所示。CURE 算法适用于大数据集并且可以处理大量数据、孤立点，并可以识别出任意形状的簇。

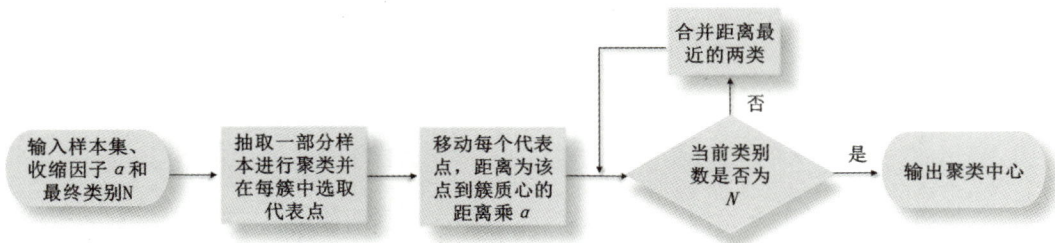

图 2.8　CURE 聚类算法流程图

该类算法演示图如图 2.9 所示，一种颜色点代表一个样本点或簇，初始状态，将每一个样本点都视为一个单独簇，并计算它们的相似性。以后各步以样本点之间的欧氏距离来判断样本之间的相似性。第一步,将两两之间欧氏距离最小的两个簇合并为一个新的簇,圈里的一对簇为当前最近的两个簇;第二步,重新计算新簇和其他所有簇之间的距离。不断重复以上两步,直到簇数达到要求。

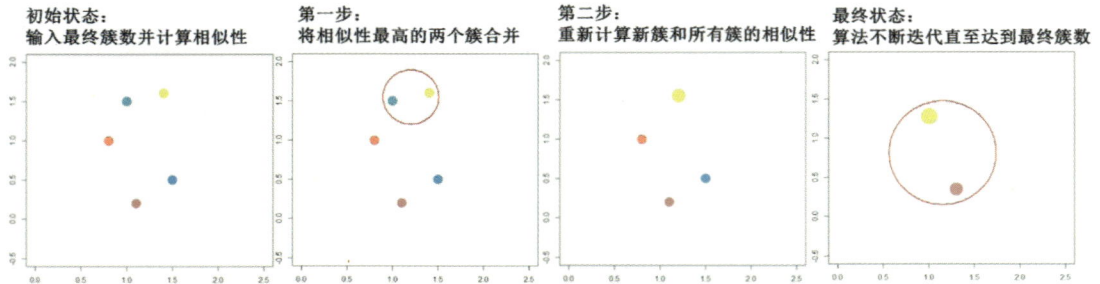

图 2.9　层次聚类算法演示图

3. 基于密度的方法

基于密度的方法的基本思想:根据样本点某一邻域内的邻居数定义样本空间的密度。只要一个区域中的点的密度(即对象的数目)大过某个阈值,就把它加入与之相近的聚类中。这类算法包括 DBSCAN 算法、OPTICS 算法和 DENCLUE 算法等。

其具体执行步骤描述如下。

以 DBSCAN 算法为例,该算法流程图如图 2.10 所示。首先,设置好领域半径以及最少点数目。其次,随机选取一个样本点,按照以下步骤执行。

第一步,以选中的点为圆心,按照指定半径画一个圆。

第二步,如果在指定半径内的样本数目超过给定的最少点数目,那么圆心就转移到这个内部样本点。重复以上两个步骤直到所有的点都被处理。

以上是二维数据集的步骤,高维数据与之同理。DBSCAN 算法的优点在于可以划分形状复杂的簇,并且对孤立点和异常点十分敏感。缺点则是需要人为设置邻域半径和最少点数目两个参数,而最终聚类的结果与参数的设置有很大的关系。

图 2.10　DBSCAN 聚类算法流程图

以二维数据的聚类过程为例,DBSCAN 聚类算法演示图如图 2.11 所示。首先,遍历所有样本点,选取任意一个未被标记的样本点 A_1。其次,以该点为中心,以 Eps 为半径画一个圆。最后,进行判定,如果圆范围内包含点少于 MinPoints,则认为 A_1 是边界点或者噪声点;否则,说明 A_1 是核心点,以绿色点表示,并将 Eps 范围内所有点视为一个簇,将圆心转移至簇内任意一个未被标记的其他点,依次检查簇内其他所有点。如此重复，一直到所有点都被标记为止。由图 2.11 可知，DBSCAN 聚类算法把样本点划分为两类：$A1\sim A6$ 为一类，$B1\sim B5$ 为另一类。剩下的点都是孤立点。

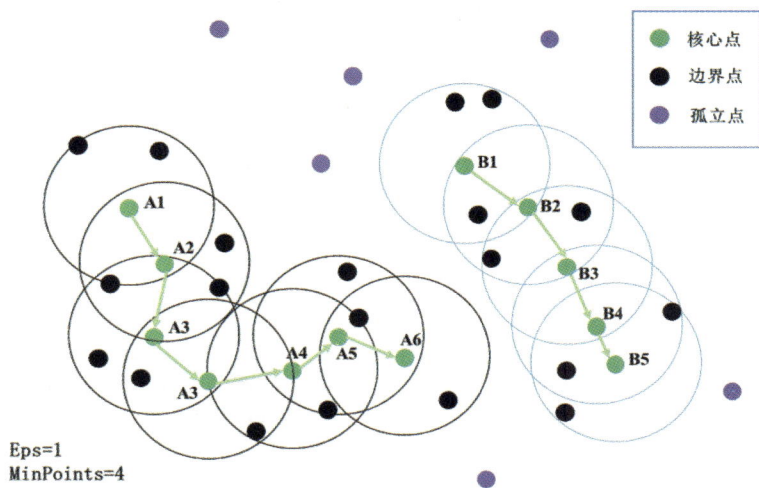

图 2.11　DBSCAN 聚类算法演示图

4. 基于网格的方法

之前的聚类方法都是用数据驱动的，而基于网格的聚类采用空间驱动方法，基于网格的方法的基本思想：把数据空间划分成有限个独立于输入对象分布的单元，形成网格结构。每个单元中都存储了与对象属性无关的参数（如计数）和与属性相关的参数（如均值、方差、最大值和分布类型等）。这类算法包括 STING 算法、WAVE -CLUSTER 算法和 CLIQUE 算法等。

其具体执行步骤描述如下。

以 STING 算法为例，该算法流程图如图 2.12 所示。按照自顶向下的基于网格的方式，在层次结构中先选定含有少量单元的一层作为初始层，在该层的每个单元，计算反映该单元与给定查询的相关程度的置信区间（即对该单元参数的区间估计）。不相关的单元在下一层的处理中不再考虑。这个过程一直进行，直到达到底层。

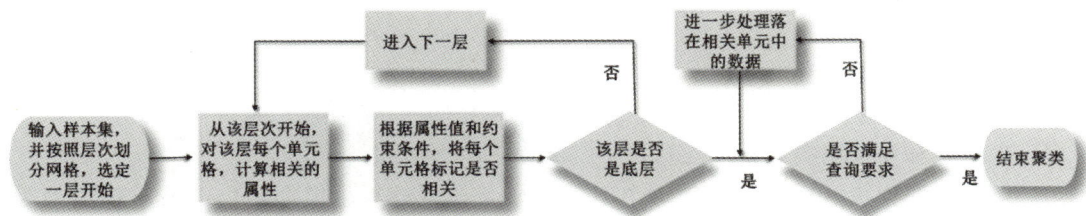

图 2.12　STING 聚类算法流程图

这类算法的优点在于计算速度很快，因为计算只与算法把样本空间划分为多少个单元有关，而与样本个数无关。缺点在于聚类结果与参数选取有很大关系，而通常难以设置参数，需要多次尝试；在处理高维数据时，网格单元数目会随着样本数据维数的增长而呈指数增长。为了解决这些缺点，人们将基于网格的聚类方法和基于密度的聚类方法进行结合，提出了 CLIQUE 算法。通过划分网格来挖掘子空间中基于密度的簇，将簇定义为相连的密集单元的最大集合。

网络聚类算法演示图如图 2.13 所示，在网格划分阶段，将样本空间划分成大小相同的网格，样本点越密集的网格颜色越深。白色网格里的样本点数过少，被认为是离群点。从最终聚类结果可以看出，算法将样本点划分为 3 个数据点较多的簇，同时由于一部分离群点也满足了要求，因此也将这一部分离群点归为一类。可以通过调整参数的方法来将它们重新视为离群点。

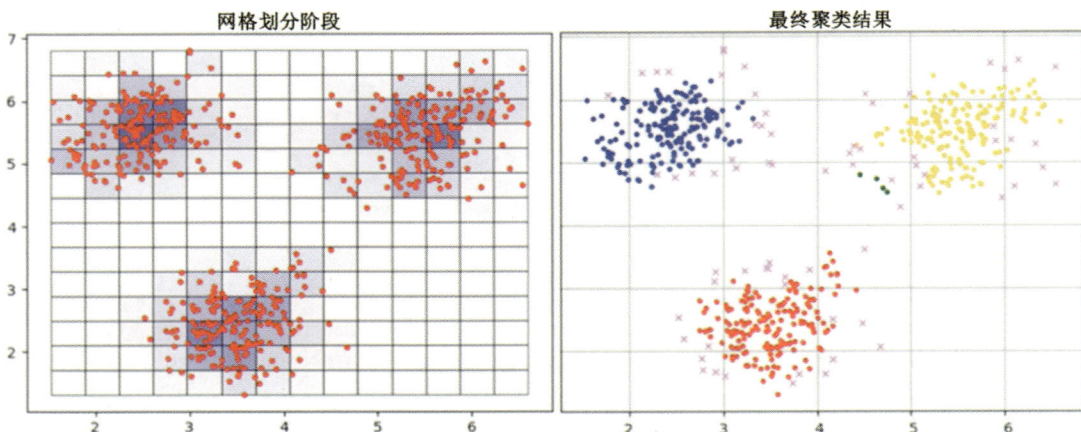

图 2.13　网格聚类算法演示图

5. 基于模型的方法

基于模型的方法的基本思想：为每簇都假设了一个模型，并寻找数据对象对模型的最佳拟合。这类方法主要是基于概率模型的方法和基于神经网络模型的方法。这类算法包括基于高斯混合模型（Gaussian Mixture Mode，GMM）的方法和基于自组织映射（Self-Organizing Map，SOM）模型的方法。可以推广 K-MEANS 算法的两个步骤用来处理基于概率模型的聚类和模糊聚类，也就是最大化（Expectation Maximization，EM）算法。以下先对 EM 算法进行介绍。

其具体执行步骤描述如下。

EM 算法是一种迭代优化策略，该算法流程图如图 2.14 所示。其可用于处理基于概率模型的聚类和模糊聚类，每一次迭代中都有以下两个步骤。

第一步，期望步（E-步）：期望每个对象都属于最近的簇。根据当前的概率模型聚类和模糊聚类的参数，将每个对象都指派到簇中。

第二步，最大化步（M-步）：最大化指派到一个簇的对象的相似度。用于概率模型中，则是最小化概率模型的聚类的期望似然；用于基于划分和基于模糊的聚类中，则是最小化聚类的误差平方和（Sum of the Squared Errors，SSE）。

高斯混合模型假设所有的样本可以分为 K 类，每一类的样本都服从高斯分布。高斯

混合模型是 K 个高斯分布的线性组合，模型的目的在于估计这 K 个高斯分布的概率密度以及每个高斯分布的权重。在模型的聚类过程中，将某个样本带入 K 个高斯分布中，该样本属于每个类别的概率是 K 个高斯分布概率的加权，概率值最高的类是模型将该样本分配到的类。

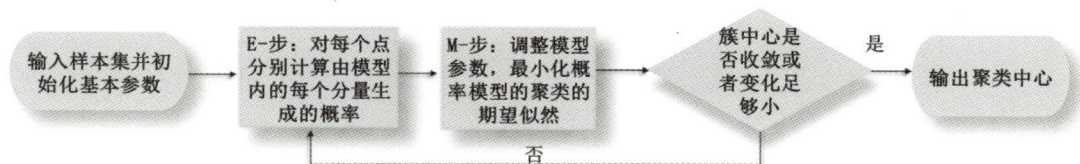

图 2.14   基于 GMM 模型的聚类算法流程图

基于概率模型的聚类使用合适的统计模型可以捕获潜在簇，EM 算法虽然能保证一定收敛到一个稳定点，但不能保证收敛到全局极大值点。为了尽量避免收敛到局部极大，可以使用不同初始值并运行多次。

该算法演示图如图 2.15 所示。首先，计算贝叶斯信息判别标准（Bayesian Information criterion，BIC）曲线，算法会选择其中使 BIC 达到最大值的模型和分组作为最终结果。由图 2.15 可知，对"USArrests"数据集使用基于 GMM 模型的聚类算法，当簇数为 2 时 BIC 达到最大值，因此该聚类算法判断应当分为两类。最左图中 EII、EVE 等指标代表不同的模型，在 R 软件中可以输入"？mclustModelNames"命令来查看这 14 种模型。使 BIC 达到最大值的模型为 EEV，对应形状为椭圆形，叠加在聚类结果图和分类不确定性图上的椭圆对应于分量的协方差[11]。在分类不确定性图中，不确定性越大的点，对应的大小也越大，可以看到两个簇之间的点最容易被分类错误。最后，估计密度并画出等高线图，越靠近中心则密度越大。

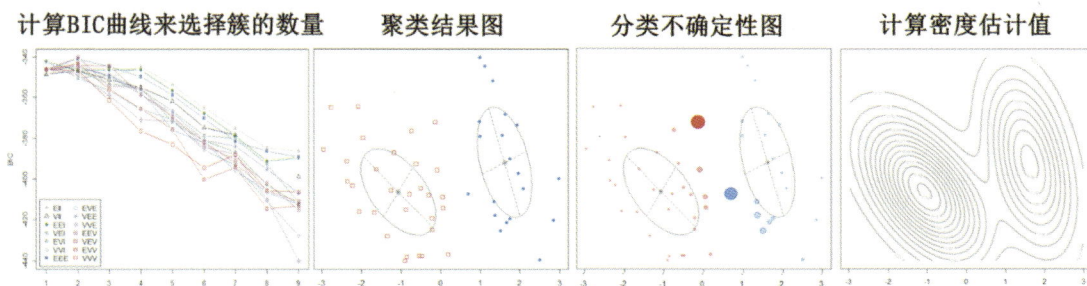

图 2.15   基于 GMM 模型的聚类算法演示图

6. 基于模糊的方法

基于模糊的方法的基本思想：为了克服之前方法中"非此即彼"的分类缺点，数学中的模糊集合论也被用于聚类分析，模糊聚类分析使用模糊逻辑，模糊逻辑使用 0 到 1 之间的值来表示一个对象是一个给定簇的成员的隶属程度。传统的聚类则强制每个对象互斥地仅属于一个簇，而模糊聚类则允许一个对象属于多个簇，这一点和基于概率模型的聚类方法类似。这类算法的代表为 FCM 算法。

以 FCM 算法为例，该算法流程图如图 2.16 所示。由于在模糊聚类中，一个对象可能参与多个簇，因此用隶属度 u 加权到簇中心 C 的距离之和来确定对象拟合聚类的程度。首先需要初始化隶属矩阵，m 为簇数，在所有数据点中，随机选取 n 个点作为初始簇中心 $C_i(i=1, 2, \cdots, n)$，然后根据 EM 算法，在 E-步中对每个点计算它属于每个簇的隶属度。隶属度的计算公式为

$$u_{ij} = \frac{1}{\sum_{k=1}^{n} \left(\frac{\|\boldsymbol{X}_j - \boldsymbol{C}_i\|}{\|\boldsymbol{X}_j - \boldsymbol{C}_k\|} \right)^{\frac{2}{m-1}}}$$

其中，u_{ij} 表示第 j 个样本属于第 i 个簇的程度，$\boldsymbol{X}_j$ 表示第 j 个样本，$\boldsymbol{C}_i$ 表示第 i 个簇中心，m 表示隶属度因子。

由上式可知，在隶属度的计算中，点 $\boldsymbol{X}_j$ 与簇 $\boldsymbol{C}_i$ 以外的其他簇的欧氏距离越小，也就是越远离其他簇而靠近簇中心 $\boldsymbol{C}_i$，则隶属度 u_{ij} 越大，点 $\boldsymbol{X}_j$ 属于簇中心 $\boldsymbol{C}_i$ 的程度越高。在 M-步中，根据划分矩阵重新计算簇中心并极小化误差平方和。然后算法开始迭代直到目标函数收敛，最后根据隶属矩阵来确定数据所属的类。

由于模糊聚类算法都要建隶属矩阵，因此当数据集较大时，这类聚类方法的计算量将会非常大，近些年来对模糊聚类算法的研究开展得比较少。

图 2.16　FCM 聚类算法流程图

FCM 算法演示图如图 2.17 所示，基于模糊的聚类算法流程大体上与基于划分的聚类算法一致，只在样本划分上有所区别。首先，初始化隶属矩阵。其次，计算聚类中心，均处于样本集的中心位置，不同颜色代表不同簇。第一步，不再像 K-MEANS 算法那样按照距离划分样本，而是根据隶属矩阵来划分样本。第二步，根据隶属度重新计算簇中心，同时将每次迭代过程中簇中心的移动轨迹画出来。不断重复以上两步，直到簇中心收敛。

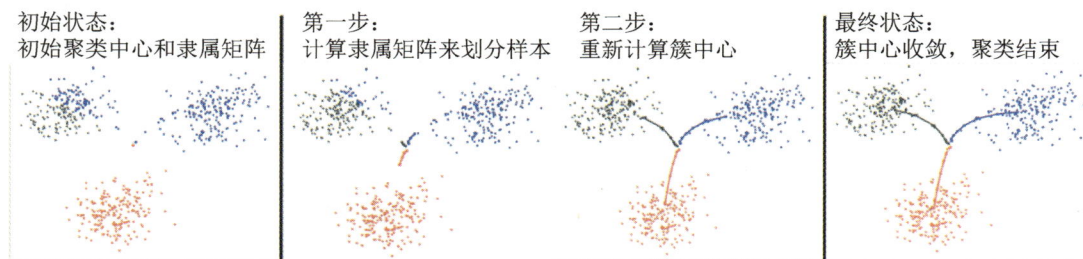

图 2.17　FCM 聚类算法演示图

7. 基于多层次框架的方法

传统的算法往往存在着聚类效率低的问题，特别是在处理复杂结构的聚类问题时。为了提高聚类算法的效率，研究者们提出了基于多层次框架的聚类算法，其优点在于能够聚类分析大规模并且任意形状的数据集，同时也具有更高效率。这类算法包括 METIS 算法、GRACLUS 算法、FAP 算法等。

以 METIS 算法为例，该算法在 1998 年由 Karypis 等人提出[12]，并以此建立了多层次聚类算法的基本框架，该算法流程图如图 2.18 所示，主要包含以下 3 个步骤。

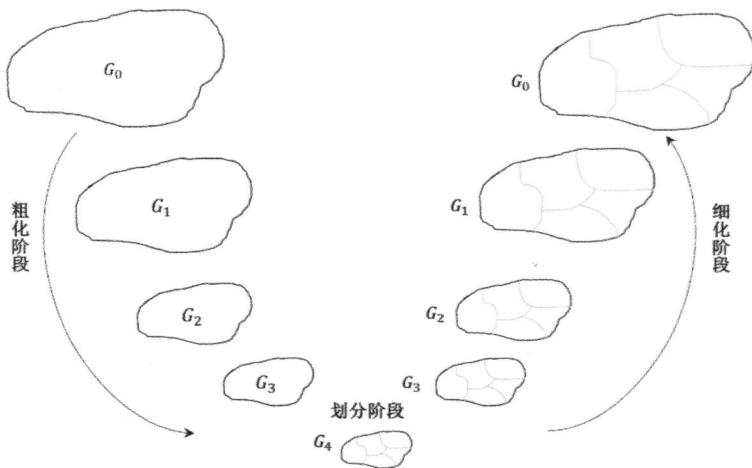

图 2.18　METIS 算法流程图

1）粗化

粗化是该类算法的关键阶段，主要基于最大匹配准则来获得连续的粗图。给定一个图，可以通过折叠相邻顶点来获得更粗糙的图。因此，两个顶点之间的边被折叠并形成一个由这两个顶点组成的多节点。可以从匹配的角度来定义这种基于边缘折叠的方法。通过找到当前层图的匹配，并将匹配的顶点折叠成多节点，而不匹配的顶点则直接覆盖到下一层图上。这样，原图规模就在不断地减小，直到"目标划分块"出现为止。使用最大匹配的方法粗化图可以保留原始图的许多属性。

2）划分

对粗化后的最粗图进行划分处理，使用谱二分算法、Kernighan-Lin 算法和图增长算法等将最粗图划分成规模大小近似相等的聚类。METIS 算法中使用常用的 Kernighan-Lin 算法来进行划分，其主要思想是为网络划分引入增益值 P，P 表示的是社区内部的边数与社区之间的边数之差，然后再寻找使 P 值成为最大值的划分社区的方法。具体策略是，计算交换不同社区结构中的节点后可能得到 P 的增益 ΔP，然后交换使 ΔP 最大的对应节点，算法重复这个过程直到所有节点都被交换过一次[14]。

3）细化

通过 Kernighan-Lin 算法将划分逐层映射到原数据集。通过层间数据关系，逐层还原、逐层聚类，最终实现对原数据集的聚类。

这样，METIS 算法在处理大规模数据集的过程中，先利用粗化过程减小规模，降低划分算法复杂度，然后选用合适的聚类算法对粗化后产生的粗化集进行划分，最后利用细化过程将划分结果逐步映射回较大的图。这一过程快速有效地实现了对原数据集的划分。

8. 其他

上述的 DBSCAN 算法虽然能对任意形状分布的数据集进行聚类，但邻域半径和最少点数目这两个参数需要提前设定，这难以直接确定。为了解决不足，2014 年 Alex Rodriguez 等人在 Science 提出了一种新的聚类算法——FDP 算法[15]，该算法结合了基于密度的算法和基于划分的算法，其优点是简单易懂、运行速度快，并且可处理非凸数据集，为聚类算法提供新思路。

FDP 算法的核心思想主要有以下两点。

一是在对聚类中心的刻画上，研究者认为每个聚类中心应该同时具有以下两个特点：一个是本身具有较大的局部密度，即它被密度均不超过它的邻居点包围；另一个是与其他具有较大局部密度点之间的距离较大。

二是在划分样本点的过程中，并不是像 K-MEANS 算法那样在找到聚类中心后才划分其他数据点，而是将其他数据样本直接从密度大的点开始，依次划分到与它相邻并且密度比它更大的聚类中心里去。

FDP 算法为每个样本点计算两个值，分别是局部密度 ρ_i 和距离 σ_i。局部密度使用截断函数来计算，计算后样本点的局部密度就是以该点为中心，以截断距离 d_c 为半径所形成的图的范围内所包含的样本点个数。在距离的计算中，对于具有最大局部密度的样本点来说，σ_i 就是整个样本集中该点和距离该点最远的点之间的距离。对于其他的点 X_i，则是与 X_i 距离最近并且局部密度比 X_i 大的点与 X_i 的距离。根据上述计算，如果一个点是聚类中心，那么它会有较大的局部密度 ρ_i 和距离 σ_i，而如果一个点有很大的距离 σ_i，但 ρ_i 却很小，那就被认为是离群点。找出所有的聚类中心后，按照局部密度递减的排序，将其他非中心点分配到距离它最近并且局部密度比它高的邻居点所在的簇中。如果最终样本集被划分为多个簇，要计算每个簇的平均局部密度上界 ρ_i^b，簇内某点的局部密度 ρ_i 小于 ρ_i^b 的话，就认为是簇晕，即边界点，否则就认为是簇核，即核心点。该算法具体的算法流程图如图 2.19 所示。

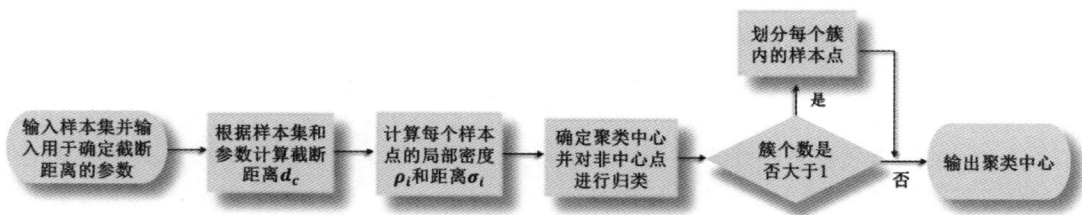

图 2.19　FDP 聚类算法流程图

该算法演示图如图 2.20 所示。第一步，确定聚类中心个数，计算样本数据集各个点与其他具有较高局部密度点的距离 σ_i 和局部密度 ρ_i，并画出描述图，可以看到有 5 个样本点同时具有较高局部密度和样本距离。第二步，选择以上 5 个点作为中心点，而具有高样本距离和低密度的点则视为离群点或异常点。第三步，根据距离依次划分其他非中心点，样本集最终聚类为 5 个簇，以不同深度的蓝色表示。

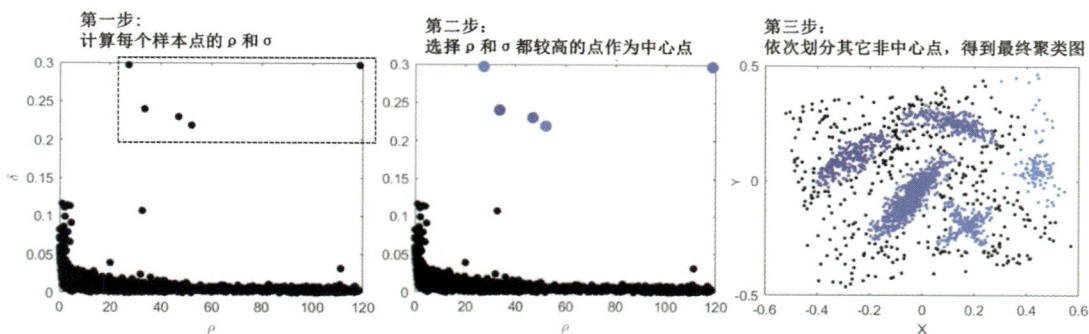

图 2.20　FDP 聚类算法演示图

以上列举了有关的聚类算法。目前并没有一种聚类算法可以完全适用于所有数据对象，每种方法都各有优缺点。因此，需要根据数据对象的特点来选择聚类方法进行处理。

例如，在对人工数据集中的双月型数据集进行聚类分析时，采用 K-MEANS 聚类算法和 DBSCAN 聚类算法的效果截然不同，如图 2.21 所示。

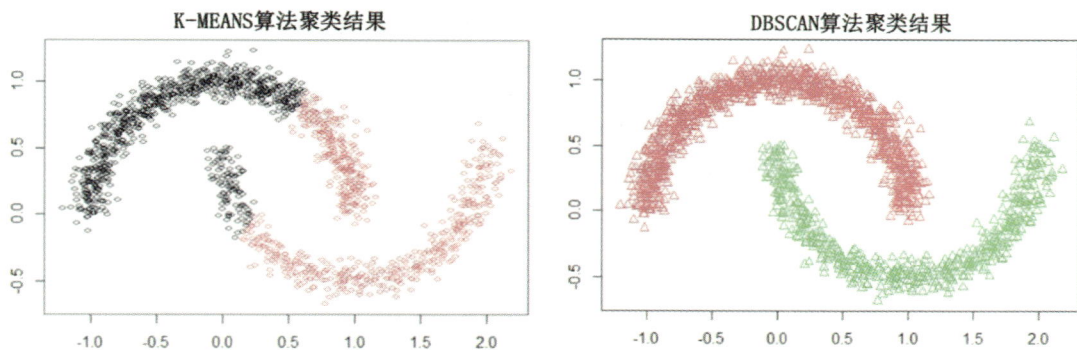

图 2.21　不同聚类方法的聚类效果演示图

显然，人们更倾向于得到用 DBSCAN 聚类算法得到的聚类结果。K-MEANS 算法和 FCM 算法类似，都容易受到初始聚类中心选取的影响。总的来说，聚类算法的结果有一定的不可预见性。因此，在实际应用中应该根据数据类型来选择聚类算法，并采用一定的聚类效果评估方法，以获得最佳的聚类效果。

2.1.4　布局模型

社交网络信息可视化的技术核心主要是布局算法，即如何在可视化空间对网络信息进行布局显示。下面对常用的 3 种布局做简单介绍。

1. 弹簧布局

Eades 于 1984 年首次提出使用弹簧模型（Spring-Embedded）实现图布局算法[16]。该算法将图中的顶点看成小钢圈，边看成弹簧，整个系统处于弹簧力和物体间斥力的作用下。根据力学原理，当势能达到最小时，系统处于一个稳定的平衡，这时得到最终的图布局结果。

将初始节点位置作为图初始布局，连续使用弹簧力移动节点到达一个最小能量态。调整节点位置的方法有两种。

一是对相连接的节点施加弹簧力，力的大小 F_a 为

$$F_a = c_1 \log(d/c_2)$$

其中，d 为弹簧长度，即两个节点之间的距离；c_1 和 c_2 是常数，控制力的大小。如果使用力学中的胡克定律，当节点分离时，力太强，因此使用对数解决该问题。

二是对不连接的节点互相使用斥力，力 F_r 的大小为

$$F_r = c_3 / \sqrt{d}$$

其中，d 为两个节点之间的距离，c_3 是常数，控制力的大小。

整个系统的节点从初始状态在 F_a 与 F_r 的共同作用下开始移动，当达到力平衡（即系统达到稳定状态）时，布局形成。弹簧模型易于理解，实现简单，其对大多数网络数据集都能适用，而且该算法实现效果具有较好的对称性，比较符合美学标准，它可以动态展示整个布局逐渐趋于收敛稳定的过程，从而使用户对布局结果更容易接受和理解。

2. FR 布局

弹簧模型每次循环都必须计算每对节点间的作用力关系，虽然 Eades 假设引力只作用于相连接节点，但复杂度仍达到 $O(N^2)$，其中 N 为图中节点个数。因此，有很多学者致力于研究效率的优化，其中典型的是 FR（Fruchterman-Reingold）算法[17]，其布局效果如图 2.22 所示。

FR 算法改进了弹簧模型。在 FR 模型中，节点被看作原子，根据物理学原理，原子之间彼此会发生引力和斥力作用，这些力的作用将导致原子运动并达到稳定状态，FR 模型算法中还引入了模拟退火[18]的过程，其在每一次迭代的过程都包含以下 3 个步骤。

第一步，计算所有节点来自相连接节点的引力的大小。

第二步，计算节点间彼此斥力的大小。

第三步，节点会在合力的作用下运动，而运动的幅度和频率会受到"温度"的限制，温度会随着迭代过程而下降，完成"退火"的过程，使节点最终达到静止，以完成图的自动布局。

FR 算法改进了计算效率。考虑到较远节点的斥力影响不大，FR 算法将布点区域划分成若干网格，在计算斥力时只计算相邻网格中节点的斥力，相比弹簧布局提高了效率。FR 算法遵循"节点均匀分布"的原则，所以在定义节点理想距离 k 时，考虑了整个场景的大小

$$k = C \sqrt{\frac{S}{|V|}}$$

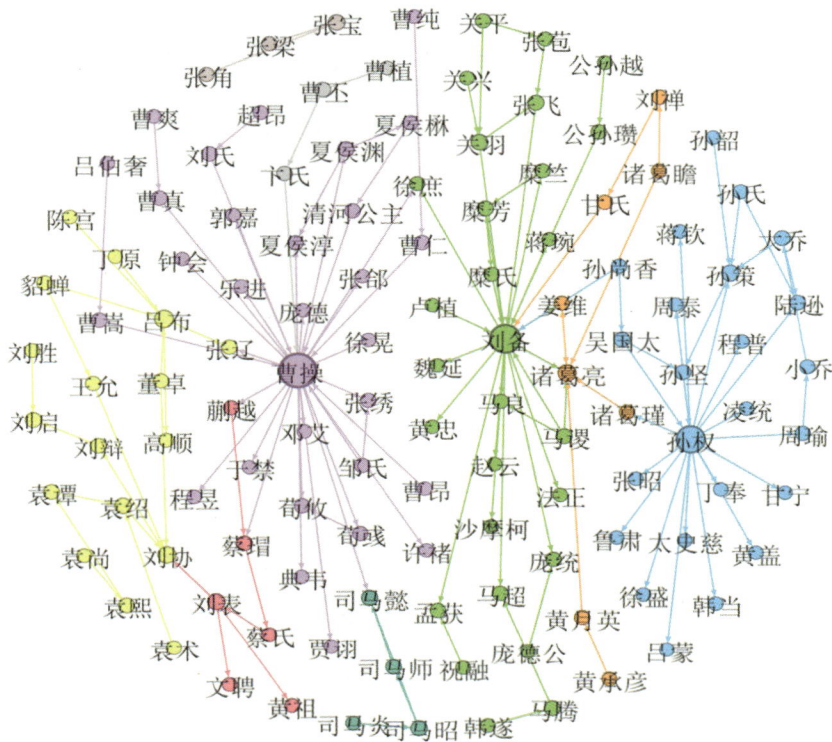

图 2.22 FR 二维布局示例

其中，S 是节点所在场景的面积，C 是常数。

与此同时，FR 算法希望有边相连的节点能够尽量靠近彼此，但是又不能出现重叠现象。所以在有边相连的节点之间使用了引力 F_a，在所有节点之间使用了斥力 F_r，并且使用 k 来进一步控制边长

$$\begin{cases} F_a = d^2/k \\ F_r = -d^2/k \end{cases}$$

其中，d 表示两个不同节点的欧氏距离。

和弹簧布局一样，整个系统的节点从初始状态在 F_a 与 F_r 的共同作用下开始移动，当系统达到稳定状态时，布局形成。在判断整个系统何时处于平衡状态时使用了模拟退火方法，通过不断地降低系统的能量来实现算法的收敛。

3. Hu Yifan 布局

在 FR 算法中，虽然在计算斥力时只计算了相邻网格中节点的斥力，但也没脱离 $O(N^2)$，其中，N 为图中节点个数，且较远节点的斥力被完全忽略。胡一凡提出 Hu Yifan 布局，将一个节点与它远处一簇节点的斥力当作此节点与一个超节点间的斥力计算，不仅减少了计算量，其复杂度仅为 $O(N\log_2 N)$ [19]，也将较远节点的斥力考虑了进去，因此在社交网络布局算法中被广泛使用，其效果如图 2.23 所示。

Hu Yifan 布局中，一个节点与它远处一簇节点之间的斥力使用 Barnes-Hut 算法计

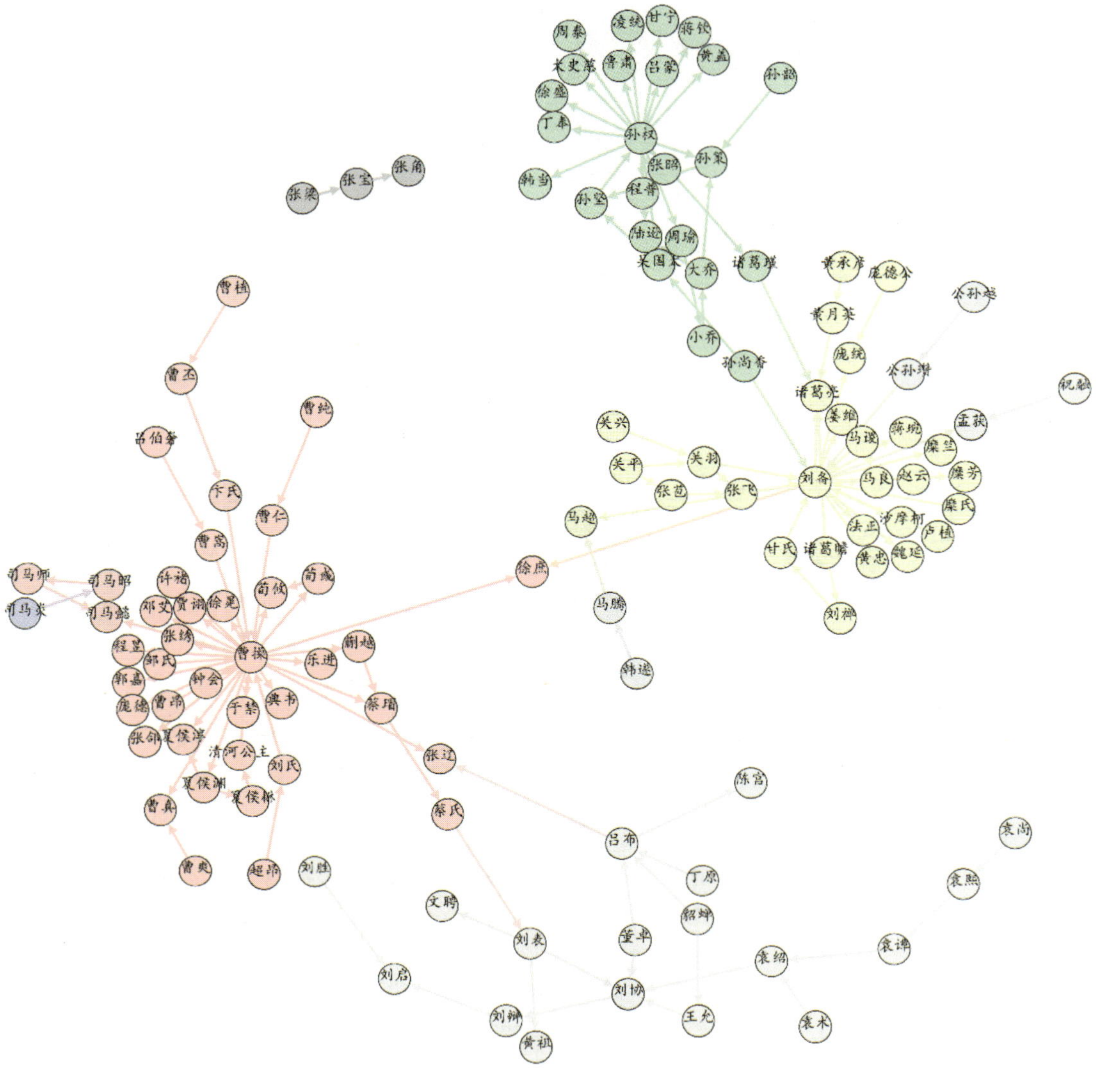

图 2.23　Hu Yifan 二维布局示例效果

算[20]，其执行过程描述如下。

通过形成一个包围所有顶点的立方体来构造八叉树数据结构，初始为 0 级立方体；如果 0 级立方体包含多个节点，则可再细分为 8 个立方体，形成 1 级立方体……以此类推，直到立方体只包含一个节点。在计算节点 i 的排斥力时，如果一组立方体内的节点 S 远离节点 i，则可以将整个组（簇）视为超节点。假定超节点位于簇的重心 X_s 处，则节点 i 与 S 的斥力 $F_r(i, S)$ 为

$$F_r(i, S) = \frac{-|S|CK^2}{\|X_i - X_s\|}$$

其中，X_i 是节点 i 的位置，$|S|$ 是 S 中的节点个数，K 是静电力常量，C 是控制 K 的参数。

节点 i 与 S 的吸引力 $F_a(i, S)$ 与 FR 布局一样为

$$F_a(i, S) = \frac{\|\boldsymbol{X}_i - \boldsymbol{X}_S\|^2}{K}$$

如果超节点的立方体宽度小于该超节点与节点 i 之间的距离，则认为该超节点远离 i，即

$$\frac{d_S}{\|\boldsymbol{X}_i - \boldsymbol{X}_S\|} < \theta$$

其中，d_S 是超节点的立方体宽度。$\theta > 0$ 是一个参数，θ 的值越小，排斥力的近似值越准确，计算量也就越大，实验表明 $\theta = 1.2$ 是个很好的折中方案，这个不等式被称为"Barnes-Hut"开放标准。

在求远离一个节点的超节点时，从 0 级立方体开始，检查每个立方体并递归进入下一级立方体，直到满足这个不等式。Hu Yifan 布局应用于二维网络可视化，八叉树可退化为四叉树，图 2.24 显示了所有远离位于图中顶部红色标识节点的超节点。

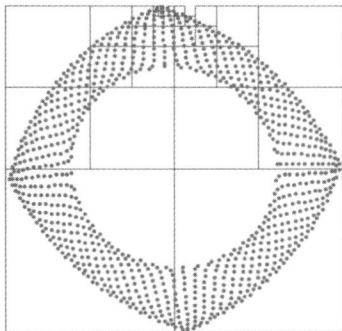

图 2.24　Hu Yifan 布局的四叉树细分示例

Hu Yifan 布局中所使用的聚类算法是多层次聚类算法，使不同类节点能在位置上有较好区分。多层次算法的主要思想是在原图的基础上压缩生成一个粗粒度图，在粗粒度图上递归压缩，生成多个具有层次关系的粗粒度图，其包含粗粒度图布局阶段、图压缩阶段以及反向优化阶段 3 个不同的阶段。以下是 Hu Yifan 多层次聚类大致的执行步骤。

(1)粗粒度图布局阶段。随机生成顶层图初始布局，利用梯度下降优化算法生成顶层图布局[21][22]。

(2)图压缩阶段。给定初始布局图 $\boldsymbol{G}^0$，通过递归压缩后生成一系列图 $\boldsymbol{G}^0$，$\boldsymbol{G}^1$，…，$\boldsymbol{G}^i$，…。其中，从 $\boldsymbol{G}^i$ 生成新的粗粒度图 $\boldsymbol{G}^{i+1}$ 的过程如下：从 $\boldsymbol{G}^i$ 的节点集合 $\boldsymbol{V}^i$ 中随机选取一个节点，将该节点与其 1 阶邻节点划分到同一区域并从 $\boldsymbol{V}^i$ 中删除这个节点，然后在 $\boldsymbol{V}^i$ 剩下的节点中按同样的方法划分，将图 $\boldsymbol{G}^i$ 划分成多个不相交的区域，之后遍历 $\boldsymbol{G}^i$ 的边集合 $\boldsymbol{E}^i$。如果边的两个节点不在同一区域，则连接两个节点，形成新的边集合 $\boldsymbol{E}^{i+1}$，最后将每个区域的节点集合视为一个节点，形成新的节点集合 $\boldsymbol{V}^{i+1}$，由 $\boldsymbol{V}^{i+1}$ 和 $\boldsymbol{E}^{i+1}$ 构成 $\boldsymbol{G}^{i+1}$。

(3)反向优化阶段。从最后一个粗粒度图开始，根据在图压缩阶段中建立的映射关系，依次调整前一个粗粒度图中各个节点的坐标位置，重复该过程直至图 $\boldsymbol{G}^0$ 中所有节点的坐标调整完。

2.2　方法概要

首先，利用 Gephi Toolkit 处理包含节点和边连接信息的 csv 文件，生成包含网络属性、节点和边属性等信息的 txt 文件。其次，利用 Unity3D(参见附录 1.3)处理 txt 文件，生成三维社交网络场景并实现二维鼠标交互。最后，连接 HTC Vive(参见附录 1.6)，扩

展到沉浸式显示和三维手柄交互。

2.2.1　Gephi toolkit 布局拓展

Gephi 是一个用于可视化和分析社交网络的软件（https://gephi.org/），支持各种网络和复杂系统的可视化，广泛应用于社交网络、数据挖掘、互联网链接分析、生物医学等领域。其提供网络布局生成、网络属性计算、网络社区分类、动态网络分析等功能。

Gephi toolkit 是 Gephi 的 jar 包，包含 Gephi 的所有重要模块，如图生成、布局、过滤、输入/输出等。使用 Gephi toolkit 是为了处理包含节点和边连接信息的 csv 数据文件，在"此电脑\文档（我的文档）\SocialNetworkVisualization\"中生成包含网络属性的"GraphInfo.txt"文件和包含节点/边属性的"Layout2D.txt"、"Layout3D.txt"文件，方便 Unity3D 进行三维可视化的读取和处理，数据预处理流程如图 2.25 所示。

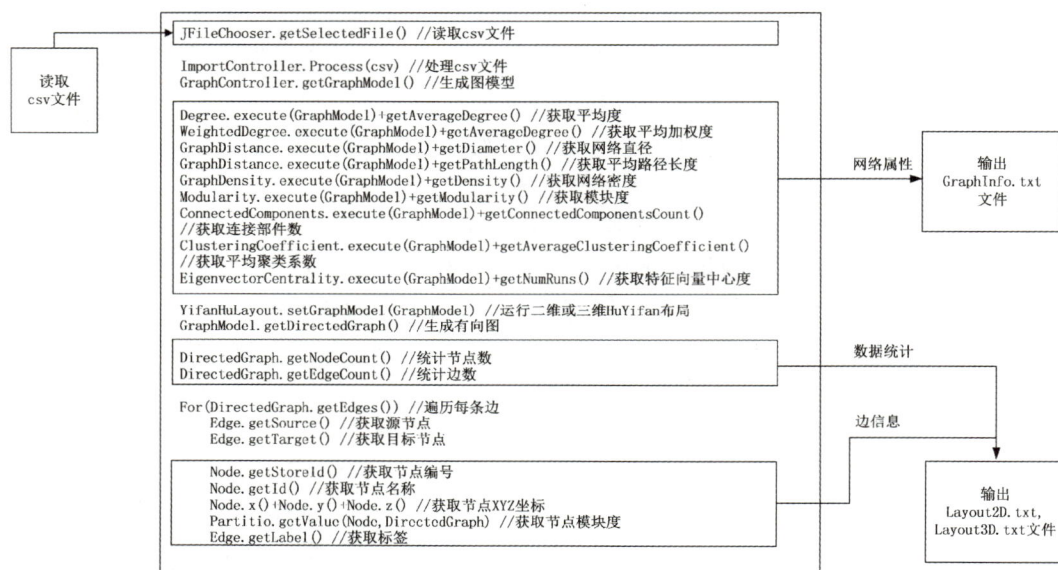

图 2.25　数据预处理流程

读入 csv 数据文件后，调用 Gephi toolkit 的 Degree.execute()、WeightedDegree.execute()等函数得到图的平均度、平均加权度等 9 个网络属性，写入"GraphInfo.txt"文件，如图 2.26(a)所示。

Gephi toolkit 只支持二维 Hu Yifan 布局，将其扩展的最直接方法是使所有节点 z＝0，但本质上还是二维布局。首先，调用 Gephi toolkit 的 getNodeCount()和 getEdgeCount()函数得到节点数和边数；其次，调用 YifanHuLayout.setGraphModel()函数运行 Hu Yifan 布局，得到节点只有 xy 坐标的二维布局，令 z＝0；最后，遍历布局的每条边，得到源节点坐标、目标节点坐标等信息，写入二维布局文件"Layout2D.txt"。

另外一种方法，对 Gephi toolkit 进行布局拓展，主要步骤包括：①随机生成节点的初始坐标 x，y，z 的值。② 将 Gephi toolkit 中的四叉树改为八叉树，通过遍历三维样本空间寻找当前节点的超节点。③ 用 Hu Yifan 布局对每个节点产生作用力，不断迭代，直到布局的能量达到足够小且稳定为止。④ 生成三维布局文件“Layout3D. txt”，方法同“Layout2D. txt”。

“Layout2D. txt”文件和“Layout3D. txt”文件的内容如图 2. 26(b)和 2. 26(c)所示，第 1 行为节点数，第 2 行为边数，从第 3 行开始，每行分别记录每条边的源节点序号、源节点 ID(比如人物关系图中的人物姓名)、源节点 xyz 坐标、源节点所在模块序号、目标节点序号、目标节点 ID、目标节点 xyz 坐标、目标节点所在模块序号、标签 label(记录源节点与目标节点之间的关系)。

将以上数据预处理流程的代码封装并导出为 exe 嵌入 Unity3D 中，便于 Unity3D 直接执行。

```
GraphInfo.txt - 记事本
文件(F) 编辑(E) 格式(O) 查看(V) 帮助(H)
AverageDegree 1.1707
AverageWeightedDegree 1.2439
Distance 9.0000
Density 0.0096
Modularity 0.7187
ConnectedComponents 2
AverageClusteringCoefficient 0.0628
EigenVectorCentrality 100
PathLength 2.9150
```

(a)GraphInfo. txt

```
Layout2D.txt - 记事本
文件(F) 编辑(E) 格式(O) 查看(V) 帮助(H)
123
144
0 关羽 847.6846 137.65388 0 2 1 刘备 616.67346 12.065769 0 2 义弟
2 张飞 825.208 76.68985 0 2 1 刘备 616.67346 12.065769 0 2 义弟
0 关羽 847.6846 137.65388 0 2 2 张飞 825.208 76.68985 0 2 义兄
3 张苞 979.6167 113.24434 0 2 2 张飞 825.208 76.68985 0 2 儿子
4 关兴 954.13464 265.93613 0 2 0 关羽 847.6846 137.65388 0 2 儿子
5 关平 999.24615 171.16904 0 2 3 张苞 979.6167 113.24434 0 2 结拜
5 关平 999.24615 171.16904 0 2 0 关羽 847.6846 137.65388 0 2 义子
⋮ ⋮ ⋮ ⋮ ⋮⋮⋮ ⋮ ⋮ ⋮ ⋮⋮ ⋮
```

(b)Layout2D. txt

```
Layout3D.txt - 记事本
文件(F) 编辑(E) 格式(O) 查看(V) 帮助(H)
123
144
0 关羽 -313.8313 -47.119534 -649.1195 0 1 刘备 -466.5161 -31.157207 -509.8635 1 义弟
2 张飞 -342.28464 12.334712 -625.7002 0 1 刘备 -466.5161 -31.157207 -509.8635 1 义弟
0 关羽 -313.8313 -47.119534 -649.1195 0 2 张飞 -342.28464 12.334712 -625.7002 0 义兄
3 张苞 -381.3718 121.23639 -642.8125 0 2 张飞 -342.28464 12.334712 -625.7002 0 儿子
4 关兴 -141.15092 -177.1128 -746.72797 0 0 关羽 -313.8313 -47.119534 -649.1195 0 儿子
5 关平 -303.25665 83.58962 -473.2905 0 3 张苞 -381.3718 121.23639 -642.8125 0 结拜
5 关平 -303.25665 83.58962 -473.2905 0 0 关羽 -313.8313 -47.119534 -649.1195 0 义子
⋮ ⋮ ⋮ ⋮ ⋮ ⋮⋮ ⋮ ⋮ ⋮ ⋮ ⋮ ⋮
```

(c)Layout3D. txt

图 2. 26 txt 文件内容

2.2.2 三维社交网络生成

使用 Unity3D 读取 Gephi toolkit 数据预处理产生的 3 个 txt 文件，获取并处理其记录的信息，再分别以粒子系统(介绍参见附录 1.4)"星星节点加 LineRenderer 线边"为一种显示模式、以"ShaderGraph(介绍参见附录 1.5)球节点加圆柱体边"为另一种显示模式，生成三维社交网络可视化场景。

执行 2.21 节末尾导出的 exe 生成 3 个 txt 文件后，先逐行读取并处理"GraphInfo. txt"文件，获取 9 个网络属性并显示。再分别逐行读取"Layout2D. txt"文件和"Layout3D. txt"文件并处理，在源节点和目标节点处生成粒子星星节点和 ShaderGraph 球节点，在源节点与目标节点的中点生成 LineRenderer 线边和圆柱体边等。

一个节点可能会被多条边连接，为了避免重复生成同位置节点，预先根据节点数创建节点数组，以节点序号为下标判断该节点是否已生成。"Layout2D. txt"文件和"Layout3D. txt"文件没有记录用于分类的颜色属性，可通过模块个数创建颜色数组，修改每个模块颜色。粒子星星节点和 ShaderGraph 球节点、圆柱体边和 LineRenderer 线边同时生成，为了同一时刻只显示一种模式，采用激活状态切换的方式，当单击系统界面的"切换模式"按钮或手柄触控板的左键时二者切换，具体操作见 2.2.3 节，与二维/三维布局的切换同理。

三维社交网络生成的流程图如图 2.27 所示，其中虚线表示参数传入，将该流程编写为 C♯代码在 Unity3D 中执行。

伪代码如下。

生成三维社交网络

输入：

    csv 文件

1.   function 3DScene(csvFile)

    {

2.   创建颜色数组：colors[]= {Color1,Color2,…}

3.   执行 exe,读取 csv 文件生成 GraphInfo. txt、Layout2D. txt 和 Layout3D. txt

4.   逐行读取 GraphInfo. txt,获取并显示其记录的网络属性

5.   读取 Layout2D. txt 的第 1、2 行,获取节点数 nodeCount 和边数 edgeCount

6.   根据节点数创建节点数组：Nodes2D[nodeCount],Nodes3D[nodeCount]

7.   根据边数创建边数组：Edges2D[nodeCount],Edges3D[nodeCount]

8.   继续逐行读取 Layout2D. txt,对每条边遍历：for(i= 1→edgeCount)

       {

       //获取每一行记录的信息

9.   源节点序号：No_s

10.   源节点 ID：ID_s

11.   源节点坐标：P_s

续表

生成三维社交网络

12.   源节点所在模块序号:M_s

13.   目标节点序号:No_t

14.   目标节点 ID:ID_t

15.   目标节点坐标:**P_t**

16.   目标节点所在模块序号:M_t

17.   标签:label

18.   if(Nodes2D[No_s]未生成)

      {

19.   在 **P_s** 处生成 Nodes2D[No_s],包含粒子星星节点和 ShaderGraph 球节点

20.   粒子颜色= colors[M_s]

21.   ShaderGraph 颜色= colors[M_s]

22.   粒子星星节点或 ShaderGraph 球节点激活状态切换

      }

23.   记录该源节点所涉及的人物关系 label

24.   if(Nodes2D[No_t]未生成)

      {

25.   在 **P_t** 处生成 Nodes2D[No_t],包含粒子星星节点和 ShaderGraph 球节点

26.   粒子颜色= colors[M_t]

27.   ShaderGraph 颜色= colors[M_t]

28.   粒子星星节点或 ShaderGraph 球节点激活状态切换

      }

29.   记录该目标节点所涉及的人物关系 label

30.   在 (**P_t**+ **P_s**)/2 处生成 Edges2D[i],包含圆柱体边和 LineRenderer 线边

31.   圆柱体边的颜色= colors[M_s]

32.   LineRenderer 边的起点颜色= colors[M_s]

33.   LineRenderer 边的终点颜色= colors[M_t]

34.   调整圆柱体边的方向= **P_t**- **P_s**

35.   调整圆柱体边的长度= ||**P_t**- **P_s**||

36.   设置 LineRenderer 边的两端点坐标分别为 **P_s** 和 **P_t**

37.   记录该边所代表的人物关系 label

38.   圆柱体或 LineRenderer 模式激活状态切换

    }

39. 继续逐行读取 Layout3D.txt,对每条边遍历,以同样方法生成 Nodes3D 和 Edges3D

40. Nodes2D[],Edges2D[]和 Nodes3D[],Edges3D[]激活状态切换

    }

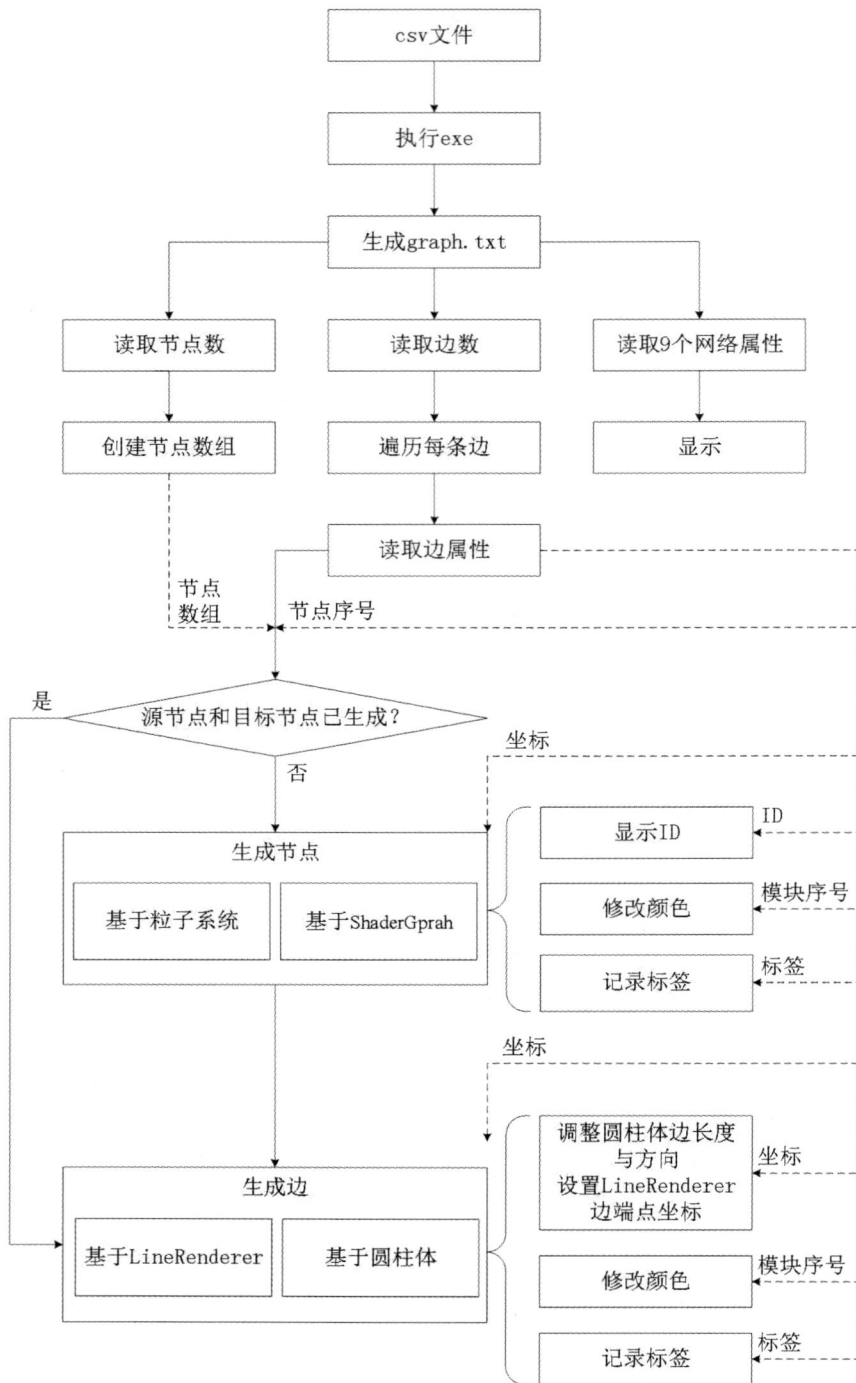

图 2.27　Unity3D 生成三维社交网络流程图

1. 基于粒子系统的节点绘制

Unity3D 中的粒子系统与附录 1.4 所介绍的类似，由粒子发射器（Particle Emitter）、粒子动画器（Particle Animator）、粒子渲染器（Particle Renderer)3 部分组成。粒子发射器控制粒子的生成，粒子动画器控制粒子的运动更新，粒子渲染器将粒子效果渲染到屏幕上。基于粒子系统的节点为一个星星粒子预设体，先制作一个粒子球，再通过如图 2.28 所示的贴图渲染出星星效果。

粒子球的各参数设置为如图 2.29 所示。其中，Duration 为发射粒子的时间间隔；Start Lifetime 为粒子寿命；Start Speed 为粒子发射时的速度大小，若发射速度为 0 而更新时运动速度不为 0 时，粒子也可以运动；Start Size 为粒子初始大小，"60，100"代表初始大小在 60 与 100 之间线性随机；Start Color 为粒子发射时的颜色；Simulation Speed 为粒子更新时的运动速度；Max Particles 为最大粒子数量。

图 2.28　星形贴图

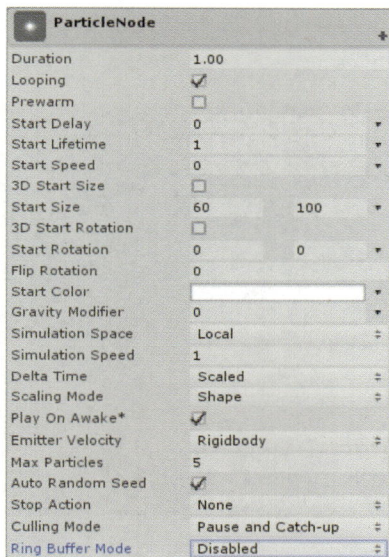

图 2.29　粒子球的参数设置

2. 基于 ShaderGraph 的节点绘制

以 Unity3D 预设的 3D 对象 Sphere（球体）为节点的网络模型，通过 Shader Graph 工具创建包含节点材质的 Shader，实现可调节的半透明边缘光圈特效。应用 Shader 后，球体边缘发亮效果清晰可见，半透明中心映出场景的背景色，其效果如图 2.30 所示。

图 2.30　ShaderGprah 球节点效果

其实现流程图如图 2.31 所示，主要分为以下 4 个步骤。

(1)边缘扩张：通过属性(Property)改变世界坐标系下球体表面的法线向量。

(2)边缘光圈：创建一个 Fresnel Effect 节点，将上一步得到的结果赋给其法线部分，另设一个属性值(Fresnel Power)调节 Fresnel Effect 的强度。

(3)添加颜色：创建一个颜色节点(Color)，将该节点与 Fresnel Effect 节点的输出值相乘，将结果赋给着色器的 Emission 部分。

(4)透明度提升：创建一个属性值节点(Alpha)，将该值与 Fresnel Effect 节点的输出值相加，将结果赋给着色器的 Alpha 部分。

将 Shader 赋给球体后，可在编辑器或 C♯脚本中依照目标效果调节参数。例如，本系统中当节点被选中时，脚本会控制 Normal Vector 参数随时间变化，产生由亮到暗逐渐变化的呼吸灯效果。可调节参数包括：颜色(Color)，用于选择球体的颜色；法线向量(Normal Vector)，用于调节边缘光外圈的范围大小；菲涅尔效应的强度(Fresnel Power)，用于调节边缘光的强度；透明度(Alpha)，用于调节球体中间部分的透明度。

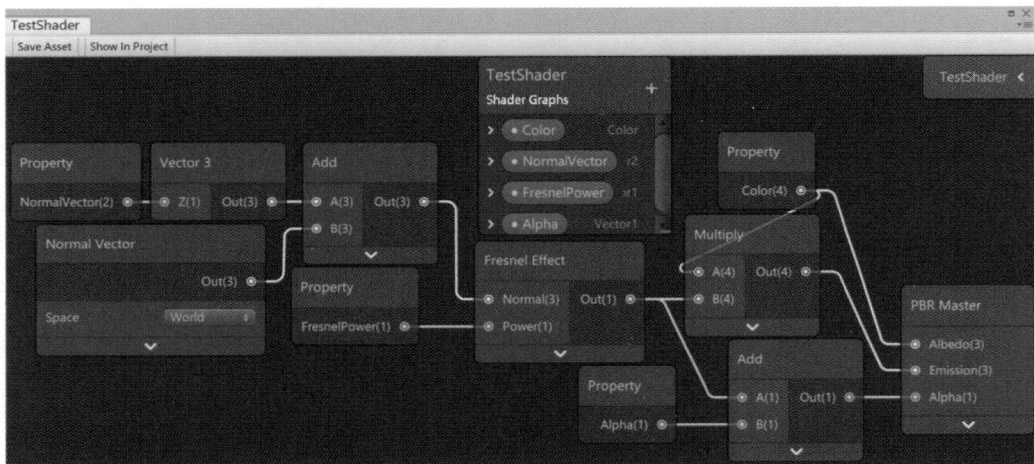

图 2.31　ShaderGraph 构建节点 Shader 流程图

3. 基于 LineRenderer 的边绘制

LineRenderer(线渲染器)是 Unity3D 提供的组件，多用于 3D 场景线段的绘制。Unity3D 的编辑视图允许用户直接修改 LineRenderer 的材质、颜色、宽度等参数，以实现特殊的线段效果。

在本系统中，每当生成一条边时，脚本会根据源节点与目标节点的信息更改 LineRenderer 组件的参数，包括：线的起点坐标为源节点坐标、线的终点坐标为目标节点坐标、线的起点颜色为源节点颜色、线的终点颜色为目标节点颜色、依照预设的宽度变化曲线调节线的宽度变化等。另外，LineRenderer 在设置起点坐标和终点坐标时，分为"使用世界坐标系"和"不使用世界坐标系"两种模式。若选择"不使用世界坐标系"模式则使用的是具有此 LineRenderer 组件对象的局部坐标系，若该对象运动则 LineRenderer 绘制的线也会跟着运动；而选择"使用世界坐标系"模式时绘制的线只能固定在世界坐标的两点之间，为了 LineRenderer 绘制的边可以和圆柱体的边一样在场景运动时保持同步，本系统使用局部坐标系。LineRenderer 绘制的边的效果如图 2.32 所示。

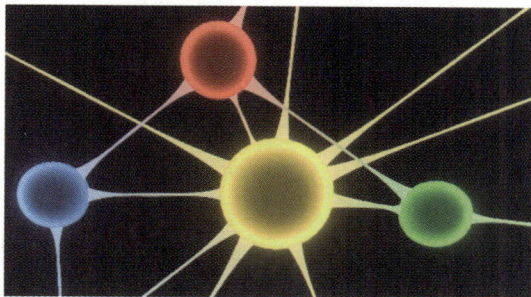

图 2.32　LineRenderer 绘制的边的效果

除 LineRenderer 外，使用 Unity3D 预设的 Cylinder（圆柱体）对象作为边的模型，进行绘制。

2.2.3　三维手柄交互

使用 HTC Vive 实现基于 HTC Vive 头盔和手柄的三维社交网络交互。为了使用户戴上头盔后无论头怎样转动，头盔始终作为一个能看到稳定场景画面和手柄射线的显示器，将所有生成的节点和边场景的作为头盔的子对象，保持场景、头盔、手柄的同步。场景由手柄控制，手柄的平移增量控制场景的平移、手柄的旋转增量控制场景的旋转。单击手柄时生成一条隐藏射线，检测射线触碰到的对象并修改其大小，实现节点/边的选中效果。具体的交互操作如下。

☞平移：按住手柄触控板，场景随手柄的移动而移动。

☞旋转：按住手柄握持键，场景随手柄的旋转而旋转。

☞选中节点/边：将手柄发出的射线对准某个节点/边，按扳机键，该节点/边变大，并在节点/边属性显示区显示其对应的人物关系。

☞切换显示模式：单击手柄触控板左键，在"粒子星星节点加 LineRenderer 边"和"ShaderGraph 球节点加圆柱体边"显示模式间切换。

☞切换布局：单击手柄触控板右键，在二维布局和三维布局间切换。

2.2.4　二维鼠标交互

使用 Unity3D 实现基于鼠标的二维交互。通过鼠标的按键与移动，控制场景以参考坐标系（屏幕中心为原点，向右为 X 轴正方向，向上为 Y 轴正方向，垂直屏幕向外为 Z 轴正方向）平移和旋转；鼠标左键单击时在场景中生成一条隐藏射线，检测射线触碰到的对象并修改其大小，实现节点/边的选中效果。具体交互操作如下。

☞平移：按住中键，场景在屏幕的上、下、左、右 4 个方向随鼠标的移动而移动；滑动滚轮，场景在 Z 轴方向移动。

☞旋转：按住右键，水平移动鼠标，场景绕参考坐标系的 Z 轴旋转；按住左键，水平移动鼠标，场景绕参考坐标系的 Y 轴旋转；按住左键，垂直移动鼠标，场景绕参考坐标系的 X 轴旋转。

☞选中节点/边：按左键单击某个节点/边，该节点/边变大，并在节点/边属性显示区显示其对应的人物关系。

2.3 系统介绍

2.3.1 系统界面

基于 Gephi toolkit 和 Unity3D 开发的三维社交网络可视化系统，支持 HTC Vive，系统界面如图 2.33 所示，其包括菜单区、网络属性显示区、节点/边信息显示区。此外还包括相机的平移和旋转、节点/边的选中、显示模式切换、二/三维布局切换、重置位置等交互功能，具体操作见 2.2.3 节。

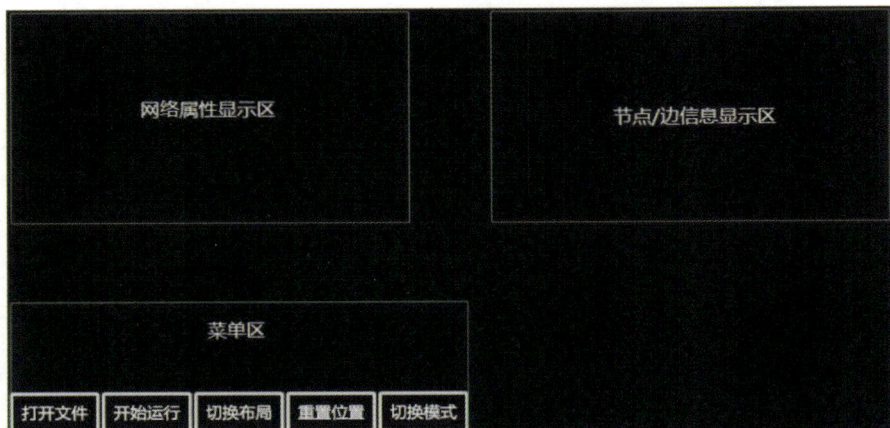

图 2.33　三维社交网络数据可视化系统界面

菜单区包括"打开文件""开始运行""切换布局""重置位置""切换模式"5 个按钮。单击"打开文件"按钮，会弹出"文件选择"对话框，用于打开测试文件并生成三维社交网络场景；单击"开始运行"按钮，运行上一次生成的场景；单击"切换布局"按钮可在二/三维布局间切换；场景在平移、旋转等操作后，单击"重置位置"按钮可恢复到初始位置；单击"切换模式"按钮可在"粒子星星节点加 LineRenderer 边"和"ShaderGraph 球节点加圆柱体边"显示模式间切换。

节点/边信息显示区所显示的是被选中的节点/边所涉及的人物关系，如选中节点"徐庶"时会显示所有和徐庶相关的人物关系，如图 2.1 所示。

网络属性显示区所显示的是当前社交网络属性，包括平均度、平均加权度、网络直径、网络密度、模块化数、连接部件、平均聚类系数、特征向量中心度、平均路径长度等。

2.3.2　系统框架

本系统主要分为 Gephi toolkit 数据预处理、Unity3D 三维社交网络生成、Unity3D 二维鼠标交互和 HTC Vive 三维手柄交互 4 个模块。系统框架与流程如图 2.34 所示，各模块具体方法介绍见 2.2 节。

模块	数据预处理		三维社交网络生成	二维鼠标交互	三维手柄交互
工具	Gephi Toolkit		Unity3D	Unity3D	HTC Vive

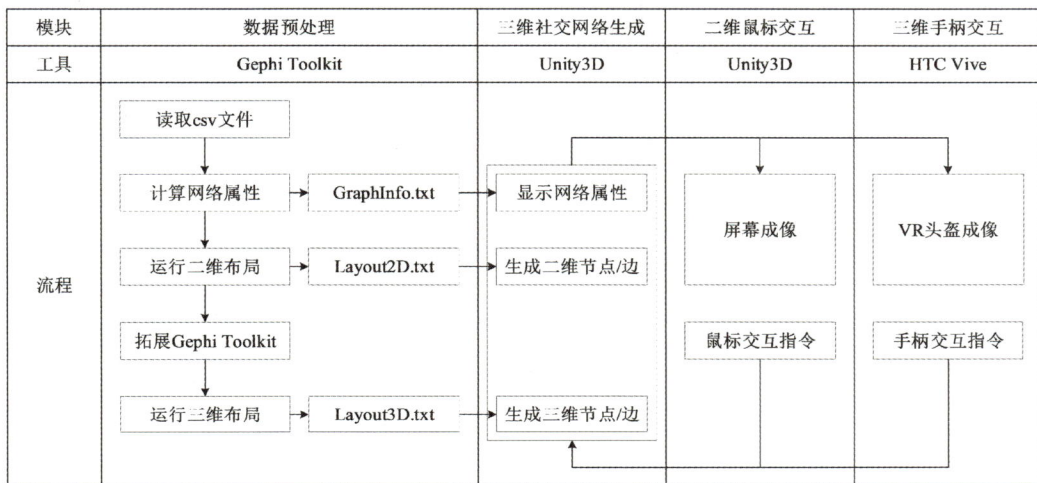

图 2.34　社交网络三维可视化系统框架与流程

2.3.3　工程结构

社交网络可视化系统工程结构如图 2.35 所示，主要包括用于数据预处理的 exe、节点/边的预设体和脚本等。

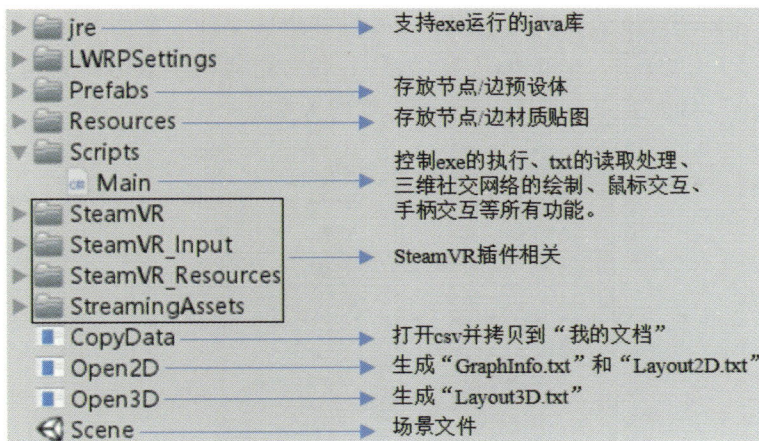

图 2.35　社交网络可视化系统工程结构

2.3.4 环境配置

若不使用 HTC Vive，只需执行步骤(1)操作；若使用 HTC Vive，则执行以下 3 步操作。

(1)安装 Unity3D，安装过程见附录 1.3。

(2)安装 HTC Vive 设备，安装过程见附录 1.6 或 HTC Vive 的说明书。

(3)安装 SteamVR，安装过程见附录 1.7。

2.4 导图操作

硬件配置：CPU 为 Intel Core™ i7-9700K(核心 8，线程 8)，内存为 DDR4(频率 2666MHz，大小 8GB)，显卡为 NVIDIA GTX 1660TI(显存 6GB)，硬盘为 SSD(大小 512GB)，HTC Vive 头戴式设备(分辨率单眼 1080×1200 像素，刷新率 90Hz，视场角 110°)，HTC Vive 操控手柄(约 3.5 米×3.5 米空间定位追踪)。

软件环境：操作系统为 Windows10(64bit)，开发工具为 Unity 2018.4.0f1(64bit)，开发语言为 C♯。

2.4.1 测试数据

测试文件为"\BnuVisBook\SharedResource\SocialNetworkVis\data\ThreeKingdoms. csv"，来源于"中文开放知识图谱/机构/广东外贸外语大学/中国四大名著人物关系知识图谱和 OWL 本体/中国四大名著人物关系资源包/三国演义/triples. csv"(http://www. openkg. cn/dataset/ch4masterpieces)。Gephi toolkit 所能处理的 csv 文件须满足以下格式要求：编码格式为"UTF-8"，首行至少含有"Source""Target""label"3 项标题，从第 2 行开始为各标题对应的数据。使用 Excel 打开测试文件后如图 2.36 所示，该文件共包含 123 个节点(人物)和 136 条边(人物关系)，每行记录两个人名，分别为"Source"(源节点)和"Target"(目标节点)，"label"表示人物间关系。

	A	B	C
1	Source	Target	label
2	关羽	刘备	义弟
3	张飞	刘备	义弟
4	关羽	张飞	义兄
⋮	⋮	⋮	⋮

图 2.36 三国演义人物关系测试数据文件内容

2.4.2 操作步骤

以下给出 Windows 10(64 位)＋Unity3D 2018.4.0f1(64 位)测试的具体步骤,该步骤同样适用于 Window 7/8(64 位)和 Unity3D 2018.4.x(64 位)。若不使用 HTC Vive,忽略步骤(1)。

(1)打开并登录 Steam。

双击桌面上的 Steam 程序图标,打开并登录 Steam。

(2)打开并登录 Unity3D 2018.4.0f1。

双击桌面上的 Unity 程序图标,登录 Unity3D,如初次打开会有登录提示。

(3)打开工程。

登录 Unity3D 后,进入如图 2.37 所示的"工程管理"界面。

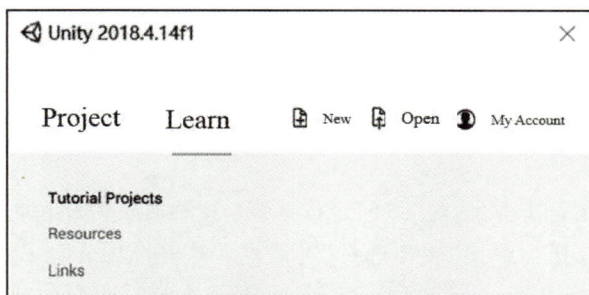

图 2.37　Unity3D"工程管理"界面

单击界面右上方"Open"按钮,弹出"文件选择"对话框,选中系统工程目录"\BnuVisBook\SharedResource\SocialNetworkVis\SnVis"后,单击"选择文件夹"按钮,Unity3D 即会打开系统工程,如图 2.38 所示。

图 2.38　"SnVis"工程界面

随之可能弹出"SteamVR 插件"对话框，如图 2.39 所示，单击最下方"Accept All"按钮。

图 2.39　"SteamVR 插件"对话框

（4）运行系统。

单击"SnVis"工程界面上方的　▶　按钮运行系统，进入社交网络可视化系统界面。单击视图左下方"打开文件"按钮，弹出"文件选择"对话框，打开"\BnuVisBook\SharedResource\SocialNetworkVis\data\ThreeKingdoms.csv"。稍等片刻，即可生成三维社交网络场景，如图 2.40 所示。

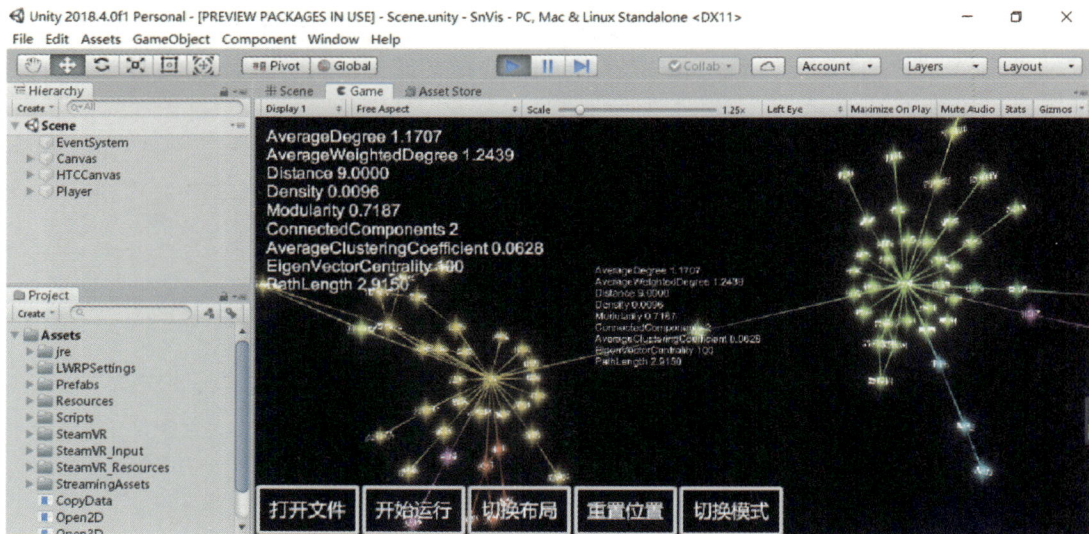

图 2.40　运行社网视系统生成三维社交网络

（5）界面调整。

系统界面中会出现两个网络属性显示区，其中，中间的网络属性显示区用于 HTC Vive 头

盔显示。若不使用 HTC Vive，可以先选中"SnVis"工程界面左侧 Hierarchy 窗口中的
"HTCCanvas"选项，此时"SnVis"工程界面右侧 Inspector 窗口会出现相应属性。在
Inspector 窗口最上方找到 ☑ HTCCanvas ，将其左侧复选框中"√"取消，中间的网络属性
显示区便会消失。

（6）交互操作。

若不使用 HTC Vive，可使用鼠标交互，具体交互操作见 2.2.4 节。若使用 HTC
Vive，可使用手柄交互，具体交互操作见 2.2.3 节。通过单击手柄触控板左键或鼠标单
击界面中的"切换模式"按钮，以及单击手柄触控板右键或鼠标单击界面中的"切换布局"按
钮，可实现如图 2.1 所示的显示模式与二/三维布局的切换。通过单击手柄扳机键或单击
鼠标左键，可实现对节点/边的选中，如图 2.1 是选中节点"徐庶"的效果。

第 3 章　脑网络三维可视化

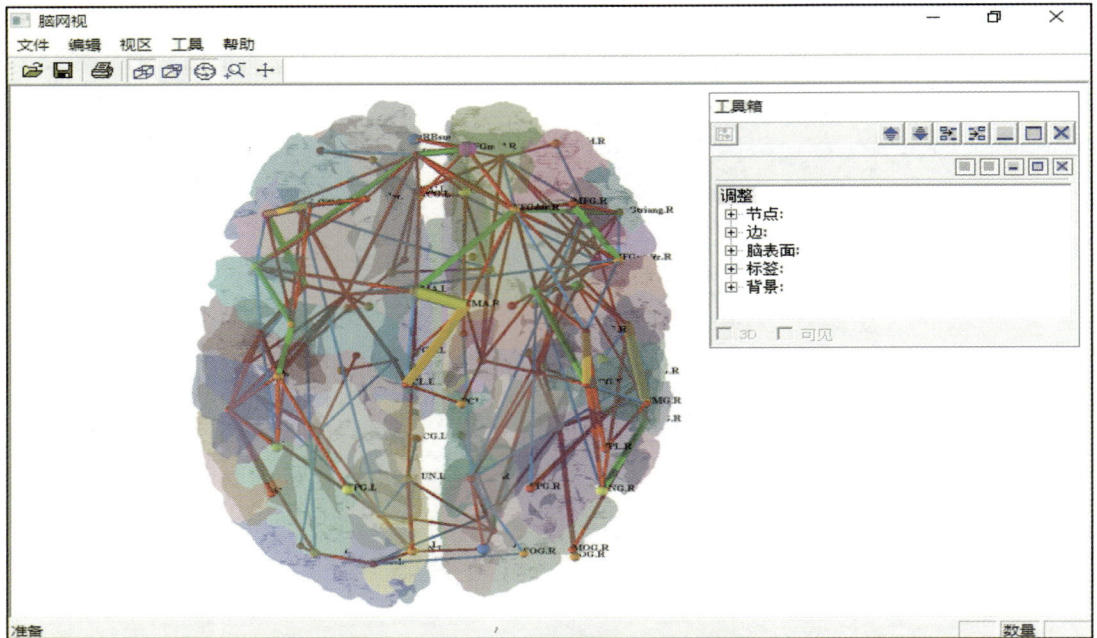

图 3.1　脑网络三维可视化系统界面及效果图

摘要：

　　随着可视化技术的发展，脑网络可视化软件也逐渐兴起。脑网络的分析方法可应用于不同类型的脑疾病研究，如阿尔兹海默症、精神分裂症、儿童多动症等。为了更加高效地利用图论方法，开发快速、独立运行的可视化软件十分必要。目前，已有一些专门分析脑网络的软件平台，然而它们大多依靠 Matlab 实现，无法生成可执行文件且程序解释时间较长，导致速度慢。基于 VC 的 MFC 界面，OpenGL 作为图形程序接口，开发了一款方便、快速、独立运行的脑网络三维可视化（以下简称为"脑网视"）系统，如图 3.1 所示。该系统能够可视化人脑经过图论抽象的模型，允许用户进行一系列的交互，如平移、旋转等几何变换，更改节点/边的大小、颜色、透明度以及过滤等操作。读者通过学习该系统可以了解脑网络三维可视化的有关技术。

3.1 知识点导读

人脑作为一个复杂系统，是神经系统的最高中枢，人脑的拓扑结构对揭示其结构和功能有着重要的意义。大数据迅速发展的今天，人脑网络可视化已经逐渐被应用于相关医学研究，如阿尔兹海默症、癫痫、抑郁症、脑血管疾病等。脑连接关系可以使用神经影像数据进行映射，并基于图论分析进一步可视化。基于图论，人脑结构抽象化为点、边、面等几何模型，如表3.1所示，使分析变得简单。

表 3.1　脑结构与对应几何模型

人脑结构	抽象化模型
神经影像数据中的脑区	点
不同脑区之间结构或功能的联系	边
大脑皮层	脑表面

3.1.1　脑分区

大脑皮层是指大脑最外层折叠的皮层，呈现为褶皱形态，形成了"大脑沟壑"，这种结构能够保证在容量一定的大脑中具有更大面积的皮层，并使得神经传导速度更快、更高效。皮层不同区域控制着人类的复杂认知功能，如逻辑思维、推理等，支配着人类的高层次心理活动。如图3.2所示，大脑两个半球按照解剖学分区主要分为额叶、颞叶、顶叶、枕叶等，分别担负着不同功能。许多研究者依据细胞形态结构和组织之间的功能差异，将其划分为一系列更精细的解剖分区，如 Brodmann 分区和 AAL（Automated Anatomical Labeling）模板[23]。其中，AAL 模板最为著名，其将大脑分割为 90 个脑区，如图3.3所示，不同颜色表示不同分区。虽然有些脑区功能较复杂，分区不明确，但已经足够用来可视化脑网络。

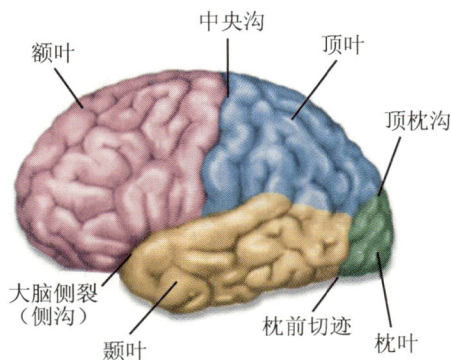

图 3.2　大脑皮层展示图

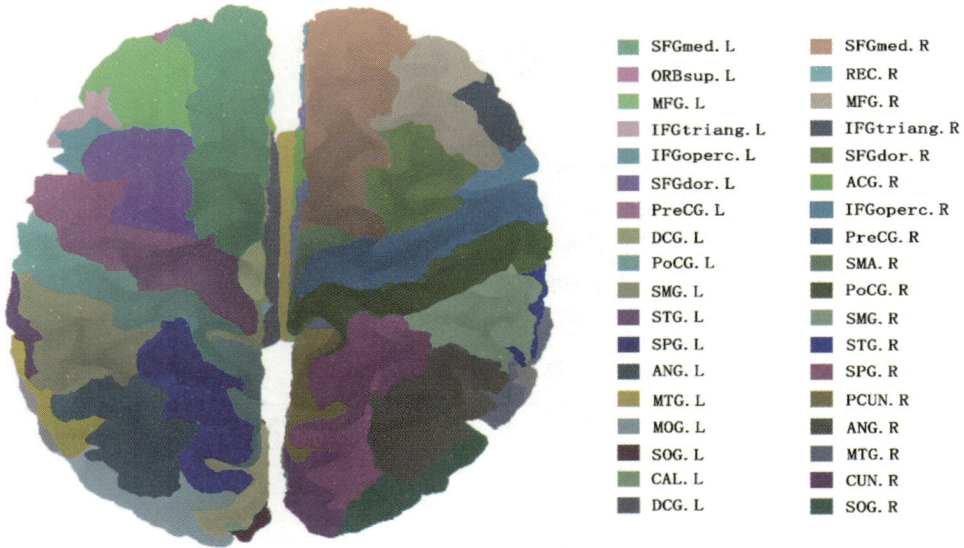

图 3.3　AAL 分区示意图

此外，按照大脑不同区域担负功能相似性进行脑区划分受到较多研究者的关注。大脑功能分区理论认为：大脑中认知系统通常由不同神经网络组成，这些组成成分位于皮质不同区域，并且大脑大部分认知功能都需要皮质和皮质下结构共同作用。额叶在运动准备和执行方面起到重要作用，主要包括运动皮层和前额叶皮层，其中，前额叶皮层在注意控制、计划和执行等功能上起着重要作用，这些功能要求对不同时间的信息进行整合；顶叶中躯体感觉皮层负责接收并处理触觉、痛觉、温度感觉以及本体感觉等；枕叶中视觉加工皮层接收并处理颜色、明度、空间频率、朝向以及运动等视觉信息；颞叶中听觉加工皮层能对语音语调等听觉信息进行加工和处理；皮层中不能被单独划分为感觉或运动的部分被定义为联合皮层，这些皮层可以接收不同类型的知觉信息。已有较多功能分区模板类型，较为常用的是 Yeo 模板[24]。

3.1.2　脑白质纤维

脑白质是中枢神经系统的重要组成元素之一，由大量包覆着神经轴突的髓鞘组成，如图 3.4 所示，按照区域编号顺序，依次是侧脑室额角、脑室中央部分、禽距、侧脑室枕脚、侧副三角、侧副隆起、海马体、脑室颞角、内囊、尾状核。脑白质构成大脑深部和脊髓表层的一大部分，因此能够连接不同脑区并在灰质中传递信息。脑白质髓鞘作为神经传导的"绝缘体"，包覆负责传递信息的神经轴突。与脑白质纤维异常相关的疾病较多，如多发性硬化症、脑性麻痹、亚历山大症等，因此对脑白质纤维的研究十分重要。

传统脑纤维研究基于脑解剖结构，直至 1921 年 Bocage 进行第一次断层扫描成像实验，将成像技术引入了脑科学，脑科学才进入了飞速发展阶段。其中，磁共振成像技术相比于其他成像技术，具有安全和分辨率高的特点。弥散加权成像（Diffusion Tensor Imaging，DTI）是一种基于水分子微观运动而形成的磁共振成像技术。弥散指分子随机运

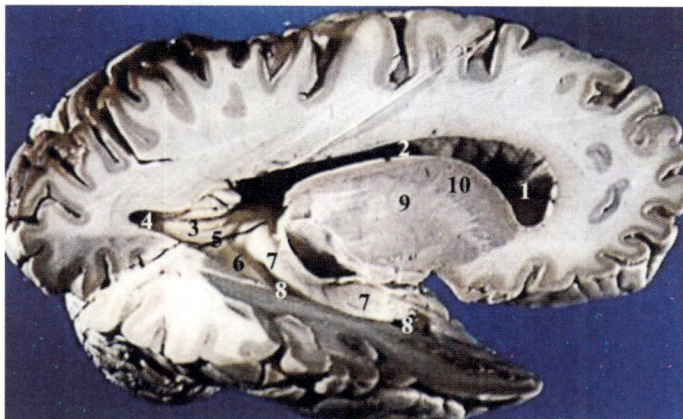

图 3.4　脑白质示意图

动，也称布朗运动。DTI 技术依赖脑内水分子的弥散走向，基于体素水分子各向异性，扩散地寻找纤维束。总体而言，纤维追踪算法可以分为基于局部张量方向确定性纤维追踪以及基于纤维方向概率密度分布函数的概率性纤维追踪。

确定性追踪算法中连续纤维跟踪法（Fiber Assignment by Continuous Tracking，FACT）寻找纤维束的基本思想：将体素主特征向量作为扩散纤维走向，选定随机种子数，从中心种子开始，通过其主向量正、反方向分别进行延伸至体素边界[25]。纤维延伸过程中遇到新水分子体素时，当前种子是否添加到纤维由其主向量方向与延伸方向之间的夹角确定，重复进行上述操作直到达到追踪的终止条件。

如图 3.5 所示，以种子点中央（坐标是（2.5，2.5））作为出发点，沿各向异性程度较高的邻域体素跟踪，作为下一走向。在实验中发现，临界夹角设置过大可产生虚假纤维，过小则丢失部分目标纤维，当临界夹角设置为 45°时，构建的脑网络完整性和准确性最高。因此，实验设定临界夹角为 45°，即当前体素与纤维延伸方向夹角小于 45°时，属于扩散纤维。图 3.5 中椭圆表示体素，阴影表示该区域体素各向异性程度较高，带箭头的黑色实线表示跟踪出的纤维路径，框表示其中体素的临界夹角超过 45°，不选取该体素方向。

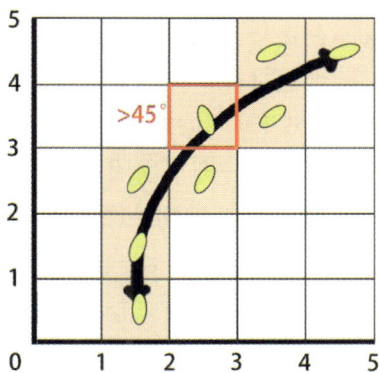

图 3.5　FACT 算法扩散纤维延伸过程

确定性纤维追踪对于追踪时纤维走向确定或步进策略选择，除了 FACT 算法外还有很多不同算法，如欧拉积分法、二阶龙格库塔法等。总体而言，确定性纤维追踪算法虽然具有计算速度快、结果直观的优点，但更容易受到纤维方向估计、追踪累积误差等影响。

除了确定性纤维追踪，还可以采用概率分析方法全局描述纤维追踪中不确定的因素。

假设每个体素内纤维走向符合一定概率分布，然后计算体素内纤维方向的分布函数，再通过大量采样估计，对每个体素概率值进行计算，呈现脑白质纤维的分布情况。目前，常用的算法是基于贝叶斯框架的估计方法[26]，由贝叶斯模型进行推算，可较好地模拟大脑区域中的细小神经纤维，而这对确定性纤维追踪而言难以做到。

3.1.3　脑网络

人脑是由多个神经元、神经元集群或多个脑区相互连接形成的脑结构网络，并通过区域间相互作用起到中枢调控作用，帮助完成各种认知功能。脑网络可分为结构脑网络和功能脑网络。结构脑网络基于脑白质纤维的连接，反应大脑生理结构。功能脑网络主要取决于两个节点信号的时间同步性和功能上的依赖关系，描述各节点之间的统计性连接关系。

根据文献[27]，人脑结构网络的构建如图 3.6 所示，分别基于结构磁共振图像（灰质的形态学指标，如皮层厚度、皮层曲面积等。蓝色箭头所示流程）和扩散磁共振图像（白质纤维束，绿色箭头所示流程）。人脑功能网络可以分别基于功能磁共振图像（大脑功能活动的时间序列，红色箭头所示流程）和脑电/脑磁信号（黄色箭头所示流程）。其构建过程如下。

1. 网络节点定义

结构、扩散和功能磁共振数据需要利用先验图谱划分脑区或图像体素定义网络节点，而脑电/脑磁数据则直接以记录电极/通道为网络节点。

2. 网络连接（边）定义

基于结构磁共振数据的网络连接定义为网络节点形态学指标之间的统计关系，扩散磁共振数据通过确定性或概率性纤维跟踪技术确定网络节点之间的解剖连接，基于功能磁共振及脑电/脑磁的网络连接一般可以通过皮尔森相关、偏相关、同步似然性等计算方法来度量网络节点的神经活动信号之间的统计关系。

3. 构建人脑结构和功能网络

可以对相关矩阵进行二值化，获得不同阈值下二值矩阵，即大脑结构和功能网络。

常见用来衡量这种拓扑结构的网络属性包括节点度、节点度分布、集聚系数、最短路径长度、中心度、模块等，有关概念可参见第 2 章。解剖学研究结果表明，大脑的解剖连接稀疏且局部聚集[28]。使用复杂网络理论可以揭示隐藏在人脑结构和功能网络中的很多重要的拓扑属性，如"小世界"特性、模块化结构及核心脑区等。脑网络的分析方法可以应用于不同类型的脑疾病研究，如阿尔兹海默症、精神分裂症、儿童多动症等，通过探讨由疾病导致的脑网络拓扑结构的异常变化，从而在系统水平上为揭示脑疾病的病理、生理机制提供新的启示，并在其基础上建立描述疾病的脑网络影像学标记，为病人的早期诊断和疗效评价等提供重要的辅助工具。

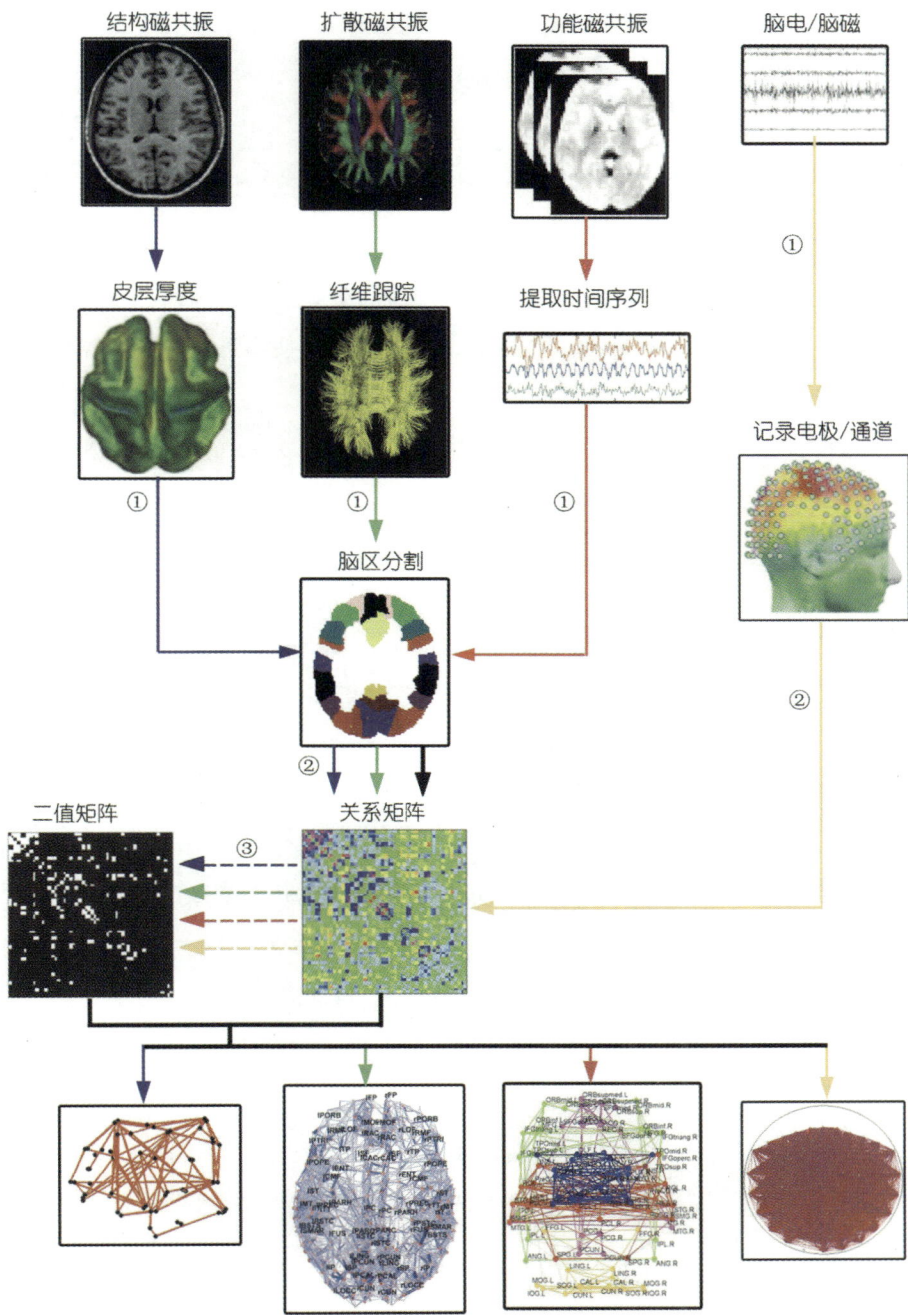

图 3.6 脑网络的构建示意图

3.2　方法概要

脑网络结构主要包括节点、边，可进一步融合脑表面模型。下面将描述可视化过程。

■ 3.2.1　节点/边可视化

利用实心圆绘制二维节点，利用球体绘制三维节点。用带有长度和宽度的直线表示二维边。但是绘制三维边时，基于 OpenGL 显示列表快速绘制，使用正六棱柱，其算法如下[29]。

1. 定义正交向量

已知起始位置 $d(x_d, y_d, z_d)$ 和终止位置 $e(x_e, y_e, z_e)$，以及管道粗细 r、定义向量 $n=e-d=(x_n, y_n, z_n)$。对向量 n 的 Y 坐标值进行小范围变化（如增加 0.001），形成一个新的向量 m。定义向量 n 与 m 形成平面 P，其法向量 $q_0 = n \times m$，以及定义向量 $p_0 = n \times q_0$。

2. 单位化正交向量

对 $p_0 = (x_{p_0}, y_{p_0}, z_{p_0})$ 和 $q_0 = (x_{q_0}, y_{q_0}, z_{q_0})$ 进行单位化，即

$$p = (x_p, y_p, z_p) = \frac{1}{\sqrt{x_{p_0}^2 + y_{p_0}^2 + z_{p_0}^2}}(x_{p_0}, y_{p_0}, z_{p_0})$$

$$q = (x_q, y_q, z_q) = \frac{1}{\sqrt{x_{q_0}^2 + y_{q_0}^2 + z_{q_0}^2}}(x_{q_0}, y_{q_0}, z_{q_0})$$

于是，向量 n、p、q 两两垂直，向量 p、q 形成的平面 L 是与管道方向垂直的平面。

3. 绘制柱体

以柱体起始位置 $d(x_d, y_d, z_d)$ 为中心，取 5 个旋转角度。

$$\theta_i = i\frac{\pi}{3}(i=1, \cdots, 5)$$

则六棱柱底面各顶点 $S_i(i=0, 1, \cdots, 5)$ 的坐标如下。

$$S_i = \begin{bmatrix} x_i \\ y_i \\ z_i \end{bmatrix} = \begin{bmatrix} x_p & x_q & x_d \\ y_p & y_q & y_d \\ z_p & z_q & z_d \end{bmatrix}\begin{bmatrix} r\sin\theta_i \\ r\cos\theta_i \\ 1 \end{bmatrix} = \begin{bmatrix} x_p r\sin\theta_i + x_q r\cos\theta_i + x_d \\ y_p r\sin\theta_i + y_q r\cos\theta_i + y_d \\ z_p r\sin\theta_i + z_q r\cos\theta_i + z_d \end{bmatrix}$$

同理，已知六棱柱顶面各顶点 $T_i(i=0, 1, \cdots, 5)$ 的坐标，绘制侧面 6 个矩形 $S_i S_{i+1} T_{i+1} T_i(i=0, 1, \cdots, 4)$ 以及 $S_0 S_5 T_5 T_0$ 以形成柱体，如图 3.7 所示。

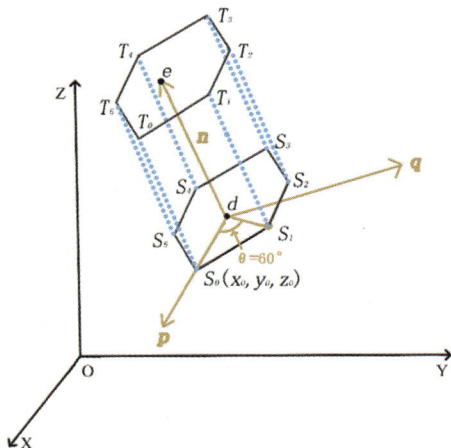

图 3.7 六棱柱模型示意图

绘制边的算法伪代码如下。

算法 3.1 绘制边

输入：

脑网络节点集 $N = \{n_1, n_2, \cdots, n_{90}\}$;

其中 n_i 是第 i 个节点的坐标；

D 和 E 是两个数组，分别存储具有连接关系的两个节点，作为边的起始点和对应终止点，数组长度代表此脑网络中连接关系数量；

R 是一个存储连接关系属性值的数组，作为边粗细；

节点间连接关系 CN = {D, E, R}；

1. **function** DrawConnection(N, CN)
2.   **read** 所有节点 N 和连接关系 CN
3.   **for** 每一个连接关系 CN_i **do**
4.   计算向量 $n = E[i] - d[i] = (x_n, y_n, z_n)$, $m = (x_n, y_n + 0.01, z_n)$, n 为边的方向向量
5.   生成 $q_0 = n \times m$, $p_0 = n \times q_0$, 并对其归一化得到 p、q
6.   **for** 每次间隔 $\frac{\pi}{3}$ **do**
7.   以 d 为中心，R[i] 为半径，计算顶点 S_i 的坐标
8.   以 e 为中心，R[i] 为半径，计算顶点 T_i 的坐标
9.   **end for**
10.   开始绘制：glBegin(GL_LINE_STRIP)
11.   **for** i = 0, 1, $\cdots$, 4 **do**
12.   绘制四边形 $S_i S_{i+1} T_{i+1} T_i$,
13.   **end for**
14.   绘制四边形 $S_5 S_0 T_0 T_5$
15.   结束绘制：glEnd()
16. **end for**
17. **end function**

3.2.2 脑表面可视化

脑表面为整个脑网络可视化分析提供了便利，其提供任一节点所代表脑区在大脑皮层上的相对位置。主要利用“三角面片插值法”对各个脑区进行面绘制，并着不同颜色。其主要执行过程如下[30]。

1. 读入脑表面 obj 文件

读入 obj 文件中所有顶点坐标以及每个三角面片的顶点编号，文件格式如图 3.8 所示，其中，v 标识顶点，其后数字表示顶点坐标的 x、y、z 值，f 标识三角面片，其后数字表示 3 个顶点编号。例如，图中第 1 个三角面片的 3 个顶点分别是(4.3，4.4，7.2)、(5.3，4.6，8.7)、(4.5，4.2，7.4)。

2. 求每个三角面片对应法向量

如图 3.9 所示，对于任一个三角面片△*ABC*，向量 $\overrightarrow{\boldsymbol{AB}}=\boldsymbol{B}-\boldsymbol{A}$，$\overrightarrow{\boldsymbol{AC}}=\boldsymbol{C}-\boldsymbol{A}$，则对应法向量 $\boldsymbol{n}=\overrightarrow{\boldsymbol{AB}}\times\overrightarrow{\boldsymbol{AC}}$。

```
v  4.3  4.4  7.2
v  5.3  4.6  8.7
v  4.5  4.2  7.4
v  4.9  4.6  7.7
……
f  1  2  3
f  1  2  4
f  2  3  4
……
```

图 3.8 obj 文件格式

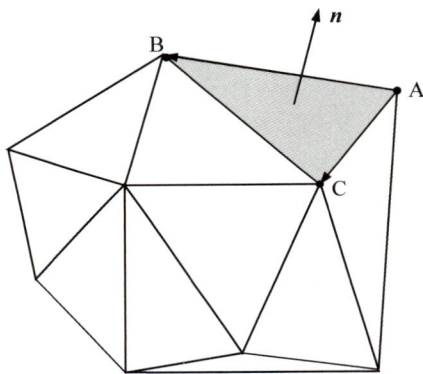

图 3.9 三角面片法向量求解示意图

3. 绘制三角面片

根据各顶点及三角面片对应法向量，绘制三角面片，其伪代码如下。

算法 3.2 绘制脑表面

输入：

脑表面模型 $M=\{((v_{11},v_{12},v_{13}),\boldsymbol{n}_1),((v_{21},v_{22},v_{23}),\boldsymbol{n}_2),\cdots,((v_{m1},v_{m2},v_{m3}),\boldsymbol{n}_m)\}$；

其中，(v_{i1},v_{i2},v_{i3})是第 i 个三角面片的三个顶点坐标；

$\boldsymbol{n}_i$ 是第 i 个三角面片的对应法向量；

```
function DrawSurface(M)
  read 模型 M
  开始绘制:glBegin(GL_POINTS)
    for 模型 M 的每一个三角面片 do
      绘制对应法向量:glNormal3f(n.X,n.Y,n.Z)
```

```
6.        for 任一三角面片的三个顶点 do
7.           绘制顶点:glVertex3f(v.X,v.Y,v.Z)
8.            end for
9.         end for
10.      结束绘制:glEnd()
11. end function
```

3.3 系统介绍

3.3.1 系统框架

　　脑网络三维可视化系统框架图如图 3.10 所示,分为前端和后端两个部分。用户通过前端将消息通过 Win32 接口传给系统执行部分,访问 obj、txt 等数据层文件,最终利用 OpenGL 绘制显示。前端负责预处理、仿射变换、结果显示和对象处理等,其中,对象处理包括节点/边、脑表面等交互操作。后端负责 MFC(Microsoft Faundation Classes)框架各类之间的消息响应,基于图形程序接口 OpenGL 实现绘制。设计系统时,考虑到系统的稳定性和灵活性,选择 MFC 类库作为本系统的基础架构,在图形显示、数据处理、交互操作等方面具有较强优势,同时能够保证整个系统的灵活性。

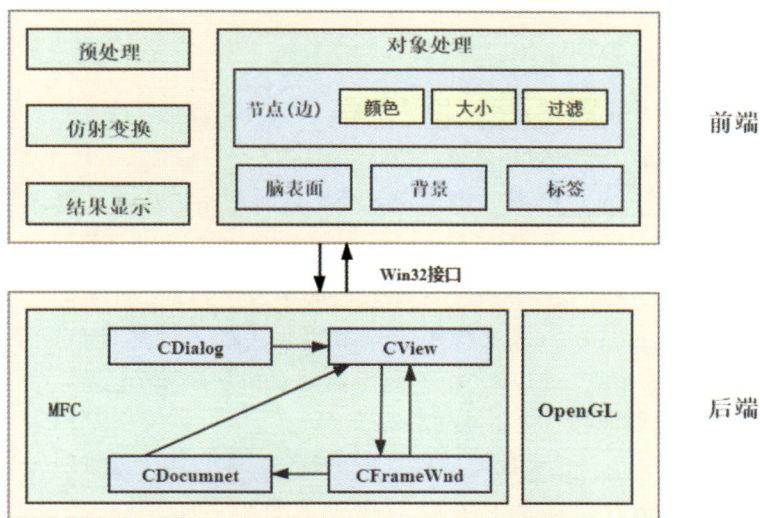

图 3.10　脑网络三维可视化系统框架图

3.3.2 系统功能

　　脑网络三维可视化系统功能主要包括 4 个部分:数据处理、图形绘制、模型变换以及辅助功能，如表 3.2 所示。其中，图形绘制主要包括二维显示、三维显示；模型变换包括仿射变换，如旋转、平移、缩放等；辅助功能包括各节点或边颜色、大小改变，标签字体、颜色改变，按照不同属性值过滤显示节点、边，以及按照 AAL 模板对脑表面分区。

表 3.2　脑网视系统功能

系统名称	系统功能	相关操作	
脑网视系统	数据处理	打开文件	
	图形绘制	二维显示	
		三维显示	
	模型变换	仿射变换	
		旋转、平移、缩放	
	辅助功能	节点、边	颜色、尺寸、过滤
		脑表面	分区
		标签	颜色、字体

工具栏 包括正投影、中心投影、旋转、缩放和平移等 5 个操作按钮。默认为正投影，默认鼠标操作为旋转。除两个投影按钮外，其他按钮操作如下。

☞旋转按钮：在二维屏幕内，左右拖动绕 Y 轴旋转，上下拖动绕 X 轴旋转。

☞缩放按钮：向上拖动可缩小，向下拖动可放大。

☞平移按钮：选中脑网络，左右拖动表示沿 X 轴平移，上下拖动表示沿 Y 轴平移。

1. 节点和边操作

双击右侧操作面板中的 节点 或 边 节点，出现"颜色""大小""过滤显示"3 个选项，如图 3.11 所示。各个选项的具体操作如下。

☞大小调节：双击 大小 按钮会打开如图 3.11(a)所示的面板。在 数量 下拉列表中可以选择列表选项(体积、区域)， 对数 下拉列表中可以选择计算大小的不同方式，单击 按钮可改变当前节点(或边)的最大、最小值。勾选"不同大小"复选框，则按 Node_prop.txt 和 Connection.txt 文件中记录节点和边的不同属性值赋予当前节点(或边)，取消勾选表示当前节点(或边)大小一致。拖动双滑块 边界，可以改变大小范围，也可以按住鼠标右键拖动整个滑块进行改变。

☞过滤显示：双击 过滤显示 按钮，再双击出现的 体积 按钮，打开如图 3.11(b)所示的面板。在 内 下拉列表中可以选择过滤显示"内""外"或"全"，蓝色滑块 表示显示的过滤部分。

☞颜色调节：双击 颜色 按钮，打开如图 3.11(c)所示的面板。勾选"不同颜色"复选框，会以 Color.txt 文件中定义的 Ramp 赋予当前节点(或边)不同颜色，取消勾选后默认为 VisConnectome_test.txt 文件中定义的颜色。单击 颜色 按钮，可以选择其他颜色。

拖动刻度 [0.12 —] 可以改变当前节点(或边)透明度。

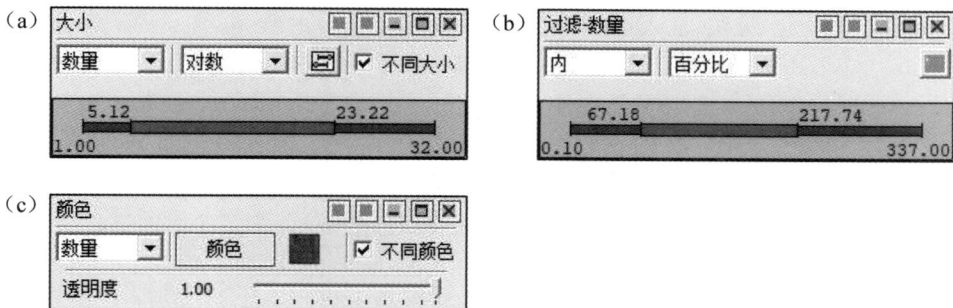

图 3.11 操作面板示意图

2. 标签操作

双击右侧操作面板中的 [⊞ 标签:] 节点,出现"颜色""字体"两个选项。

☞标签颜色:双击 [颜色] 按钮,在弹出的对话框中可以改变字体颜色。

☞标签字体:双击 [字体] 按钮,在弹出的对话框中可以选择标签字体、字号等。

3. 背景操作

双击右侧操作面板中的 [⊞ 背景:] 节点,出现"颜色"选项,可以使用该选项改变背景颜色。

4. 其他操作

☞可见性调节:工具箱下方的"可见"复选框,勾选此复选框则表示当前节点或边可见;取消勾选,则不可见。

☞2D与3D显示转换:工具箱下方的"3D"复选框,勾选此复选框可实现当前节点/边2D与3D的转换。

☞导入txt文本文件影响标签和脑表面显示,即在图3.12(a)格式文件中利用"//"注释掉标签(第42行)或脑表面部分(第43~46行)代码,则在系统界面就不会显示标签或脑表面。

3.3.3 系统配置

1. 环境配置

脑网络可视化系统运行环境为 Microsoft Visual Studio 2015,需要配置目录"\Bnu VisBook\SharedResource\BrainNetworkVis\Opengl"中 OpenGL 库的环境,具体操作方法如下。

(1)将 Opengl 中 dll 文件夹下的相关文件,复制到"C:\Windows\System32"文件夹中。

(2)将 Opengl 中 include 下的 GL 文件夹,复制到目录"X:\Program Files(x86)\Microsoft Visual Studio 14.0\VC\include"(X 表示安装 VS2015 的磁盘号)中。

(3)将 Opengl 中 lib 文件夹下的相关文件,复制到静态函数库 lib 所在目录"X:\Program Files(x86)\Microsoft\Visual Studio 14.0\VC\lib"中。

2. 输入文件格式

脑网络可视化系统导入 txt 格式文件，该文件主要包含 3 个部分：Coord、ColorRamp、Window，如图 3.12(a)所示，其中，Coord 调用节点坐标文件（如 Node_coord.txt），ColorRamp 调用颜色文件（如 Color.txt），Window main 可调用其中橙色标识以关键词 file 开头的节点属性文件（如 Node_prop.txt）、连接关系文件（如 Connection.txt）、脑表面文件夹（如 Surface，包含 90 个 obj 格式脑区），以及紫色标注以 Annotation 开头的脑区标注文件（如 Annotation.txt）。在导入 txt 文件中需要 5 个相关文档，如图 3.12(b)~3.12(f)所示，其中，3.12(b)为节点坐标文件，3.12(c)为分层颜色文件，3.12(d)为节点及相关属性文件，3.12(e)为边及相关属性文件，3.12(f)为标签文件。

(a)
```
1 Coord    Node_coord.txt    //包含所有节点位置、属性的文件
2 ColorRamp Color.txt        //包含所有分层颜色的文件
3 Window main
4     Glyph Points           //绘制节点
5         file Node_prop.txt //包含节点所有特性的文件
6         Color 200 0 255    //设置节点的单一颜色
7         Opaque 255         //设置节点颜色的透明度
8         Size               //设置节点的大小
9             Range 2 30     //节点大小的范围
10            Var node property //Node 文件中某一属性
11        End
12        Ramp               //设置节点分层的颜色
13            Name ramp1     //Color 文件中某一颜色系统
14            Var node property
15        End
16        Filter             //设置节点的过滤显示
17            Var node property
18            OutlierBnds a b //设置"全"的范围
19            Trans none
20            Interval c d   //设置"内"的范围
21        End
22    End
23    Glyph Paths            //绘制连接关系（边）
24        file Connection.txt //包含边所有特性的文件
25        Color 200 0 0      //设置边的单一颜色
26        Opaque 255         //设置边颜色的透明度
27        Size               //设置边的大小
28            Range 21 23    //边大小的范围
29            Var connection property //Conn 文件中某一属性
30        End
31        Ramp               //设置边分层的颜色
32            Name ramp2     //Color 文件中某一颜色系统
33            Var connection property
34        End
35        Filter             //设置边的过滤显示
36            Var connection property
37            OutlierBnds a b //设置"全"的范围
38            Trans none
39            Interval c d   //设置"内"的范围
40        End
41    End
42    Annotation Annotation.txt // 包含各脑区名称的文件
43    Glyph Surface          // 绘制脑表面
44        file Surface       //包含各脑分区 obj 文件的文件夹
45        Opaque 255         //设置脑表面颜色的透明度
46    End
47 End
```

(b)
```
id        1      //每个节点的标识数量
ndim      3      //节点的维数
nprop 0   //节点的属性数量
Data       //各节点详细数据
PreCG.L   -38.65   -5.68   50.94
          PreCG.R   41.37   -8.21   52.09
```

(c)
```
//标识为 ramp1 的颜色系统
... ...
Ramp ramp1
255   255   0
0     255 0
... ...
End
//标识为 ramp2 的颜色系统
Ramp ramp2
```

(d)
```
ndim      1      //每个节点的属性
nprop 2   //节点的属性个数
体积 float   //第 1 个属性名称+数据类型
区域 int    //第 2 个属性名称+数据类型
Data       //有关属性的详细数据
ACG.L     39.1    2
ACG.R     46     2
... ...
```

(e)
```
ndim 2    //两个节点形成的边的属性
nprop 1   //边的属性个数
数量 int   //第 1 个属性名称+数据类型
Data       //有关属性的详细数据
PreCG.L     SFGdor.L     2
PreCG.L     SFGdor.R     8
... ...
```

(f)
```
ndim 3 //标签的维数
Data       //标签的详细数据
//每个坐标处的标签名称
-38.65   -5.68   33.94   PreCG.L
```

图 3.12　导入 txt 文件及相关文件解释

3.4 导图操作

脑网络可视化系统硬件配置：CPU Xeon E5-2630 v3、主频 2.40GHz、内存 32GB、显卡类型为 NVIDIA GeForce GTX 980 Ti(显存 6097MB)、显存类型为 GDDR5。

软件环境：Windows10(64 位操作系统)、开发工具为 Visual Studio 2010、开发语言为 C++、NVIDIA 驱动 25.21.14.2600、OpenGL4.6。

3.4.1 测试数据

图 3.1 的输入数据是 ADNI 网站(http://ida.loni.usc.edu/login.jsp? project＝ANDI)中的项目 136_S_1227 中的阿尔兹海默症患者数据。该患者患病 5 年，处于阿尔兹海默症第二阶段中度痴呆期，表现为远近记忆严重受损，简单结构的视空间能力下降，时间、地点定向障碍，不能独立进行室外活动，在穿衣和个人卫生等方面需要帮助。使用软件 PANDA(网址：www.nitrc.org/projects/panda/)对数据进行处理，和 AAL 脑分区模板配准，得到 3 个文件，包括 Node_coord.txt、Node_prop.txt 和 Annotation.txt。使用 FACT 算法获取各脑区连接关系，整理成 Connection.txt 文件。

3.4.2 操作步骤

1. 打开文件

（1）双击目录"\BnuVisBook\SharedResource\BrainNetworkVis\VisConnectome\Release"中 VisConnectome.exe 文件，在工具栏 中单击 按钮，在打开的窗口中选择"\BnuVisBook\SharedResource\BrainNetworkVis\data"目录中的 VisConnectome_test.txt 文件，该文件"Window"标识部分只有"Glyph Points"和"Glyph Paths"，系统加载脑网络节点和边数据，如图 3.13 所示。

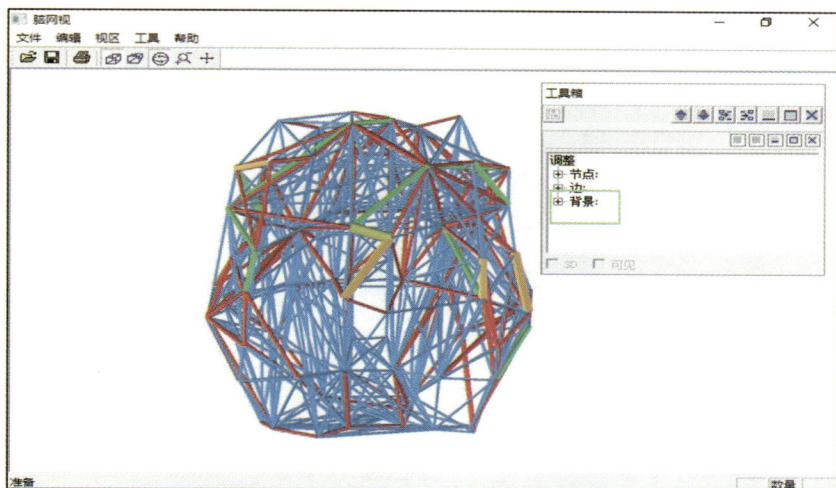

图 3.13　节点和边三维模型

（2）修改 VisConnectome_test.txt 文件，在"Window"标识部分添加图 3.12(a)中显示标签的代码（第 42 行）。保存后在脑网络可视化系统重新打开 VisConnectome_test.txt 文件，系统加载模型节点、边和标签数据，如图 3.14 所示。

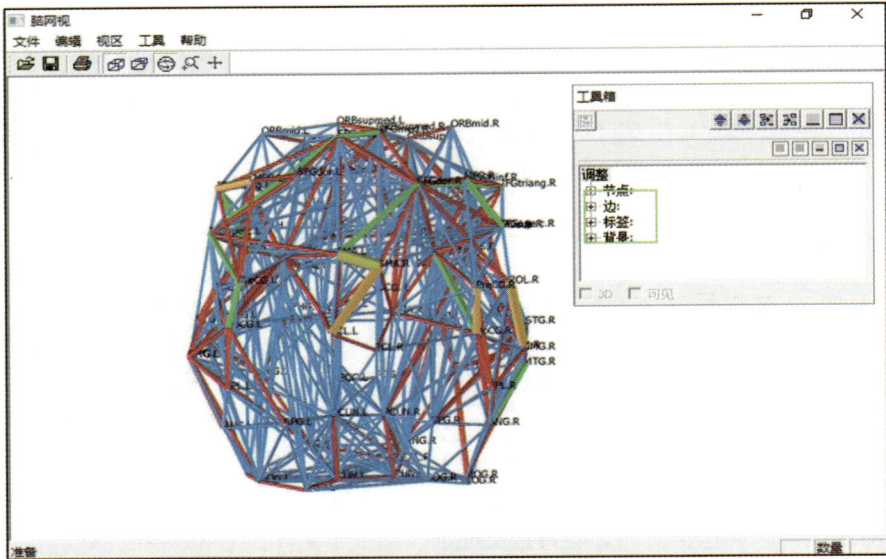

图 3.14　节点、边和标签模型

（3）修改 VisConnectome_test.txt 文件，在"Window"标识部分添加图 3.12(a)中显示脑表面的代码（第 43～46 行）。保存后在脑网视系统重新打开 VisConnectome_test.txt 文件，系统加载模型节点、边、标签和脑表面数据，如图 3.15 所示。

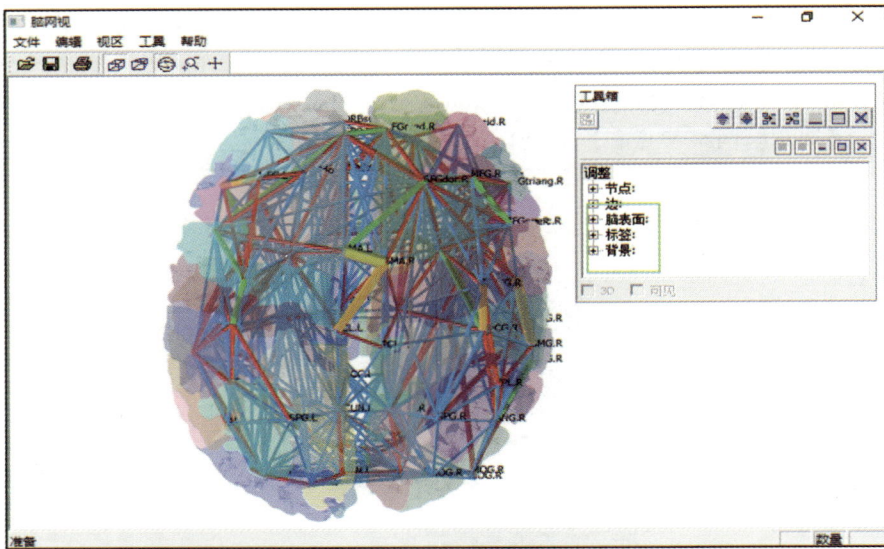

图 3.15　节点、边、标签和脑表面模型

2. 调整脑网络节点、边

单击工具箱中的 ▧ 按钮，显示工具箱所有功能，如图 3.16 所示。双击工具箱中的"节点"（或"边"）节点，也可以单击节点前面的 ✚ 图标，然后双击出现的"大小"按钮，在打开的"大小"面板中拖动调整双滑块的边界，如图 3.11（a）所示。图 3.1 中节点大小边界值是 11 和 27，边大小边界值是 3 和 20。

双击"边"中的"过滤显示"按钮，再双击出现的"数量"按钮，在打开的"过滤-数量"面板中调整双滑块的边界，如图 3.11（b）所示，图 3.16 中边过滤的边界值是 18 和 337。

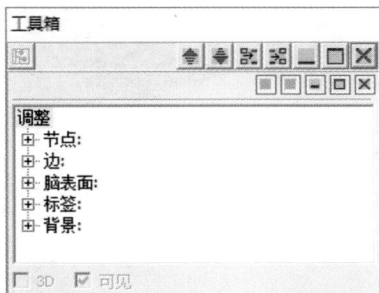

图 3.16　工具箱界面

3. 修改脑区标签

双击图 3.16 所示工具箱中的"标签"节点或单击前面的 ✚ 图标，再双击出现的"颜色"按钮，在打开的"标签-颜色"面板中单击 颜色 按钮，选择"黑色"，将标签字体改为黑色。

双击"字体"按钮，在打开的"字体"面板中修改字体。设置图 3.1 中的字体为"Times New Roman"、字形为"粗体"、大小为"五号"，单击"确定"按钮。

4. 调整脑表面透明度

双击图 3.16 所示的工具箱中的"脑表面"节点或单击前面的 ✚ 图标，再双击出现的"颜色"按钮，在打开的"脑表面-颜色"面板中调整刻度 0.12，修改其透明度为 0.5，最终得到图 3.1。

第4章 体数据可视化

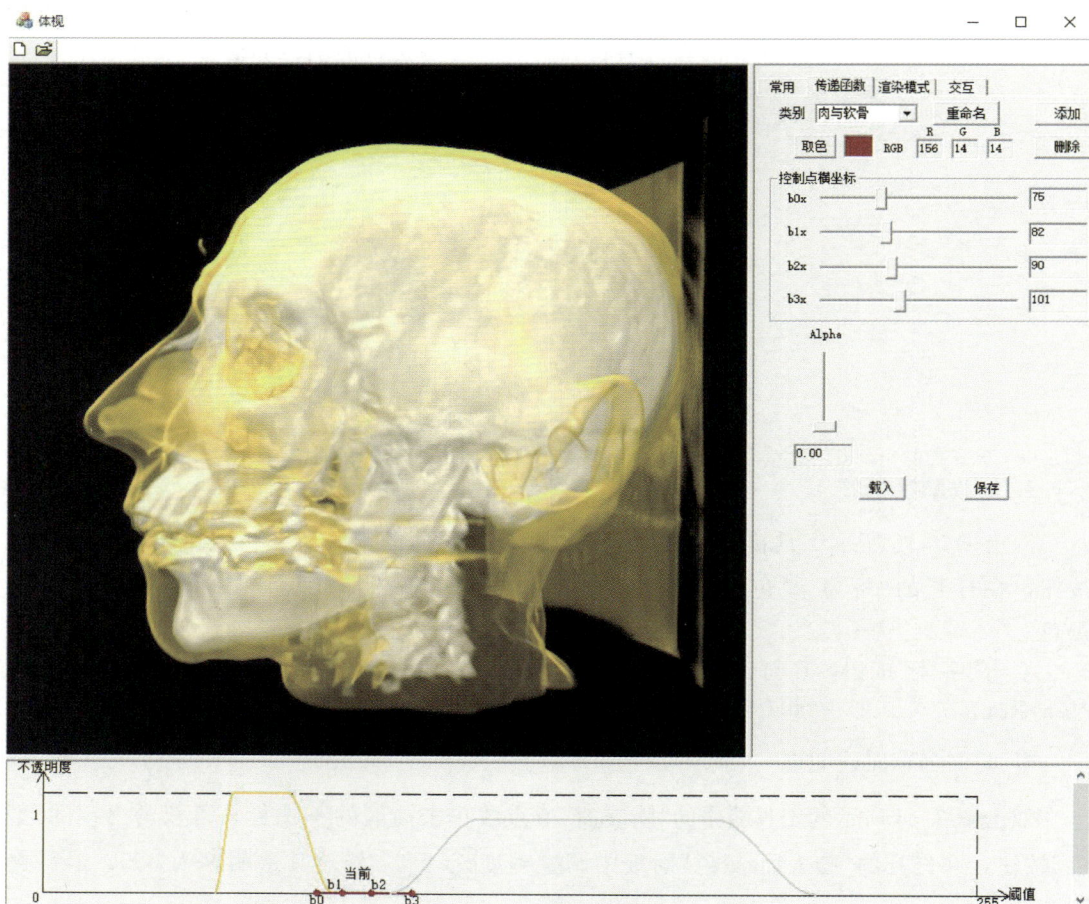

图 4.1 体数据可视化系统界面及效果图

📚 摘要：

标量场数据可视化要处理的是由标量构成的三维体数据，研究体数据在计算机中的表示、变换、操作和显示等问题，其目的是探查其内部蕴含的信息，并将复杂内部结构及其相互关系直观地体现出来，应用于医学、气象、地质和科学模拟等领域。体绘制与分类是体数据可视化流程中的重要环节。体绘制区别于利用二维面片拼接模拟三维物体的面绘制，基于三维场中每个数据贡献累积的原理，生动展现绘制对象内部结构，在挖掘数据潜藏信息方面比面绘制具有先天优势，如图 4.1 所示。体绘制无须分割数据，直接合成具有三维效果的二维图像，影响其绘制质量的因素有很多，如绘制算法选择、传递函数设置等。传递函数负责体数据分类，其任务是将光学特性，如颜色、不透明度等分配给采样点，进而获得感兴趣特征的有效展示，直观、自动的设计方法一直是传递函数的研究方向。体数据可视化（以下简称为"体视"）系统，基于 CUDA 架构的 GPU 并行体绘制，实现一维梯形传递函数设计，主要包括常用、传递函数、渲染等模块，适用于 CT 体数据可视化。读者通过本章的学习可了解标量场数据可视化的光线投射体绘制、传递函数设计以及 GPU 可视化编程等相关技术。

4.1　知识点导读

4.1.1　体数据

1. 体数据

体数据（Volume Data）可以看作三维空间网格上的采样点集，理解为 x，y，z 方向延伸的立方体，存储形式是离散三维数组。体数据可以看作体素（Voxel）的集合。如图 4.2 所示，医学中每个预处理的二维医学图像序列进行次序累积后产生的体数据，由立方体单元格组成，就像由一块块方砖建造而成，而每一块方砖就是组成它的体素。颜色值和不透明度值是体素的光学特性（可以从后面介绍的传递函数获得），其决定体素是否可见和显示的颜色，也是体素蕴含的数据。

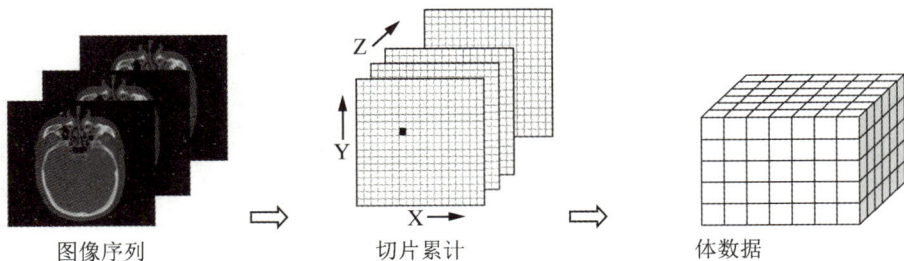

图像序列　　　　　　　切片累计　　　　　　　体数据

图 4.2　图像序列转化为三维数组所表达的体数据

2. 体素

体素是组成体数据的最小单元，图 4.3(a) 中的每个立方体单元格代表一个体素。图 4.3(b) 中的黑色点为体素的 8 个角点，位于体数据相邻两层的网格，用来存储体素的采样值。本章限定标量体数据场，如密度、温度或 CT 扫描数据中不同器官或组织对 X 光的吸收程度等。立方体单元格内的值由其 8 个角点通过插值（如三线性插值，参见附录 1.10）得到。体素可以理解为三维像素，也是二维像素（Pixel）在三维空间的推广。

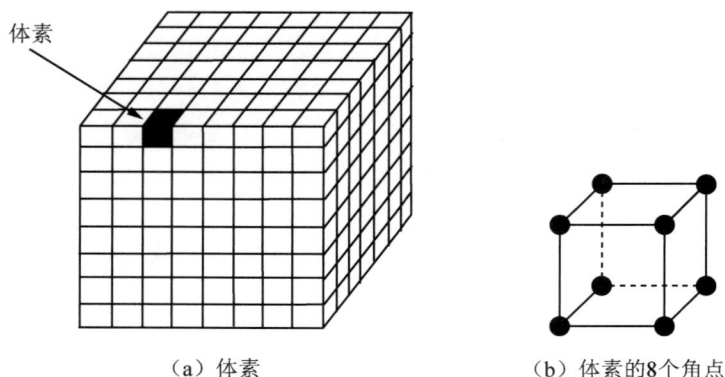

（a）体素　　　　　　　　　（b）体素的8个角点

图 4.3　体素示意图

3. 数学描述

通常体数据会有一个体素分布描述，如 $W \times H \times N$ 表示该体数据在 X、Y、Z 方向上分别由 W、H、N 个体素。在实际仪器采样中，会给出体素相邻间隔的数据描述，单位是毫米（mm），X、Y 方向一般表示片层医学图像的长和宽方向，Z 方向为层厚方向，3个方向的采样间距为 Δx，Δy，Δz，表示片层像素间距为 Δx 和 Δy，层间距为 Δz。

假设第 (i, j, k) 个网格节点处标量值 $f(x_i, y_j, z_k)$，简记为 $f_{i,j,k}$，即 $f_{i,j,k} = f(x_i, y_j, z_k)$，其中

$$\begin{cases} x_i = i \times \Delta x, i = 0, 1, \cdots, W-1 \\ y_j = j \times \Delta y, j = 0, 1, \cdots, H-1 \\ z_k = k \times \Delta z, k = 0, 1, \cdots, N-1 \end{cases}$$

如果原始图像层间距与层内间距不一致时，可进行层间插值，得到3个方向分辨率一致的体数据。

4. 来源

数据来源通常包括3类，即测量数据、科学计算模拟数据、几何实体体素化数据。其中，测量数据来源及应用最为广泛，如计算机断层扫描（CT）、磁共振成像（Magnetic Resonance Imaging，MRI）、超声数据（Ultrasound，US）、正电子发射成像（Positron Emission Tomography，PET）、地震地质勘探数据、气象监测数据等。

对于 CT 扫描的医学体数据，常见的两种文件扩展名是 .dcm 和 .raw。前者遵循医学数字成像和通信标准（Digital Imaging and Communications in Medicine，DICOM 详细内容参见附录 1.9），标量值保存在多张图片像素点上，是体数据的数据属性，每个标量值的大小具有特定意义，用来区分不同组织，如骨骼、肌肉和皮肤等。只保留 .dcm 文件的图像像素信息，即为 .raw 文件。

4.1.2　体数据可视化分类

根据特征表达方式的不同，体绘制技术可以分为两大类，即间接体绘制技术和直接

体绘制技术。间接体绘制技术是通过规则拼接从数据场构造出的中间几何图元描述体数据特征,进而利用经典的面绘制方法进行展示,如等值面绘制。图4.4列出的体绘制方法则不用构造中间几何图元,直接将三维数据场映射为二维图像,又称为直接体绘制技术,其有效地描绘了三维数据体内部的结构信息、细节,是科学可视化领域中的重要方向。

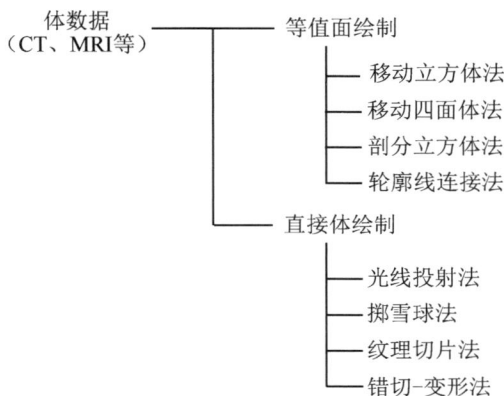

图 4.4 体数据可视化分类

1. 等值面绘制

等值面抽取是等值面绘制最常用的方法之一,提取原始数据场中某阈值并通过构造三角形网格表达,如经典的移动立方体法(Marchig Cube, MC)[31]。标量场可以看作定义在三维空间某区域的函数 $f(x, y, z)$,其等值面是由以下隐函数定义的曲面。

$$f(x, y, z) = C$$

式中,C 是等值面的值,即空间中值为 C 的点集合。通过判断体素的8个角点的值来判断它是否在等值面上,它可有效绘制三维物体表面,但缺乏内部信息表达。其基本思想如下:逐个处理每个体素,分类出与等值面相交的立方体,采用插值计算出等值面与立方体的交点,并将交点按照一定方式连接生成等值面,作为等值面在该体素内的逼近表示,如图4.5所示的15种状态中阴影部分即为等值面。

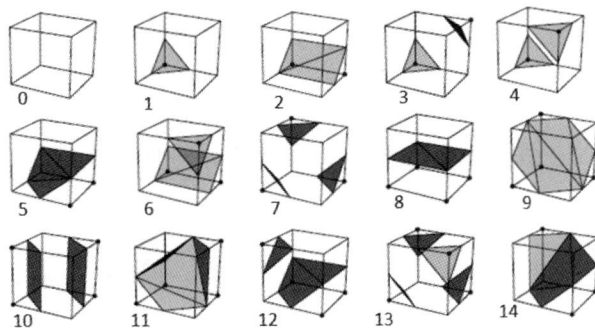

图 4.5 等值面可能的 15 种状态

移动四面体法(Marching Tetrahedra)与移动立方体法类似,不同之处是其将立方体剖分成四面体，然后在四面体内构造等值面。其精度比直接在立方体内构造的等值面要高，但拓扑结构不易控制，算法实现相对复杂。

剖分立方体法（Dividing Cubes）是当三维数据场密度高于屏幕显示分辨率时采取的一种方案。通过对体素进行剖分，使其在屏幕上的投影等于或小于屏幕像素，然后进行处理，输出等值面结果。

轮廓线连接法（Contour Connection）首先提取每层图像的轮廓线，然后在不同层间的轮廓线上选择顶点，通过连接顶点构造三角面片，跟踪连接相邻轮廓线，从而获取特征的拓扑表示。通常，两个邻层间轮廓线的对应关系比较难确定，因此只适合层间等值面变化较小的场合。

以上几类间接体绘制方法，是早期体数据可视化领域研究的热点，能通过等值面描述指定标量值的特征信息，但无法揭示特征内部的结构信息，因此，具有一定局限性。

2. 直接体绘制

直接体绘制方法有光线投射体绘制、掷雪球法、纹理切片法、错切-变形法等。

光线投射体绘制（Ray Casting Volume Rendering）[32]，是体绘制最典型的一类算法。随着 GPU 并行处理能力的提升和增强，基于 GPU 的光线投射体绘制技术成为当今流行的直接体绘制技术。体数据可视化系统基于 GPU 的 CUDA（Compute Unified Device Architecture）架构实现，详细内容参见 4.2 节。

掷雪球法（Splating）模拟雪球被抛到墙壁上留下扩散痕迹的现象，抛掷中心的能量最大，随着与中心距离的增加，能量随之减少。遍历数据空间所有体素，计算每一体素投影的高斯函数所确定强度分布的影响范围，并加以合成，形成最终的结果。

纹理切片法（Texture Slicing）通过在三维模型空间中设置 2D 切片来采样体数据，切片投影到图像平面，再按照一定规则进行融合，切片可以按从前往后或者从后往前的顺序进行排列。

错切-变形法分为体数据错切和绘制结果变形两部分。将光线的变换转移到体数据切片中，从而每次渲染都在一个固定的透视角度。体数据按照初始切片顺序投影到二维图像空间，进而对绘制结果图形做变形处理，得到最终的可视化结果。

从处理数据的流程来看，体绘制可分为基于图像空间的方法和基于物体空间的方法，如图 4.6 所示。图 4.6(a)是从屏幕像素出发，光线是从视点到屏幕像素引出的射线，穿过三维体数据场，沿着射线选择等距采样点，求出所有采样点的颜色和不透明度值，并通过某种方式累加后得到最终图像，其代表方法是光线投射体绘制。图 4.6(b)是根据给定视平面和观察方向，计算体数据空间每个体素所影响二维像素的范围及对其中每个像素点光照强度的贡献，最后将不同体素对同一像素的贡献加以合成，其代表方法如掷雪球法等。同时还存在混合序体绘制方法，如错切-变形（Shear-warp）方法。

直接体绘制能反映三维数据场的整体信息，每个体素都参与成像，绘制图像质量高，但计算量大，因此绘制效率是关键。当采样分辨率低时，无法得到满意的绘制质量，而采样分辨率过高又会降低绘制速度。随着硬件水平的不断发展，采样精度越来越高、密度越来越大，因此，用于体绘制的数据量也不断增大，如何应对大规模数据体绘制，目前成为具有挑战性的难题之一。

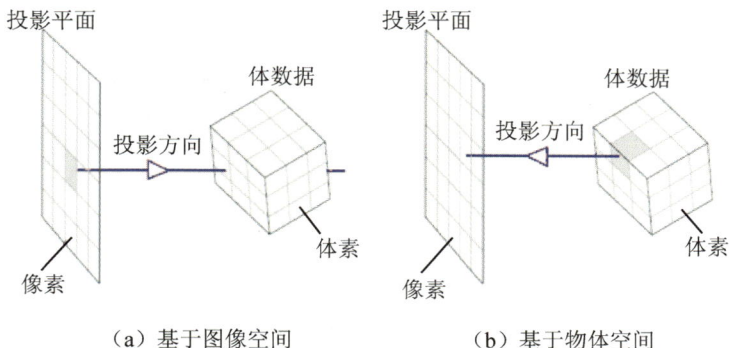

（a）基于图像空间　　　　　（b）基于物体空间

图 4.6　体绘制分类方法示意图

4.1.3　分类

分类（Classification）是整个体绘制流程的核心，将经过处理的原始数据转换为可供绘制的光学属性，如颜色、不透明度等。以人体 CT 体数据为例，需要根据灰度值分类出骨骼、肌肉和皮肤等不同密度的组织，然后采用不同颜色和透明度进行绘制以作区分。

颜色是人工赋予的，体数据中体素本没有颜色概念，根据不同视觉需求，基于分类设置不同映射关系，从而给不同体素赋予相应的颜色和不透明度，凸显原始数据中比较感兴趣的特征。颜色和不透明度的设置通过传递函数完成。

数学描述分类问题：用集合 S 表示数据场标量值取值范围，分类就是将 S 划分为若干个不重叠的子集，满足

$$\begin{cases} S = \bigcup_{i=0}^{n-1} S_i \\ S_i \bigcap S_j = \varnothing \, (0 \leqslant i < j \leqslant n-1) \end{cases}$$

分类方法一般包括阈值法和概率法。阈值法就是设定若干阈值 $I_l \, (l=0, 1, \cdots, n-1)$，采样点的值 f，若满足 $I_l \leqslant f < I_{l+1}$，则归为一类 $[I_l, I_{l+1}] \, (l=0, 1, \cdots, n-2)$。

概率法是标量值为 I 的体元中所含有第 i 类物质的概率，表示为

$$p(i \mid I) = \frac{P(I \mid i)}{\sum_{j=1}^{n} P(I \mid j)}$$

式中，$P(I \mid i)$ 是第 i 类物质值为 I 的条件概率。如果值相同的物质在某区域不超过两种，则各类物质的百分比在该区域内呈线性变化。

以 CT 医学图像为例，不同灰度反映了器官和组织对 X 射线的吸收程度，黑影表示低吸收区，即低密度区，如含气体多的肺部；白影表示高吸收区，即高密度区，如骨骼。水的 CT 值定为 0Hu，人体中密度最高的骨头的 CT 值定为 +1000Hu，而空气密度最低，定为 −1000Hu，密度不同的各种组织的 CT 值居于 −1000Hu～+1000Hu 的 2000 个分度之间，如图 4.7（a）所示。由图 4.7（b）可以看出，梯形两两相交，重叠区域不是严格意义上的分类，可称其为粗分类。

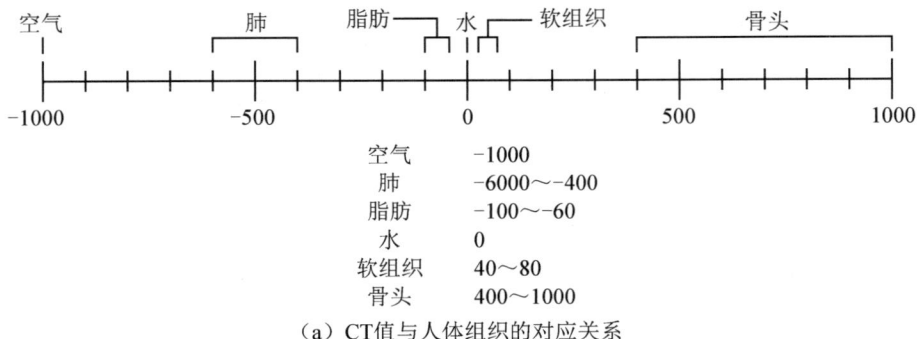

空气	-1000
肺	-6000～-400
脂肪	-100～-60
水	0
软组织	40～80
骨头	400～1000

（a）CT值与人体组织的对应关系

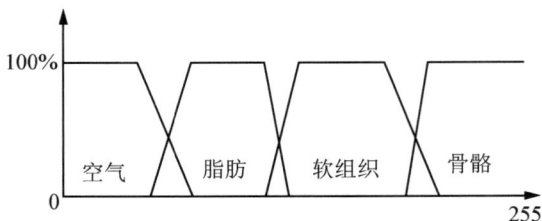

（b）各种物质的灰度值范围

图 4.7　医学 CT 各组织的灰度分布范围

4.1.4　传递函数

体绘制过程中，分类和着色通过传递函数（Transfer Function）完成。根据其定义域变量的数目，可分为一维、二维或多维传递函数。传递函数将体数据中数值转化为光学属性，如颜色与不透明度，其中颜色值区分不同结构或物质；不透明度决定不同程度地显示它们，通常将感兴趣的部分赋予较大不透明度，其本质上代表着光穿透体素的能力。用户通过调整以上属性值，隐藏或凸显其中特征，产生不同的可视化效果。传递函数在直接体绘制中起着决定作用，它的评价标准在于尽可能减少信息丢失的同时，能最大限度地分离出感兴趣的区域。

传递函数本质上是一种可视化映射关系，根据具体需求，选择合适的标量值属性（定义域）和光学属性（值域），建立映射关系，用函数形式表达，即

$$T: \boldsymbol{X} \mapsto \{\boldsymbol{C}, \alpha\}, \boldsymbol{X} \in \mathbb{R}^n$$

式中，T 是标量值属性到光学属性的映射，$\boldsymbol{X}$ 为定义域，$\boldsymbol{X}$ 的维数 n 为传递函数的维数，值域 $\{\boldsymbol{C}, \alpha\}$ 通常为颜色和不透明度的二元组。

1. 定义域

在传递函数设计中，广泛使用的是将体数据标量值和梯度值作为输入。梯度方向可增强阴影效果，梯度的幅值和方向组合有助于真实感绘制。此外，梯度二阶导数可以更准确地提取数据场中物质的边界、形状等特征，也可以作为复杂输入。以一维传递函数为例，定义域为体数据标量属性值组成的范围 I，可用如下 4 个传递函数 T_r，T_g，T_b，

T_a 表示

$$\begin{cases} R_i = T_r(I_i) \\ G_i = T_g(I_i) \\ B_i = T_b(I_i) \\ A_i = T_a(I_i) \end{cases}, \quad I_i \in I$$

式中，T_a 为不透明度传递函数，$T_a = 1$ 表示完全不透明，$T_a = 0$ 表示完全透明。

2. 值域

在传递函数中，颜色和不透明度是最基本的映射结果。其中，颜色是区分数据场中不同物质的最为基础的属性。通过感兴趣程度设置不同的透明度，可突出感兴趣的部分，减少或完全隐藏不感兴趣的部分。将采样点的值设定为不同阈值，每个阈设定不同的透明度和颜色。通常，感兴趣区域设定较大的不透明度，而不感兴趣区域赋予较小的不透明度或 0，如图 4.8 所示，即可得到体数据内部特征半透明的可视化结果。

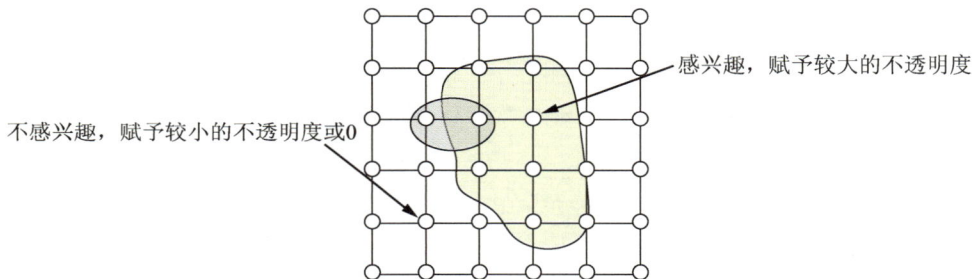

图 4.8　不透明度设定示意图

3. 映射关系

对于一般数据源，映射关系采用分段线性函数、多项式函数或者样条函数。实际应用中多采用分段线性函数，如图 4.9 所示，纵坐标代表不透明度，横坐标代表体数据的标量值，如密度，虚线隔开的不同标量值属性区间为 I_1、I_2、I_3，分别对应不同颜色和不透明度。

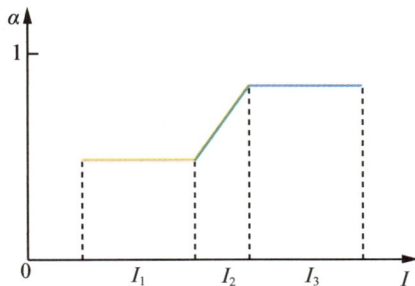

图 4.9　分段线性传递函数

目前，广泛使用的是一维传递函数，其具有设计简单且易于交互的优点。但是也存在一些缺陷，如一个标量值可能对应多个不同物质的边界，无法区分具有相同标量值的不同结构，因此不能满足特定分类需求。多维传递函数通过扩展分类空间，可以更好地定位对象的边界，区分不同对象，但会出现计算复杂度增长的问题。为方便学习和理解，本章仅以一维传递函数为例进行介绍。

4.1.5　梯度

标量场的梯度（Gradient）是一个向量场，快速、准确的梯度计算对高质量体绘制至关重要。标量场中某一点上的梯度指向标量增长最快的方向，梯度模是最大的变化率。梯度模有助于分析体数据特征的边界信息，在同一种结构内部，标量属性值变化不大，此时梯度模较小；不同物质交界处，标量值变化迅速，梯度模也较大。

若二元连续函数用 $f(x, y)$ 表示，梯度为 $\nabla f = [f_x, f_y]$，在 $P(x_0, y_0)$ 点的梯度，垂直于 $f(x, y) = C$ 的等值线（这里 $C = f(x_0, y_0)$），指向最大上升方向，如图 4.10(a) 所示。如果该曲面是高度场表示的曲面，白色曲线即为等高线，类似爬坡，当前位置的梯度即坡度最陡的方向。

若三元连续函数用 $f(x, y, z)$ 表示，则梯度为 $\nabla f = [f_x, f_y, f_z]$。梯度大小即模，表示为 $\|\nabla f\| = \sqrt{f_x^2 + f_y^2 + f_z^2}$。记 $C = f(x_0, y_0, z_0)$，$f(x, y, z)$ 在 $P(x_0, y_0, z_0)$ 点的梯度就是等值面 $f(x, y, z) = C$ 在 P 点的法向量。如图 4.10(b) 所示的系列等值面中箭头的指向即 P 点梯度，与过 P 点切平面的法向一致，且从数值低的等值面指向数值高的等值面。

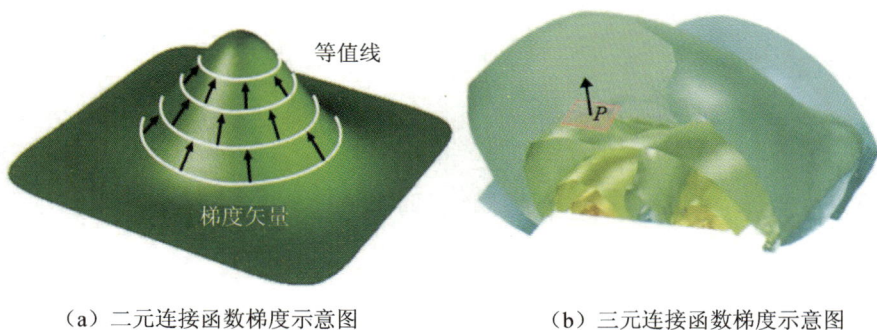

（a）二元连接函数梯度示意图　　　（b）三元连接函数梯度示意图

图 4.10　梯度的几何意义

通常，三维体数据场是离散场，非以上连续函数情景。故实际计算梯度时，采用一些离散的近似方法，如中心差分法、26 邻域法等。下面对这些方法做简单介绍。

1. 中心差分法

如图 4.11 所示，黄色标记点是第 (i, j, k) 个网格节点（蓝色标识）的 6 邻域，从左到右是 i 增加方向，从里到外是 j 增加方向，从下到上是 k 增加方向。通过 6 个相邻网格节点计算梯度，离散表达式为

$$\nabla f_{i,j,k} = \begin{bmatrix} \dfrac{f_{i+1,j,k} - f_{i-1,j,k}}{2\Delta x} \\ \dfrac{f_{i,j+1,k} - f_{i,j-1,k}}{2\Delta y} \\ \dfrac{f_{i,j,k+1} - f_{i,j,k-1}}{2\Delta z} \end{bmatrix}$$

其单位化表示为

$$\hat{G} = \frac{\nabla f_{i,j,k}}{\|\nabla f_{i,j,k}\|}$$

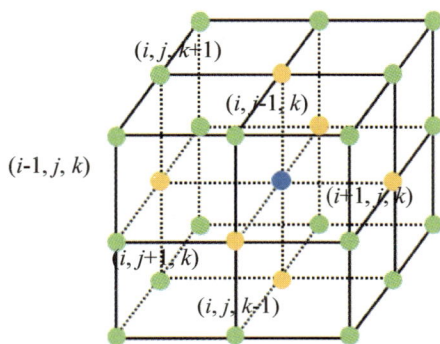

图 4.11　26 邻域示意图

2. 26 邻域法

如图 4.11 所示，蓝色表示中心第 (i, j, k) 个网格节点，黄色和绿色表示其 26 个邻域。由于充分考虑 26 个邻域的 13 个方向对中心的共同影响，中心点周围有 26 个点，两两绕中心点呈中心对称，13 组点构成 13 个方向，并利用数据的规则分布简化模型结构，使得逼近的梯度值更精确。

构造由 26 个邻域计算近似标量值的方程为

$$f(x, y, z) \approx Ax + By + Cz + D$$

其中，x，y，z 表示 26 个邻域的位置坐标，D 为中心体素的近似标量值，$\vec{n} = (A, B, C)$ 为该体素法向量，利用方差估计计算，方差越小表明该向量越逼近梯度 G。

其方差 E 的计算公式为

$$E(A, B, C) = \sum_{k=0}^{26} w_k (Ax_k + By_k + Cz_k + D - f_k)^2，且(k \neq 13)$$

式中，x_k，y_k，z_k 为第 k 个邻域点的坐标，设 w_k 为 k 点对中心体素的影响因子，f_k 为 k 点的实际标量值，索引 k 按先 X 后 Y 再 Z 的顺序遍历

$$k = 9(z+1) + 3(y+1) + x + 1，其中 x，y，z \in \{-1, 0, 1\}$$

根据极值法求最小方差，当 $E(A, B, C, D)$ 偏导全为 0 时，可能为最小方差值。

$$\frac{\partial E}{\partial A} = 2\sum_{k=0}^{26} w_k(Ax_k + By_k + Cz_k + D - f_k)x_k \ (k \neq 13)$$

$$\frac{\partial E}{\partial B} = 2\sum_{k=0}^{26} w_k(Ax_k + By_k + Cz_k + D - f_k)y_k \ (k \neq 13)$$

$$\frac{\partial E}{\partial C} = 2\sum_{k=0}^{26} w_k(Ax_k + By_k + Cz_k + D - f_k)z_k \ (k \neq 13)$$

$$\frac{\partial E}{\partial D} = 2\sum_{k=0}^{26} w_k(Ax_k + By_k + Cz_k + D - f_k) \ (k \neq 13)$$

矩阵形式表示为

$$
\begin{bmatrix}
\sum_{k=0}^{26} w_k x_k^2 & \sum_{k=0}^{26} w_k x_k y_k & \sum_{k=0}^{26} w_k x_k z_k & \sum_{k=0}^{26} w_k x_k \\
\sum_{k=0}^{26} w_k x_k y_k & \sum_{k=0}^{26} w_k y_k^2 & \sum_{k=0}^{26} w_k y_k z_k & \sum_{k=0}^{26} w_k y_k \\
\sum_{k=0}^{26} w_k x_k z_k & \sum_{k=0}^{26} w_k y_k z_k & \sum_{k=0}^{26} w_k z_k^2 & \sum_{k=0}^{26} w_k z_k \\
\sum_{k=0}^{26} w_k x_k & \sum_{k=0}^{26} w_k y_k & \sum_{k=0}^{26} w_k z_k & \sum_{k=0}^{26} w_k
\end{bmatrix}
\begin{bmatrix} A \\ B \\ C \\ D \end{bmatrix}
=
\begin{bmatrix}
\sum_{k=0}^{26} w_k f_k x_k \\
\sum_{k=0}^{26} w_k f_k y_k \\
\sum_{k=0}^{26} w_k f_k z_k \\
\sum_{k=0}^{26} w_k f_k
\end{bmatrix}
\qquad \text{式}(4.1)
$$

假设三维数据场是规则对称，即在 3 个坐标方向上的采样距离相等，所以第 k 个邻域点的坐标采样间距相等，即 x_k，y_k，$z_k \in \{-1, 0, 1\}$，且认为相邻体素对中心体素的影响因子相等，对式(4.1)进行简化为以下形式。

$$
\begin{bmatrix}
\sum_{k=0}^{26} w_k x_k^2 & 0 & 0 & 0 \\
0 & \sum_{k=0}^{26} w_k y_k^2 & 0 & 0 \\
0 & 0 & \sum_{k=0}^{26} w_k z_k^2 & 0 \\
0 & 0 & 0 & \sum_{k=0}^{26} w_k
\end{bmatrix}
\begin{bmatrix} A \\ B \\ C \\ D \end{bmatrix}
=
\begin{bmatrix}
\sum_{k=0}^{26} w_k f_k x_k \\
\sum_{k=0}^{26} w_k f_k y_k \\
\sum_{k=0}^{26} w_k f_k z_k \\
\sum_{k=0}^{26} w_k f_k
\end{bmatrix}
$$

以上矩阵方程左边的系数矩阵元素均为已知常数，右边矩阵中的 f_k 是数据场中测量的值，最终可以求得向量 $[A，B，C]$ 的值如下。

$$A = w_A \sum_{k=0}^{26} w_k f_k x_k \quad B = w_B \sum_{k=0}^{26} w_k f_k y_k \quad C = w_C \sum_{k=0}^{26} w_k f_k z_k \quad (k \neq 13)$$

根据坐标轴的对称性，可以得到 $w_A = w_B = w_C$。为了避免非归一化梯度导致的伪影，需要对 $(A，B，C)$ 矢量单位化，其等价于对 $\sum_{k=0}^{26} w_k f_k x_k$，$\sum_{k=0}^{26} w_k f_k y_k$，$\sum_{k=0}^{26} w_k f_k z_k (k \neq 13)$ 单位化，其中 f_k 为第 k 点的标量值。

■ 4.1.6 光照效应 ■

真实感图形基于一定的光学物理模型，人们称之为光照模型；基于场景几何和光照模型生成一副真实感图形的过程被称为绘制[33]。真实感绘制是指能较逼真地表示相对位置、遮挡关系、由于光线传播产生的明暗过渡色彩等可视化效果。为了模拟光源照射到物体表面时发生的反射和透射现象，根据光学物理有关定律，计算物体表面上任一点投向观察者眼中的光亮度大小和色彩组成的光照模型，是真实感图形绘制的基础。光照模型分为局部光照模型和整体光照模型，前者仅考虑光源直接照射到物体表面所产生的光照效果，后者除了考虑光源所产生的光照效果外，还考虑周围环境对物体表面的影响。在体可视化领域，光照也能有效反映体数据特征表面的明暗变化，增强体数据内部特征的形状感知。

目前常用的局部光照模型是 Phong 光照模型，其描述环境光、漫反射以及镜面反射对物体表面颜色的影响效果。这是一个几何经验模型，其计算公式如下。

$$\begin{bmatrix} r \\ g \\ b \end{bmatrix} = k_a \begin{bmatrix} r_a \\ g_a \\ b_a \end{bmatrix} + k_d \begin{bmatrix} r_d \\ g_d \\ b_d \end{bmatrix} (\boldsymbol{L} \cdot \boldsymbol{N}) + k_s \begin{bmatrix} r_s \\ g_s \\ b_s \end{bmatrix} (\boldsymbol{R} \cdot \boldsymbol{V})^n$$

$$= k_a \begin{bmatrix} r_a \\ g_a \\ b_a \end{bmatrix} + k_d \begin{bmatrix} r_d \\ g_d \\ b_d \end{bmatrix} \cos \alpha + k_s \begin{bmatrix} r_s \\ g_s \\ b_s \end{bmatrix} \cos^n \beta \qquad 式(4.2)$$

其中，第一项是环境光分量，第二项为漫反射分量，最后一项是镜面反射分量。在实际应用中，$\boldsymbol{R} \cdot \boldsymbol{V}$ 计算不方便，故使用 $\boldsymbol{N} \cdot \boldsymbol{H}$ 代替，此时式(4.2)中 $\cos \beta$ 用 $\cos \gamma$ 替代，即 Blinn-Phong 光照模型。此处 $\boldsymbol{H}$ 是 $\boldsymbol{L}$ 和 $\boldsymbol{V}$ 的角平分线方向的单位向量。$\boldsymbol{H}$ 和 $\boldsymbol{N}$ 的角度反映朝向观察者的镜面反射光的大小。涉及各方向的向量及角度，如图 4.12 所示，相关参数的含义如下。

K_a：环境光系数。

K_d：漫反射系数。

K_s：镜面反射系数。

$\boldsymbol{N}$：法向量。

$\boldsymbol{L}$：入射方向。

$\boldsymbol{R}$：反射方向。

$\boldsymbol{V}$：视线方向。

$\boldsymbol{H}$：$\boldsymbol{L}$ 与 $\boldsymbol{V}$ 的角平分线方向。

α：$\boldsymbol{L}$ 和 $\boldsymbol{N}$ 的夹角。

β：$\boldsymbol{R}$ 和 $\boldsymbol{V}$ 的夹角。

γ：$\boldsymbol{H}$ 和 $\boldsymbol{N}$ 的夹角。

指数 n：高光系数。

$\boldsymbol{C}_a = [r_a, \ g_a, \ b_a]^T$：环境光颜色。

$\boldsymbol{C}_d = [r_d, \ g_d, \ b_d]^T$：漫反射颜色。

$C_s = [r_s, g_s, b_s]^T$：镜面反射颜色。

如图 4.13 所示的采样点（中心黄色标识），其梯度可以根据其所在体素的 8 个角点的梯度（黑色箭头）进行三线性插值得到，即蓝色箭头。通常梯度代替法向量，使用 Phong 光照模型进行光照效应计算。

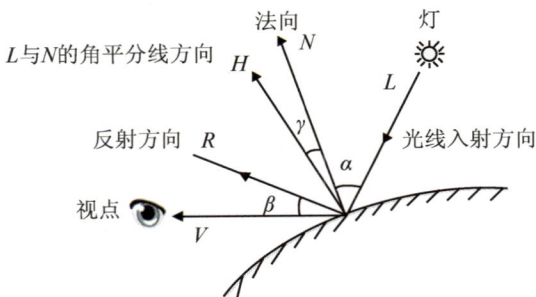

图 4.12　Phong 光照模型示意图

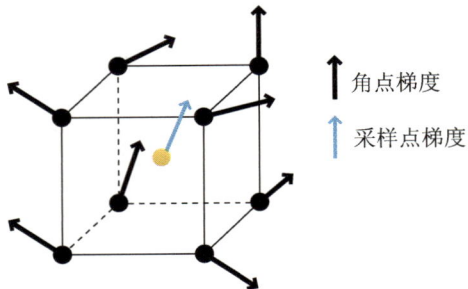

图 4.13　采样点的梯度示意图

4.1.7　体图示

非真实感绘制是一种风格化绘制方法，其不拘泥于绘制结果的真实性，而是可以进行适当处理，使绘制结果具有特殊效果，从而灵活地对绘制效果进行调整，有选择地绘制感兴趣的信息并进行增强。将非真实感技术融入体绘制的方法称为体图示（Volume Illustration）[34]，其绘制流程图如图 4.14 所示，即通过修改传递函数得到的颜色值和不透明度，然后得到采样点最终颜色，按照体绘制算法累加合成得到最终结果。基于某种绘制风格展现感兴趣对象的细节及内部结构，突出其局部细节以体现某方面特征，对体数据可视化有着重要的应用价值。

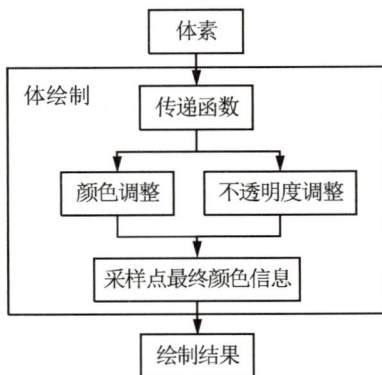

图 4.14　体图示绘制流程图

体图示若应用于血管可视化，可清楚地再现结构信息，如深度、梯度、观察方向、光线方向等。如图 4.15 所示为体图示效果，其中图 4.15(a) 为脑动脉瘤，图 4.15(b) 为脑血管。

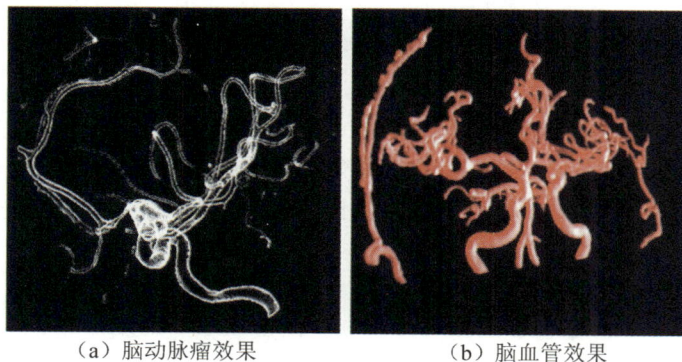

（a）脑动脉瘤效果　　　　　　　　（b）脑血管效果

图 4.15　血管的体图示效果

相比于传递函数控制绘制效果，体图示灵活性更好，因为它能对体数据进行整体和局部的结构分析，利用光线和观察方向产生某些特殊效果。体图示技术主要包括：边界增强、轮廓增强、基于深度的颜色融合、Tone Shading 等。根据参考文献[34][35][36]，下面对体图示技术做简单介绍。

1. 边界增强

边界增强是指对物质之间的边界进行增强，从而突出物体各部分的分布特征。边界指不同物质之间的临界线，如果只有一种物质，则表示物体与周围环境之间的临界线。增强边界是增强结构信息的常用方法，如果体绘制中将不同物质之间的交界凸显出来，能够使结果图像中的物质分布情况更加清晰。

在实施边界增强时，要用梯度概念来衡量体素位于边界部分的可能性。两种物质在边界处会有梯度大小的明显改变。实施边界增强即根据梯度大小计算出增强量，采样点不透明度变为

$$O_b = O_v \left(k_{bc} + k_{bs} (\|\boldsymbol{G}\|)^{k_{be}} \right)$$

式中，O_v、O_b 分别表示原始不透明度值和边界增强后的不透明度值，$\boldsymbol{G}$ 是采样点的梯度，k_{bc}、k_{bs}、k_{be} 分别控制原始不透明度、增强量和不透明度曲线斜率的参数。

进一步，为模拟现实世界中"观察近处物体的边界总是比远处物体的边界更加清晰"的效果，可加入距离因子对距离视平面较近处（深度值小）的部分实施较高程度的边界增强，对距离较远处（深度值大）的部分实施较低程度的边界增强。改进后的公式为

$$O_b = O_v \left(k_{bc} + k_{bd} \frac{d_i}{D_{max}} + k_{bs} \left(1 - \frac{d_i}{D_{max}}\right) \|\boldsymbol{G}\| \right)^{k_{be}}$$

式中，O_v、O_b 分别表示原始不透明度值和边界增强后的不透明度值，d_i 为当前采样点到视平面的距离，D_{max} 为数据场中最大距离，k_{bc} 表示不参与边界增强部分的比例，k_{bd} 是补偿深度较大部分的不透明度值，k_{bs} 代表边界增强量。通常情况下，k_{bc}、k_{bd}、k_{bs} 非负且小于 1，并且 $k_{bc} + k_{bd} + k_{bs} = 1$。$k_{bs}$ 和 k_{be} 越大，说明较多边界参与了边界增强。

2. 轮廓增强

轮廓主要指物体表面或者内部凸凹不平的各种褶皱，其增强可以使物体结构分布更

加清晰。轮廓不仅包括物体的外形勾勒线，有时也用来表示物体表面凹凸褶皱的线条，轮廓线进一步可分为形状线条和外形线条。对于多边形网格，轮廓包括所有连接法向量向后（不可见）多边形和法向量向前（可见）多边形的边；对于光滑的表面，轮廓可以定义为表面上法向量 $\boldsymbol{N}_i$ 垂直于观察向量 $\boldsymbol{V}_i$，即 $\boldsymbol{N}_i \cdot \boldsymbol{V}_i = 0$。

体绘制中轮廓被认为是表面法向量和观察向量垂直的区域，这些区域包括物体的外形轮廓，也可能包括物体表面上一些凹凸和褶皱部分。但是，体数据是一个标量场，没有表面概念，因而不存在实际的法向量，故用梯度代替。

体图示的轮廓增强和边界增强基本相同，通过增大梯度方向和观察方向垂直的采样点的不透明度来完成。轮廓可认为是梯度和观察向量垂直的区域，即满足

$$|\boldsymbol{G} \cdot \boldsymbol{V}| \to 0$$

因为轮廓部分的梯度模一般比较大，则

$$O_s = O_v\left[k_{sf} + k_{sc}\left(1 - \frac{\|\boldsymbol{G}\|}{\|\boldsymbol{G}_{max}\|}\right) + k_{ss}\frac{\|\boldsymbol{G}\|}{\|\boldsymbol{G}_{max}\|}\left(1 - |\hat{\boldsymbol{G}} \cdot \hat{\boldsymbol{V}}|\right)^{k_{se}}\right]$$

式中，O_v、O_s 分别表示原始不透明度值和轮廓增强后的不透明度值；k_{sf} 控制不参与轮廓增强的部分，k_{sc} 是一个补偿因子，增强梯度量较小部分的轮廓，否则增强后的不透明度值太小会导致丢失一些细节信息，k_{ss} 控制轮廓增强部分，k_{se} 为不透明度曲线斜率；$\hat{\boldsymbol{G}}$ 为 $\boldsymbol{G}$ 的单位化向量，G_{max} 为最大梯度，$\hat{\boldsymbol{V}}$ 是观察方向的单位化向量。通常情况下，k_{sf}、k_{sc}、k_{ss} 大于 0，且 $k_{sf} + k_{sc} + k_{ss} = 1$。

以上方法可以凸显轮廓，缺点是难以控制轮廓线的宽度，如在一些梯度几乎垂直于视线方向的区域，轮廓线的宽度很大。曲率表示轮廓变化程度，可作为丰富轮廓的重要依据，可采用布鲁科纳（Bruckner）等人给出的方法[36]，引入宽度因子，即

$$|\hat{\boldsymbol{G}} \cdot \hat{\boldsymbol{V}}| \leqslant \sqrt{Tk_v(2 - Tk_v)} \qquad \text{式}(4.3)$$

式中，T 为宽度参数，k_v 为曲率。采用 Bruckner 等人给出的方法，满足以上条件的采样点可以采用某一恒定的颜色和不透明度。当执行 GPU 光线投射算法，采样点距离足够小时，采用相继两个采样点梯度方向夹角 α 除以采样点之间的距离 L 表示，如图 4.16(a) 所示。

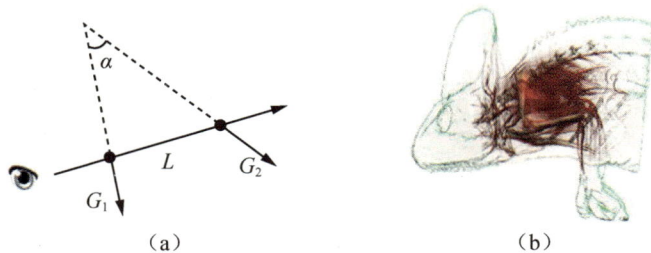

(a)   (b)

图 4.16 曲率计算示意图(a)与效果图(b)

可表示为

$$k_v \approx \frac{\alpha}{L} \qquad \text{式}(4.4)$$

将式(4.4)代入式(4.3)中，改进的轮廓增强算法通过引入宽度因子 T（一般小于 1），且随着宽度因子增大，轮廓增强部分的厚度越大，可有效提高其交互可控性。图 4.16(b)是效果图，中间聚焦区域是光线投射的体绘制结果，其余是对应 $T=1.6$ 的轮廓效果图。

3. 基于深度的颜色融合

根据采样点位置的深度值，赋予相应颜色，形成从前到后的颜色渐变，突显深度信息。深度线索提示依赖于视点，根据物体距离视点位置的不同使用不用的颜色提示，进一步采用以下基于深度的颜色融合公式

$$C_{i,\text{new}} = C_i(1-k_{\text{dw}}) + k_{\text{dw}}\left(C_n\frac{d_i-D_{\min}}{D_{\max}-D_{\min}} + C_f\left(1-\frac{d_i-D_{\min}}{D_{\max}-D_{\min}}\right)\right)$$

式中，C_i 表示从传递函数得到的颜色，k_{dw} 表示深度提示权重，d_i 表示采样点 P_i 的深度，$D_{\min}$ 表示光线进入体数据包围盒初始入点到视平面的距离，$D_{\max}$ 表示光线离开体数据包围盒的点到视平面的距离，C_n 和 C_f 分别表示两个参考平面（即近平面和远平面）的颜色，如图 4.17 所示。

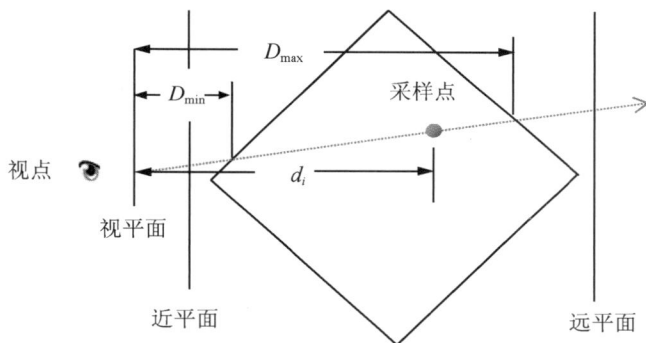

图 4.17　基于深度的颜色融合示意图

4. Tone Shading

Tone Shading 是一类非真实感光照模型。该方法根据物体和光源的位置关系来使用不同的色调。例如，为物体朝向光源的一面赋予暖色调，为背向光源的一面赋予冷色调，目的是暗示物体处于暖色光源照射的场景当中，如太阳光。

基于多光源的 Tone Shading 模型，即一个采样点的颜色由 3 部分组成：物体颜色（包括应用传递函数对应的颜色）、Tone Shading 效果和各个光源的直接光照。其表达式为

$$I = k_{\text{ta}}I_G + \sum_i^{N_L}(I_t + k_{\text{td}}I_o)$$

式中，k_{ta}、k_{td} 分别控制物体颜色 I_G 和直接光照部分 I_o 在整个颜色计算中的比重，N_L 表示场景中光源的个数，I_t 为 Tone Shading 部分，它是根据光线方向与采样点梯度方向的角度在冷暖色调间进行插值的，其具体计算公式为

$$I_t = I_c\left(1 - \frac{(1+\boldsymbol{G}\cdot\boldsymbol{L})}{2}\right) + I_w\frac{1+\boldsymbol{G}\cdot\boldsymbol{L}}{2}$$

式中，L 是沿着光线方向的单位向量，I_c、I_w 分别代表插值的冷色和暖色，由公式可以看出，采样点若朝向光源则显示的颜色更接近暖色，反之接近冷色。

考虑单光源强度为 I_i 时，直接光照部分 I_o 计算如下。

$$I_o = \begin{cases} k_{td} I_i (\boldsymbol{G} \cdot \boldsymbol{L}), & \boldsymbol{G} \cdot \boldsymbol{L} > 0 \\ 0, & \boldsymbol{G} \cdot \boldsymbol{L} < 0 \end{cases}$$

可以看出，Tone Shading 和直接体绘制中的 Phong 光照模型有些类似。

4.2 方法概要

4.2.1 光线投射体绘制原理

经典计算机图形学表示三维物体使用的建模方法是表面模型，即将形体表示成面的集合，但对物体内部没有定义。体绘制的不同之处在于，其不是利用二维面片拼接模拟出三维物体，而是利用数据场中每个数据累积而合成。其主要作用是将离散分布的三维数据场，按照一定规则转换为图形设备帧缓存中的二维离散信号，即生成每个像素的 RGB 值。其实质是重新采样和图像合成。

体绘制描述的三维物体包含物体属性，不仅包括表面属性，还包括物体内部属性（如温度、密度等）。其典型算法是光线投射体绘制，近似模拟充满体素数据的三维空间中光线通过反射和吸收等现象。如图 4.18 所示，用来成像的平面称为视平面，其中每个像素点都穿过一条光线，沿着此光线进行采样、计算、合成，并将最终颜色投影在此平面上。

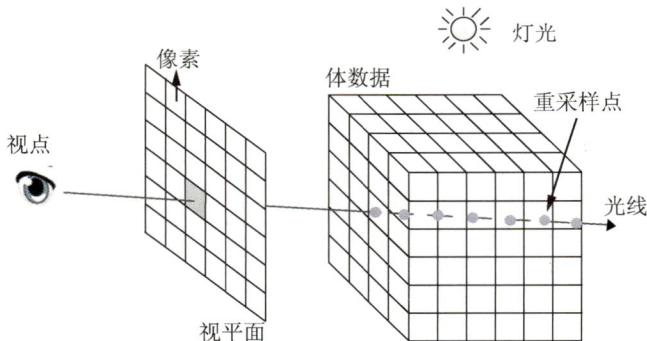

图 4.18 光线投射体绘制成像原理图示

假设采样点 $\boldsymbol{P}_i$ 的颜色值为 C_i 和不透明度为 α_i，光线投射算法从前往后的累加公式为

$$\begin{cases} \boldsymbol{C}_i^* = \boldsymbol{C}_{i-1}^* + (1 - \alpha_{i-1}^*) \alpha_i \boldsymbol{C}_i \\ \alpha_i^* = \alpha_{i-1}^* + (1 - \alpha_{i-1}^*) \alpha_i \end{cases} \quad \text{式}(4.5)$$

式中，α_i^*、$\boldsymbol{C}_i^*$ 对应累加的不透明度值和颜色值。初始条件为 $\boldsymbol{C}_0^* = \boldsymbol{C}_0 \alpha_0$，$\alpha_0^* = \alpha_0$。

假设视平面和体数据中心的距离为 d，将视平面中心放置在 $(0, 0, d)$，如图 4.19 所示。从不同角度观察体数据：①旋转视点，实质是将视点、视平面绕原点旋转；②旋转体数据,即保持视点和视平面不动,体数据绕原点旋转,但通常是采取第一种简单方式。

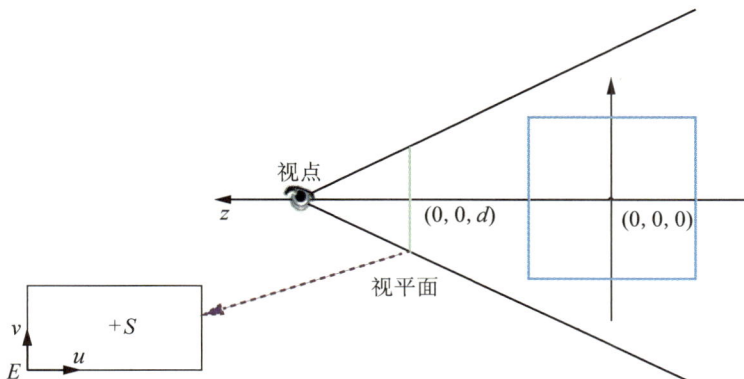

图 4.19 视点、视平面与体数据的相对位置

在图 4.19 中,E 为视平面的左下角,S 为其中心,假设视平面有 $L \times M$ 个像素,那么

$$E = S - \frac{L}{2}u - \frac{M}{2}v$$

于是像素(i, j)对应在视平面的坐标为

$$P = E + iu + jv$$

4.2.2 光线投射体绘制方法

1. 光学模型

体数据可以视为发光粒子的集合,充满在体素数据的三维空间数据。每个体素微粒自身的体积非常小,在宏观上不可见,表现对光不同波长的能量吸收率,最后反映为透过体素后的可见光的颜色。体素除了对光线的阻挡和吸收作用外,自身还可能发射光线,可能是体素自身的能量辐射或反射其他体素或光源的光线。

体绘制算法通常基于" 在某一密度条件下,光线穿越体数据场时,根据每个体素对光线的吸收、反射分布情况,通过沿着视线方向合成为发光粒子的光学属性,以获得绘制结果图像。"这一思想来源于物理光学,并最终通过光学模型进行描述。

体绘制中光学模型描述三维数据如何产生反射、阻挡及散射光线,从而计算全部采样点对屏幕像素的贡献。Nelson Max[37]建立光线在一个半透明三维物界中传播的物理模型,假设连续分布的三维体数据场中充满着小粒子,由于这些小粒子的发光、吸收、反射等功能使光线通过三维数据场时发生变化,基于这种假设形成不同的光学模型。其中,最具代表性的3种光学模型是光线吸收模型、光线发射模型和光线吸收与发射模型。常用的光学模型是光线吸收与发射模型。

为了相应模型的推导简化,使用细长圆柱体对光线在体数据中的传输进行简化,其轴心为光线方向。由于体数据分布空间是连续的,可采用微元思想,假设这个圆柱体足够细，所以横向上体数据场性质近似保持不变，但在纵向上变化。光线由这个微元圆柱体后端进入，由前端离开并进入人眼中。透过圆柱体的发射光线决定相应像素的颜色。

1）光线吸收模型

假设三维空间中小粒子可完全吸收所射入的光线，而无反射和发光功能，那么就构成了一个光线吸收模型，如图 4.20 所示。再进行以下假设。

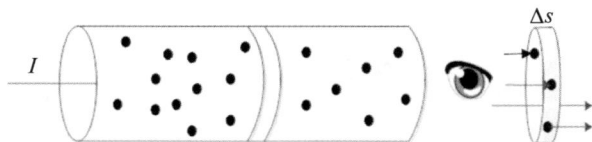

图 4.20 绘制的粒子模型示意图

☞粒子半径为 r，投影面积为 $A = \pi r^2$。

☞单位体积内粒子数为 ρ。

☞圆柱形薄板：若剖面积为 E，厚度为 Δs，则体积为 $E\Delta s$，体积内的粒子数为 $\rho E \Delta s$。

☞光线以垂直于圆柱形薄板的方向射入，当 Δs 很小时，粒子投影相互覆盖很小，所有粒子的总覆盖总面积为 $NA = \rho A E \Delta s$。

于是，投射到圆柱形薄板上的光线被这些粒子全部吸收掉的部分占全部光线的比例为

$$\rho A E \Delta s / E = \rho A \Delta s$$

假设入射光的强度为 I，被吸收的部分为 ΔI，由

$$\frac{\Delta I}{I} = \rho A \Delta s$$

得到

$$\frac{\mathrm{d}I}{\mathrm{d}s} = -\rho(s)AI(s) = -\tau(s)I(s) \qquad\qquad 式(4.6)$$

于是

$$I(s) = I_0 \mathrm{e}^{-\int_0^s \tau(t)\mathrm{d}t}$$

式中，I_0 是光线进入三维数据场时的（$s = 0$）光线强度，若 s 为光线投射方向的长度参数，则

☞$I(s)$ 为距离 s 处的光线强度。

☞$\tau(s)$ 是光线强度的衰减系数，定义沿光线投射方向 s 处的光线吸收率。

☞$T(s) = \mathrm{e}^{-\int_0^s \tau(t)\mathrm{d}t}$ 表示光线经过数据场边缘到达 s 这段距离的光线强度，也称为透明度。

☞$\alpha = 1 - T(s) = 1 - \mathrm{e}^{-\int_0^s \tau(t)\mathrm{d}t}$ 为不透明度。

2）光线发射模型

假设粒子很小，且透明，并可以认为小粒子具有发射光线的功能。模拟火焰、高温

气体等可视化时，粒子发出强光的情景。

假设如下。

☞圆柱形截面单位投影面积上，小粒子均匀发出强度为 C 的光线。

☞整个圆柱形截面上将发射出光通量为 $C\rho AE\Delta s$ 的光。

☞单位面积的光通量为 $C\rho A\Delta s$，则 $\Delta I=C\rho A\Delta s$。

于是

$$\frac{\mathrm{d}I}{\mathrm{d}s}=C(s)\rho(s)A=C(s)\tau(s)=g(s) \qquad 式(4.7)$$

式中，$\tau(s)=\rho(s)A$，$g(s)=C(s)\tau(s)$。

得到

$$I(s)=I_0+\int_0^s g(t)\mathrm{d}t$$

3）光线吸收和发射模型

光线吸收和发射模型是将光线吸收模型与发射模型相结合，假设三维数据场中体素既能发射光线，又能吸收光线，由式（4.6）和式（4.7），得到

$$\frac{\mathrm{d}I}{\mathrm{d}s}=g(s)-\tau(s)I(s)$$

该模型可以很好地反映光线在数据场中的变化，具有普遍意义，是现有体绘制算法的理论基础。实际应用中，采用黎曼和对其离散逼近得到解，如图4.21所示。

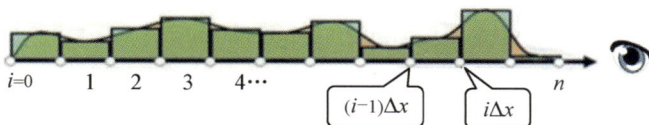

图4.21 光线吸收和发射模型的离散求解示意图

$$I(D)=I_0\mathrm{e}^{-\int_0^D \tau(t)\mathrm{d}t}+\int_0^D g(s)\mathrm{e}^{-\int_s^D \tau(t)\mathrm{d}t}$$

$$\approx g_n+g_{n-1}t_n+g_{n-2}t_{n-1}t_n+\cdots+g_2t_3\cdots t_n+g_1t_2\cdots t_n+I_0t_1\cdots t_n$$

$$\approx \sum_{i=1}^n g_i\prod_{j=i+1}^n t_j+I_0\prod_{i=1}^n t_i$$

式中，$g_i=g(i\Delta x)$，$t_i=\mathrm{e}^{-\tau(i\Delta x)\Delta x}$，第一行第一项表示从背景处入射的光线从体数据边缘处（$s=0$）经过三维数据吸收后（即乘以数据场的透明度），到达观察点（$s=D$）的光强；第二项代表 s 处的光源对观察点的贡献，由此得出从背景处射入并由后往前计算到达观察点的光强度值。可以得到如下有效的离散逼近。

$$I\approx \sum_{i=0}^n C_i\prod_{j=0}^{i-1}(1-\alpha_j)$$

可以选择从前往后累加（Front-to-back）或者从后往前（Back-to-front）的迭代求解。通常采用从前往后的方式，如图4.22所示，设当前采样点颜色为 C_{now}，不透明度为 α_{now}，进入其之前颜色为 C_{in}，不透明度为 α_{in}，有式（4.8）[38]，其同式（4.5），当累加不透明度

为 1 时终止。

$$\begin{cases} \boldsymbol{C}_{\text{out}}\alpha_{\text{out}} = \boldsymbol{C}_{\text{in}}\alpha_{\text{in}} + \boldsymbol{C}_{\text{now}}\alpha_{\text{now}}(1-\alpha_{\text{in}}) \\ \alpha_{\text{out}} = \alpha_{\text{in}} + \alpha_{\text{now}}(1-\alpha_{\text{in}}) \end{cases}$$

式(4.8)

每次累加时，由于基于上一次累加颜色乘以不透明度，称为关联颜色累加。

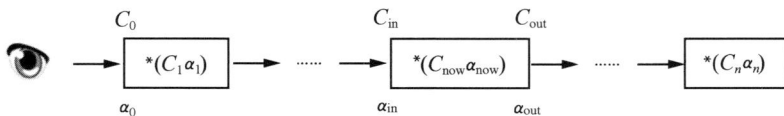

图 4.22　从前往后累加合成示意图

此外，还有如下其他光学模型。

散射和阴影模型：体素可以散射（反射和折射）外部光源的光线，并且可描述由于体素之间的遮挡而产生的阴影。

多散射模型：光线在被眼睛观察之前，可以被多个体素散射。

以上本书就不再赘述了。

2. 流程

光线投射算法流程图如图 4.23 所示，包括体数据生成、预处理、梯度计算、重采样、分类与着色、光照效应计算、累加合成及显示。根据设定观察方向发出一条射线，经过投影屏幕上每个像素点，沿着该射线选择 K 个等距的采样点，由采样点最近的 8 个角点做 3 次线性插值(具体方法见附录 1.10，GPU 上可自动插值)，求出采样点标量值和梯度值。然后根据传递函数对采样点分类，计算光照效应，将每条射线上各采样点的颜色值和不透明值由前往后或由后往前累加合成。最后，将统一计算结果显示。算法描述如下。

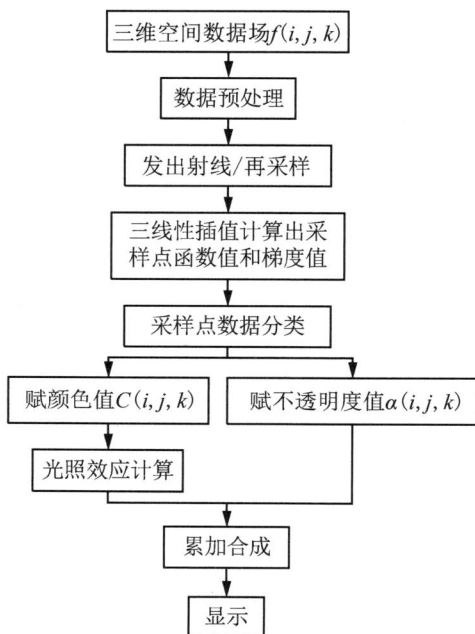

图 4.23　光线投射算法流程图

（1）根据设定观察方向发出一条射线，经过屏幕上每个像素点。

（2）沿着某射线选择 K 个等距的采样点。

（3）由采样点最近的 8 个角点做 3 次线性插值，求出采样点标量值，然后根据传递函数对采样点分类，得到不透明度值和颜色值。

（4）计算光照效应。

（5）将每条射线上各采样点的颜色值和不透明值由前往后或由后往前累加合成。

主要流程步骤说明如下。

1）预处理

在保证最大限度减少有效信息丢失的前提下，对数据生成阶段产生的数据加以提炼，当数据分布过于稀疏可能影响可视化效果时，需要进行有效插值，也可以在这一步对原始数据进行噪声消除、参数域变换以及梯度计算等。

2）沿光线方向进行采样

光线从视点 O 射入体数据包围盒中，假设入点 P_{start}，出点 P_{end}，采样间隔 Δd，$E = P_{end} - P_{star}$，$\hat{E}$ 是 E 的单位化向量，则第 i 个采样点 P_i 的计算公式为

$$P_i = P_{start} + i\Delta d\hat{E}$$

关于入点 P_{start} 和出点 P_{end} 的计算，以二维为例，如图 4.24 所示。定义 slab 为包围盒对应 X 或 Y 方向的一个对边。

T_{near} 为光线与一个 slab 的近相交点，T_{far} 为光线与一个 slab 的远相交点。首先，计算每个 slab 的 T_{near} 和 T_{far}，并求出 3 个 slab 中最大的 T_{near} 与最小的 T_{far}，若 T_{near} 大于 T_{far}，则光线与盒体没有交点；否则，交点位于 T_{near} 和 T_{far}，此时，$P_{start} = T_{near}$，$P_{end} = T_{far}$[39]。

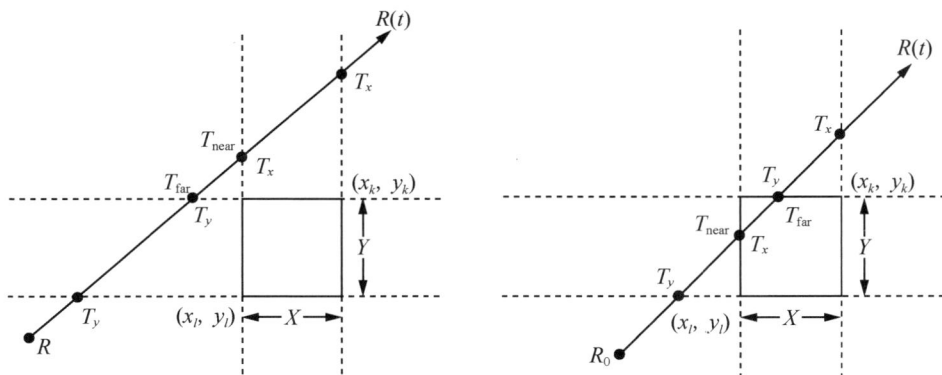

图 4.24　二维空间射线穿过包围盒的入点和出点示意图

然而，等距采样可能出现伪影，原因是从采样点 P_i 到 P_{i+1} 的光学属性可能有较大变化。因此可采用自适应采样，即如果相邻两个采样点的标量值相差小，则减少采样点数；反之，增加采样点数。

3）梯形传递函数设计

分类的目的是为不同体素值赋予相应的不透明度，不同结构或区域设置不同的颜色

和透明度，通常通过传递函数实现。采样点的标量值，根据其所在体素的 8 个角点标量值的三线性插值得到，然后通过传递函数得到其不透明度值和颜色值，称为后分类。如果先对 8 个角点通过传递函数得到不透明度值和颜色值，然后再使用三线性插值得到采样点的不透明度值和颜色值，则称为先分类。考虑到计算量，通常采用后分类。

在标量场数据中，分类不可能完全由单一标量值的阈值准确划分，必然存在多种区间重合的情形。设计梯形传递函数，其腰可能对应多物质重合区间，因此不需要对该区域进行准确分类，而通过该权重控制不同体素贡献[40][41]，下面做简单介绍。

以一条从视点引出的射线 V 为例，假设 f_i 是 V 上采样点 P_i 对应的标量值。如图 4.25 所示，纵坐标代表不透明度，横坐标代表体数据的标量值，传递函数用多个梯形描述，其中每个梯形代表一类，如骨骼、皮肤、肌肉等。

假设分类数目为 K，由 f_i 所属类 B_m（$m \in \{1, 2, \cdots, K\}$），第 m 个梯形的控制顶点横坐标集表示为 $B_m = [b_{m,0}, b_{m,1}, b_{m,2}, b_{m,3}]$，其颜色值为 T_m，最大不透明度值为 A_m，相邻两类之间可能有重叠区域，如图 4.25 中 B_m 和 B_{m+1}（$m = 1, 2, \cdots, K-1$）。对非重叠区域，采样点的不透明度值和颜色值可以从其对应的梯形得到。对于重叠区域，下面介绍通过权重确定其不透明度值和颜色的方法。

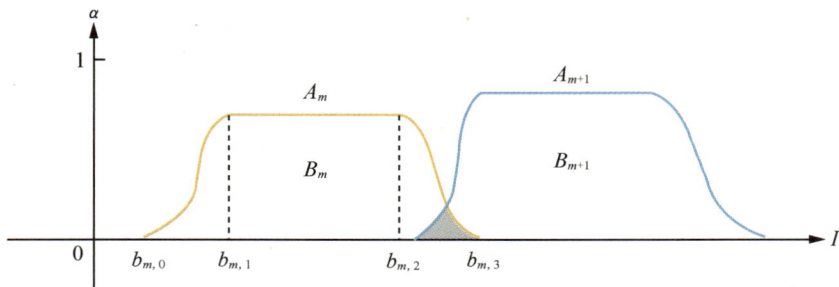

图 4.25　梯形传递函数

f_i 的权重 w_i 由下式决定

$$w_i = \begin{cases} g\left(\dfrac{f_i - b_{m,0}}{b_{m,1} - b_{m,0}}\right), & f_i \in [b_{m,0}, b_{m,1}] \\ 1, & f_i \in [b_{m,1}, b_{m,2}] \\ 1 - g\left(\dfrac{f_i - b_{m,2}}{b_{m,3} - b_{m,2}}\right), & f_i \in [b_{m,2}, b_{m,3}] \end{cases} \qquad 式(4.9)$$

式中，$g(t)$ 是函数值限定在 $[0, 1]$ 的三次函数，可取 $g(t) = t^2(3 - 2t)$。

P_i 的不透明度值 α_i 为

$$\alpha_i = \begin{cases} g\left(\dfrac{f_i - b_{m,0}}{b_{m,1} - b_{m,0}}\right) A_m, & f_i \in [b_{m,0}, b_{m,1}] \\ A_m, & f_i \in [b_{m,1}, b_{m,2}] \\ \dfrac{\left(1 - g\left(\dfrac{f_i - b_{m,2}}{b_{m,3} - b_{m,2}}\right)\right) A_m + g\left(\dfrac{f_i - b_{m+1,0}}{b_{m+1,1} - b_{m+1,0}}\right) A_{m+1}}{A_m + A_{m+1}}, & f_i \in [b_{m,2}, b_{m,3}] \end{cases}$$

类似，可以确定 P_i 的关联颜色值。

4）光照效应

光照效应可以增加绘制质量，也可以突出体数据中物质的边界特征。由前面过程可以得到采样点的不透明度值和颜色值，然后采用 4.1.6 节提到的 Phong 光照模型计算光照效应，其中漫反射颜色用从传递函数得到的 C_i 代替，也可以选用其他高级光照模型。

5）累加合成

透明度本质上代表着光线穿透物体的能力，光线穿越多个体素，这种变化是累加的。每条射线 V 和视平面上的像素一一对应，计算 V 上各个采样点的颜色值及不透明度值，按照光线投射算法从前往后的累加公式，式（4.5），计算该像素点的最终颜色值。所有像素点融合的图像形成最终的体绘制结果。

4.2.3 GPU 光线投射体绘制

光线投射体绘制的最大优点就是成像质量高，如进一步利用预积分，可规避由于采样频率引起的走样现象，提高绘制质量[42]，但由此带来的庞大计算量制约了绘制速度。对于体数据大小为 $N \times N \times N$，绘制成一幅 $M \times M$ 的图像，光线投射体绘制时间为 $t \times s \times M^2$。其中，s 为单条光线采样点个数，t 为计算每个采样点所用的操作数。借助 CUDA 的可编程功能及其强大的并行计算能力，为体数据快速可视化提供了可能性，其中每条光线的任务交由 CUDA 的一个线程去完成，所有线程并行计算可视化结果。关于 CUDA 的有关细节可以参见附录 1.11。

基于 CUDA 的光线投射体绘制实现加速绘制，如图 4.26 所示。视平面上每个像素和视点的连线确定一条射线即光线，每一条光线作为加速的基本单元分配到每个线程并行处理，这些线程由适当的结构组织管理。这种实际上根据绘制窗口的像素来组织分配线程的做法既能满足成像的分辨率的需求，也能充分发挥 GPU 并行加速的能力。

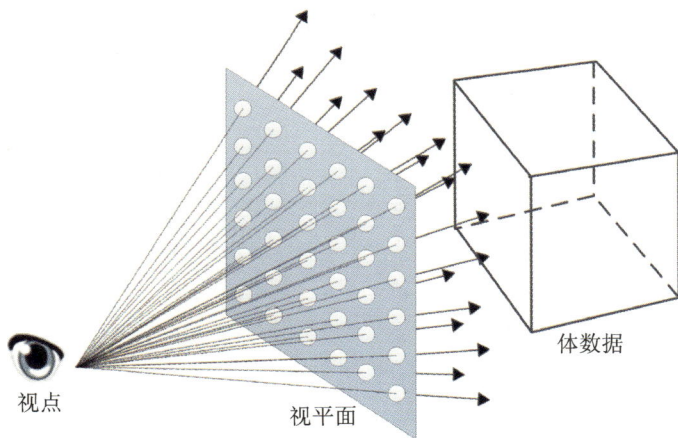

图 4.26 基于 CUDA 的光线投射体绘制示意图

从光线投射算法流程图图 4.23 和基于 CUDA 的光线投射体绘制示意图图 4.26 可以看出，穿过三维数据场的光线方向由屏幕上的每一个像素点和观察视点确定，光线相互独立，并行执行相似计算。光线计算任务交由 GPU 线程并行处理。GPU 每个线程中，首先计算线程索引，根据线程索引与视平面上像素的对应关系，确定该线程对应的光线方向，若此光线与体数据相交，则通过累加颜色和不透明度得到视平面上对应像素的值，否则终止光线，如图 4.27 所示。

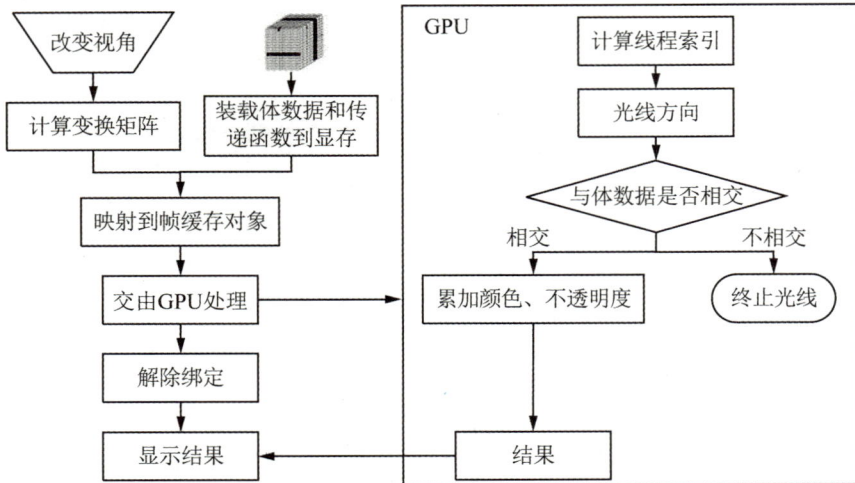

图 4.27　GPU 光线投射体绘制流程图

4.2.4　扩展方法

前文 4.2.2 节流程中的步骤 5)累加合成的方法还可以扩展为以下几种方式。

1. 最大密度投影

最大密度投影(Maxium Intensity Projection，MIP)的原理是将一条光线上各个重采样点中密度值最大的重采样点的颜色作为最终屏幕像素的颜色值，如图 4.28 所示。该方法主要应用于医学影像领域，尤其在对 MRA(Magnetic Resonance Angiography)数据进行血管造影中应用广泛。

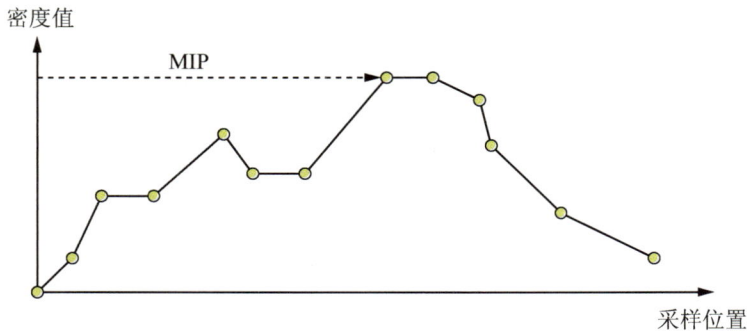

图 4.28　最大密度投影示意图

2. X 射线投射

X 射线投射(X-ray Projection)模拟的是类似医院中 X 射线照片的效果，将采样点的值加权平均，作为光线或对应屏幕像素颜色值的依据，如图 4.29 所示。

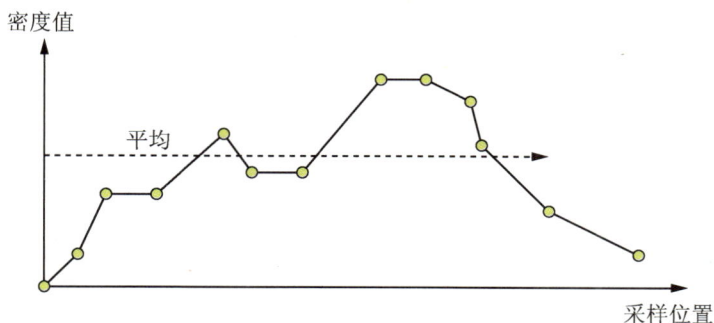

图 4.29　X 射线投射示意图

3. 显示等值面

等值面指空间中的一张曲面，该曲面上函数值等于某一给定的值。利用光线投射法能快速抽取任意阈值的等值面，实现简单，绘制质量高。用光线投射算法显示三维数据场的多个等值面或者混合物质的边界面，优点是可以将体绘制和面绘制统一起来。

由图 4.30，得到

$$\boldsymbol{X}_{\text{new}} = (\boldsymbol{X}_{\text{curr}} - \boldsymbol{X}_{\text{pre}}) \frac{\rho - f_{\text{pre}}}{f_{\text{curr}} - f_{\text{pre}}} + \boldsymbol{X}_{\text{pre}}$$

式中，$\boldsymbol{X}_{\text{new}}$ 为交点坐标，$\boldsymbol{X}_{\text{curr}}$ 为当前采样点坐标，$\boldsymbol{X}_{\text{pre}}$ 为前一个采样点坐标，ρ 为等值面阈值，f_{curr} 为当前采样点密度值，f_{pre} 为前一个采样点密度值。

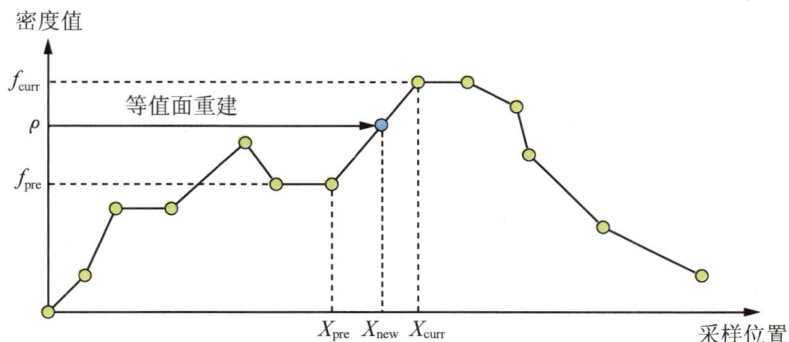

图 4.30　等值面示意图

4. 基于影响因子累加

Bruckner 等人在式（4.5）的基础上提出了基于影响因子（Importance）的累加[43]。对不同区域的体素赋予不同的影响因子，对重要部分体素赋予大的影响因子，通过对该参数调节来达到增强重要（或感兴趣）部分而抑制次重要（或非感兴趣）部分的效果。

若记

$$\delta_i = \begin{cases} I_i - I_{\max_i} & \text{假如 } I_i > I_{\max_i} \\ 0 & \text{否则} \end{cases}$$

式中，I_i 是 P_i 的影响因子，$I_{\max_i}$ 是沿光线 V 方向的当前最大的影响因子。又 $\beta_i = 1 - \gamma \delta_i$，则

$$\begin{cases} C_i^* = C_{i-1}^* \beta_i + (1 - \beta_i \alpha_{i-1}^*) \alpha_i C_i \\ \alpha_i^* = \alpha_{i-1}^* \beta_i + (1 - \beta_i \alpha_{i-1}^*) \alpha_i \end{cases}$$

基于影响因子累加的优点是用参数 γ 控制显示模式从 DVR（当 $\gamma = 0$ 时）到 MIDA（Maximum Importance Difference Accumulation），当 $\gamma = 1$ 时平滑过渡，且解决非重要部分对重要部分的遮挡问题。图 4.31 是中间聚焦区域参数 γ 分别取 0.0、0.3、0.5 和 1.0 时的可视化结果[40]。

图 4.31　聚焦区域参数 γ 分别为 0.0、0.3、0.5、1.0 的可视化结果

4.3　系统介绍

4.3.1　系统架构

体可视化系统采用面向对象的分析、设计以及编程方法，采用基于 MFC 的 GUI 框架。考虑到系统的鲁棒性和可扩展性，采用模块化设计思想，主要分为 3 个模块：体绘制视区、用户操作和控制信息显示，如表 4.1 所示。体绘制视区负责显示 CUDA 设备端的计算结果，利用 TAB 分页集成常用操作，便于功能扩展，包括常用、传递函数、渲染模式等页面。控制信息显示用于直观显示传递函数，支持交互修改控制顶点 b0、b1、b2、b3。

表 4.1　系统主要功能模块

模块名	功能
体绘制视区	显示绘制结果
用户操作	常用页面：背景色、亮度、密度调节、梯度计算、自适应采样等
	传递函数设置页面：调整传递函数
	渲染模式页面：Phong 真实感绘制和非真实感绘制
控制信息显示	传递函数视区

体可视化系统架构示意图如图 4.32 所示。整个模块利用全局变量记录交互的各种状

态和参数，以事件作为触发刷新光线投射体绘制的结果显示。用户的各种操作行为，以变量参数形式保存在全局变量中，并控制信息显示模块。为提高交互的直观性和友好性，可直接拖动控制信息显示模块中的 b0、b1、b2、b3，修改控制点，每一次操作都将触发体绘制显示模块。体绘制显示模块根据全局变量的变化，选取所需参数作为输入，调用 CUDA 端的核函数，并将并行运算结果复制至 GPU 和 OpenGL 共享缓冲区，通过 OpenGL 显示。

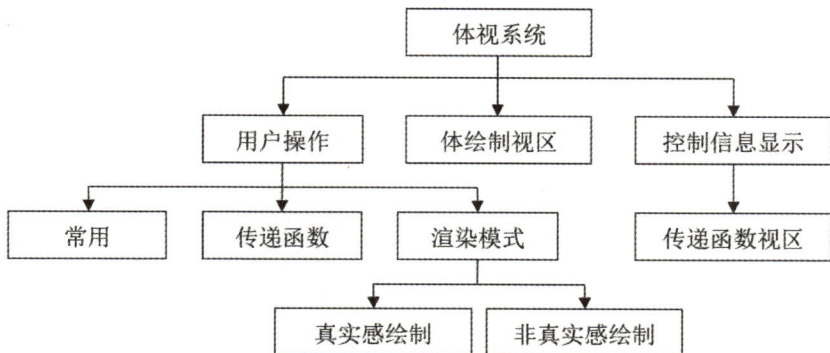

图 4.32 体可视化系统架构示意图

图 4.33 是体可视化系统项目结构图。kernal. cu 是 GPU 并行计算的核心代码，包括在 GPU 端执行的所有核函数，以 global 作为标识。在体绘制中一般一个加速阶段，对应一个核函数，kernal. cu 文件中之所以有许多个 global 标识的函数是因为在编写程序时，不同功能被划分成模块形式，在不同的情况下每次只能调用其中一个 global 标识的函数，完成光线投射体绘制中的再采样、累加合成等并行计算。另外 kernal. cu 文件中还包括 GPU 端存储空间管理、纹理使用等操作。资源文件对应 MFC 窗口资源代码，头文件和源文件分别对应系统的头文件和主文件，每个文件代表不同的功能模块。其他函数的功能如下。

☞MainFrm. cpp 为程序主函数，主要负责窗口的划分和文件读取功能的实现。

☞GlobalFuncApi. cpp 主要是 GPU 与 CPU 通信函数的申明和系统全局变量、函数的定义实现。

☞CUDAView. cpp 主要包括绘制窗口的相应函数，根据不同的状态标志调用不同函数，

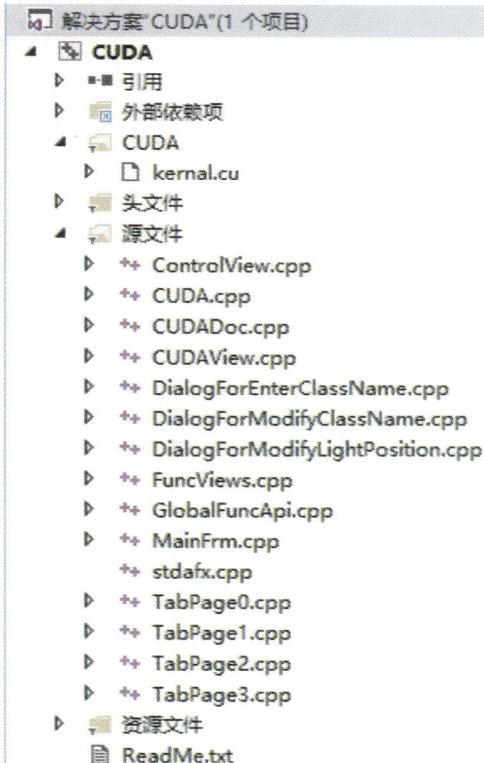

图 4.33 体可视化系统项目结构图

对应体绘制视区部分。

☞FuncViews.cpp 对应控制信息显示部分，主要包括传递函数的同步显示及交互操作。

☞ControlView.cpp 为控制区，对应用户操作部分，其中包含对象 TabPage0.cpp、TabPage1.cpp、TabPage2.cpp，分别对应常用模块、传递函数模块、渲染模式模块。

4.3.2 系统界面

工具栏的第一个按钮可打开 raw 格式文件，第二个按钮打开 dcm 数据文件夹，"常用"选项卡如图 4.34 所示，该选项卡主要用来设置全局渲染效果，主要有以下 7 个功能。

☞设置背景颜色：选择背景颜色，产生重新融合背景色的绘制效果。

☞亮度和密度：模型整体亮度和密度的调节。可通过拖动滑块，调节体模型的亮度和密度，越向右亮度或密度越大。按住滑块然后按键盘上的左右方向键还可以进行微调。

☞颜色累加模式：非关联颜色将不透明度影响融入颜色中，不透明度值设为 1，模型较暗；关联颜色的不透明度值和颜色值相互独立，模型较亮。

☞梯度纹理：实时计算，表明在 GPU 中的计算梯度。

☞梯度计算模式：可选用中心差分法、26 邻域法。

☞绘制质量：勾选"预积分"或"自适应采样"复选框可以改进叠影走样，增强绘制质量。

☞采样点数：可根据绘制速度选用"少""中""多"。

☞立体显示：红蓝 3D，单击右侧的"－""＋"按钮可以控制视差。

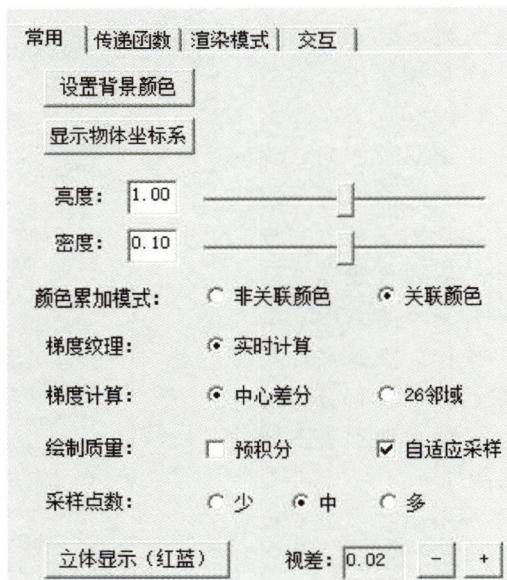

图 4.34 "常用"选项卡

"传递函数"选项卡如图 4.35 所示，主要用来控制图 4.36 中的传递函数。其中，每个梯形代表一个类别，例如，当选择"皮肤"时，图 4.36 中的传递函数代表"皮肤"的梯形被选中。通过拖动图 4.35 中"控制点"的滑块调整梯形 4 个顶点的横坐标位置，也可以使用键盘上的方向键进行微调，要注意 4 个点的相对位置，即 b0x<b1x<b2x<b3x。

Alpha 用来调节梯形高度，即不透明度，可以将不感兴趣部分的不透明度设为 0，只观察感兴趣部分。还可以通过单击 添加 和 删除 按钮来增加和减少梯形个数，通过 取色 按钮改变梯形颜色。当调出较为满意的结果后，单击 保存 按钮可将当前传递函数保存下来。保存传递函数的格式为 xml，名字和所打开的 raw 文件相同。当下次再打开该 raw 文件时，会自动加载上次保存的和其同名的传递函数。

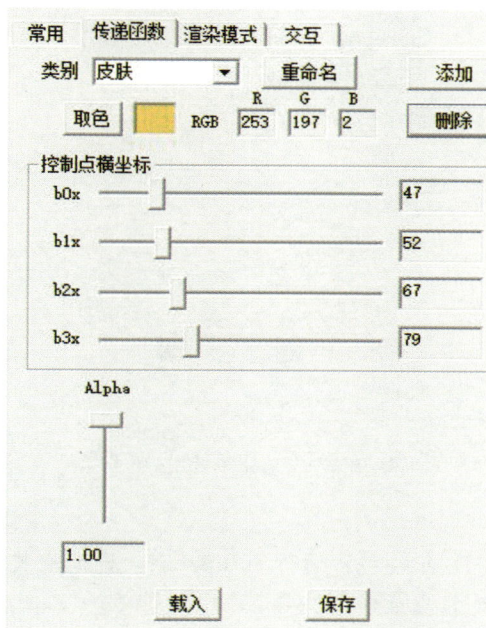

图 4.35 "传递函数"选项卡

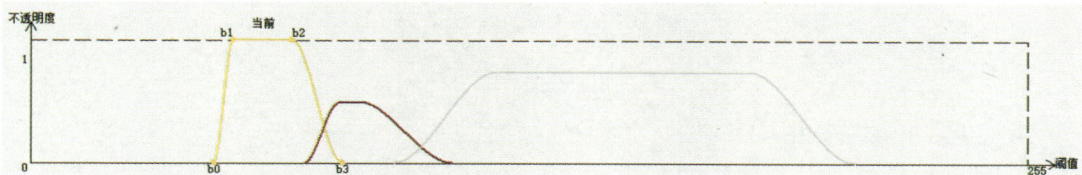

图 4.36 传递函数视图

"渲染模式"选项卡如图 4.37 所示。可根据需求选择真实感绘制或非真实感绘制，其中真实感绘制有 Phong 光照模型，非真实感绘制有 Tone Shading 模型、轮廓增强和基于深度的边界增强。通过调整相关参数可以获得不同的渲染效果。

4.3.3 系统配置

以图 4.1 的测试环境为例，系统配置为 Windows 10＋Visual Studio 2015＋CUDA 10.1，具体安装步骤如下。

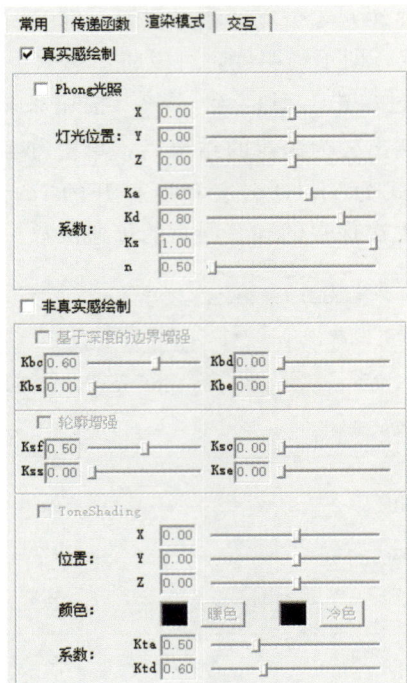

图 4.37 "渲染模式"选项卡

第一步，安装 Visual Studio 2015。

下载 Visual Studio 2015 安装包，运行 setup. exe，根据安装向导完成安装。

第二步，查看 GPU 显卡型号。

展开计算机"设备管理器"中的"显示适配器"，查看显卡型号，如图 4.38 所示。

图 4.38 查看显卡型号

第三步，下载并安装 CUDA。

在 CUDA 官网(https://developer. nvidia. com/cuda-downloads)下载与计算机相匹配的 CUDA 安装程序，以 cuda 10.1 为例界面如图 4.39 所示。如果 cuda 版本高于 10.1，在安装页面"资源"中选择"cuda 早期版本档案"选项，如单击"cuda Toolkit 10.1 update 2"按钮，可出现图 4.39 的界面下载后自动解压，然后安装。

第四步，测试。

进入"C:\ProgramData\NVIDIA Corporation\CUDA Samples\v10.1"文件夹，选择一个 CUDA 用例测试其是否成功安装。例如，选择其中的"\2_Graphics\volumeRender"用例，双击打开"volumeRender_vs2015. sln"文件。如果 Visual Studio 版本高于 2015，在解决方案资源管理器界面中，右击项目(如 volume Render)，调出属性页，如图 4.40 所示。在弹出的"volume Render 属性页"对话框中选择"配置属性"→"常规"→"平台工具

图 4.39 根据计算机配置选择 CUDA 安装程序

集"→Visual Studio 2015(v140)选项。CUDA 测试用例运行结果如图 4.41 所示。

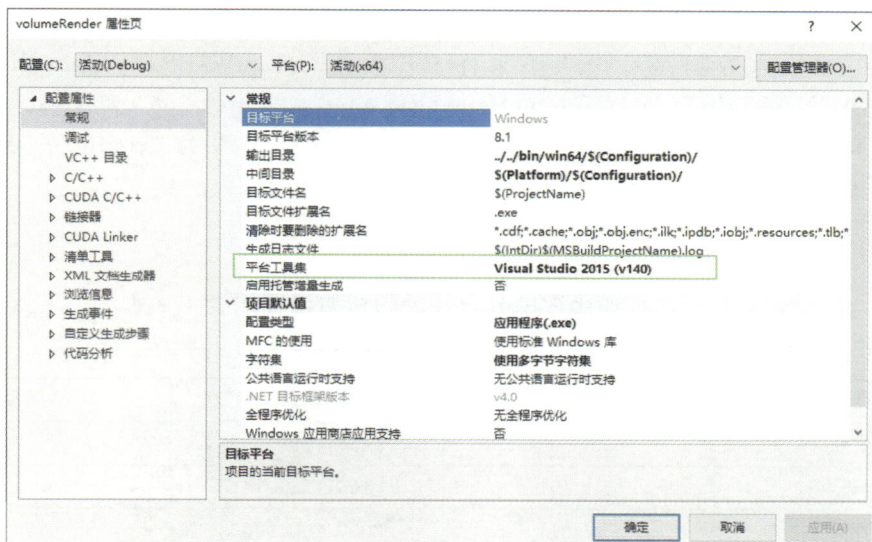

图 4.40 CUDA 测试用例项目属性设置

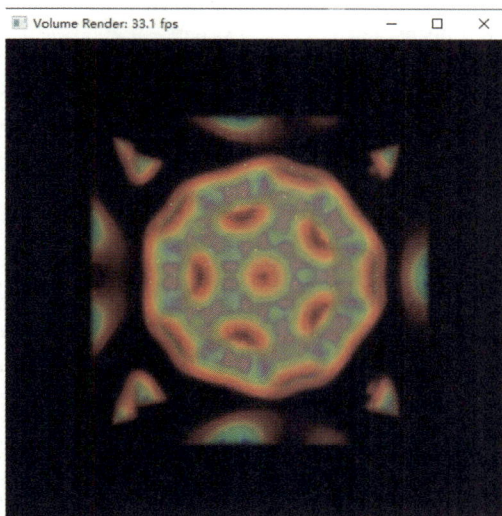

图 4.41 CUDA 测试用例运行结果

4.4 导图操作

硬件配置：CPU Xeon E5-2630 v3、主频为 2.40GHz、内存为 32GB、显卡类型为 NVIDIA GeForce GTX 980 Ti(显存 6097MB)。

软件环境：Windows 10(64 位)操作系统，开发工具为 Visual Studio 2015、CUDA 10.1、开发语言为 C++，NVIDIA 驱动 25.21.14.2600、OpenGL4.6。

4.4.1 测试数据

图 4.1 的输入数据是一个人头采样 CT 数据"\ BnuVisBook \ SharedResource \ VolumeVis\CUDATEST\data\VolumeData\head. raw"，大小为 $256 \times 256 \times 225$，3 个方向的采样间距依次为 1.0mm，将以上内容写入一个后缀为 .config 的配置文件 head. config 中，此文件位于 Config 文件夹内，内容如下。

$$256 \times 256 \times 225$$
$$1.0 \times 1.0 \times 1.0$$

此外，根据先验知识，传递函数中分段梯形的初始设置如表 4.2 所示。

表 4.2 传递函数中分段梯形的初始设置

类别	CT 值范围	RGB 颜色	不透明度值
皮肤	[47, 79]	[253, 197, 2]	1
肉与软骨	[75, 101]	[156, 14, 14]	0.5
骨头	[95, 211]	[200, 200, 200]	0.75

XML 文件 head. xml 保存以上信息，其位于文件夹"\BnuVisBook\SharedResource\ VolumeVis\CUDATEST\data\TransferFuncXML"内，内容如下。

```
<TransferFunc> //先根据经验值,初始化传递函数
<Class name="皮肤" R="253" G="197" B="2" controlPointB0="47"
controlPointB1=" 52" controlPointB2 = " 67" controlPointB3 = " 79"
alpha="1"/>
<Class name="肉与软骨" R="156" G="14" B="14" controlPointB0
="75" controlPointB1="82" controlPointB2="90" controlPointB3="
101" alpha="0.5"/>
<Class name="骨头" R="200" G="200" B="200" controlPointB0="
95" controlPointB1="119" controlPointB2="184" controlPointB3="
211" alpha="0.75"/>
</TransferFunc>
```

4.4.2 操作步骤

1. 打开扩展名为 .raw 的体数据文件

双击"\BnuVisBook\SharedResource\VolumeVis\CUDATEST\x64\Release"文件夹中的 CUDA.exe 程序，打开体可视化系统，单击 ☐ 按钮，打开文件夹"\BnuVisBook\SharedResource\VolumeVis\data\VolumeData"，选择扩展名为 .raw 的体数据文件，图 4.1 对应的文件名称为"head.raw"，可看到可视化效果。在"常用"选项卡内勾选"自适应采样"复选框，可获得更高绘制质量的效果，如图 4.42 所示。

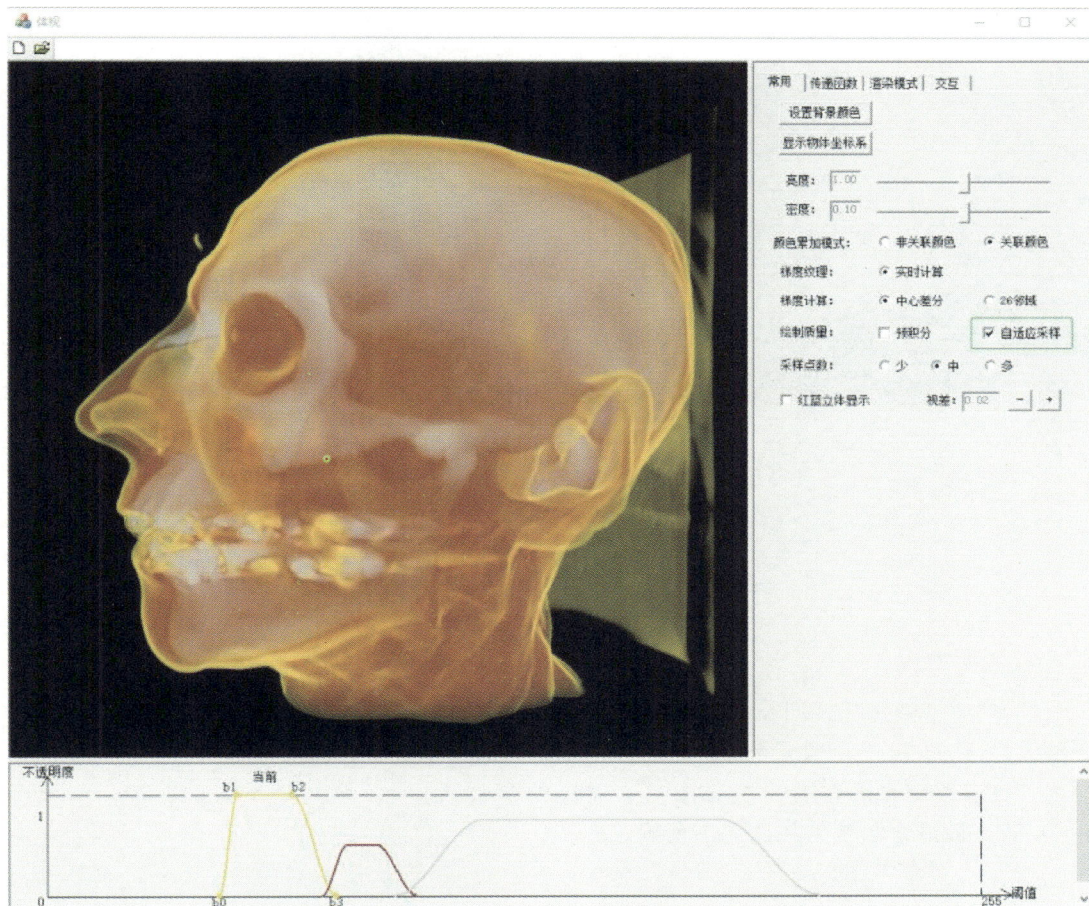

图 4.42 head.raw 绘制效果

2. 层控制

选择"传递函数"选项卡，上下拖动 Alpha 对应滑块，将不感兴趣部分的不透明度设为 0，这样就可以只观察感兴趣的部分。图 4.43 是将类别中"肉与软骨"层的不透明度设置为 0，只观察"骨头"和"皮肤"层的显示效果。

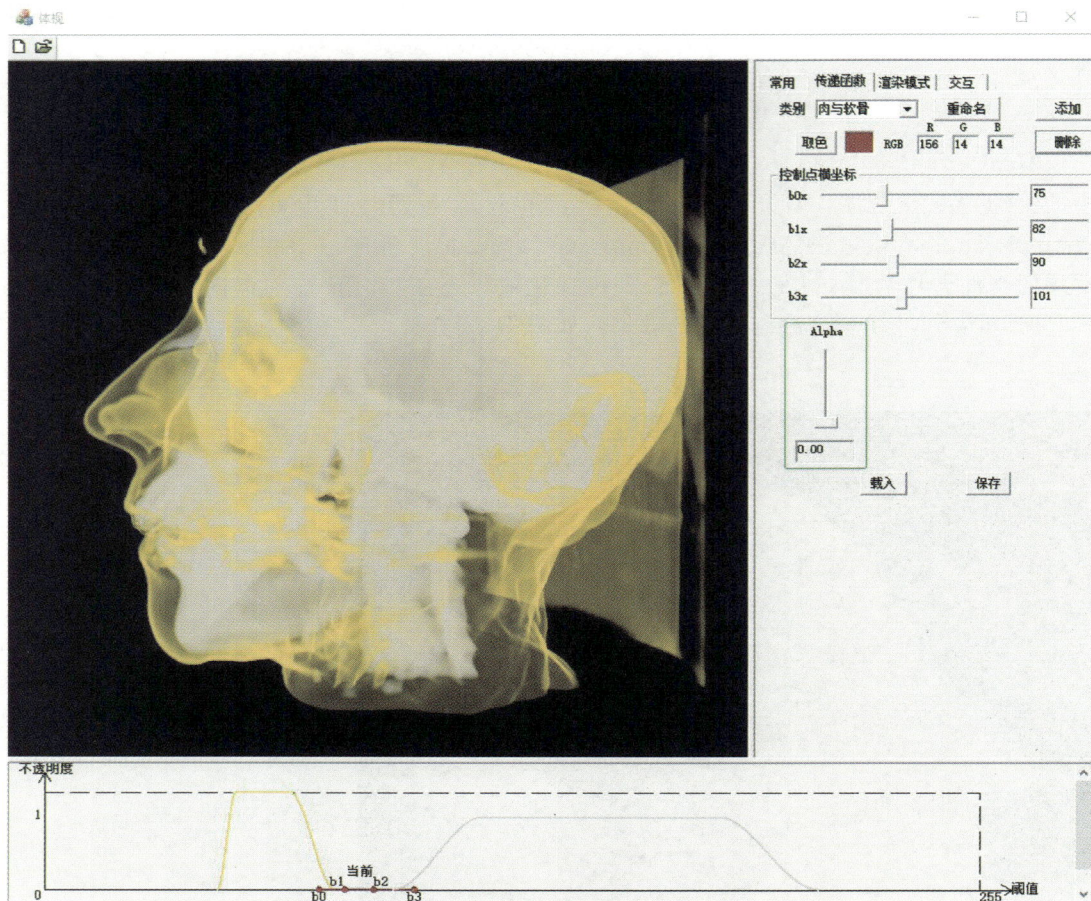

图 4.43 "骨头"和"皮肤"层的显示效果

3. 光照效应

选择"渲染模式"选项卡，选中"真实感绘制"单选按钮，勾选"Phong 光照"复选框，通过调整 Ka、K_d、Ks、n 这 4 个参数，可以得到不同的绘制效果，通过调整 X、Y、Z 这 3 个参数，可以改变光源位置坐标。图 4.1 对应的参数 $Ka=1.00$、$K_d=0.61$、$Ks=0.88$、$n=0.50$。最终绘制效果如图 4.1 所示。

第 5 章　体数据交互

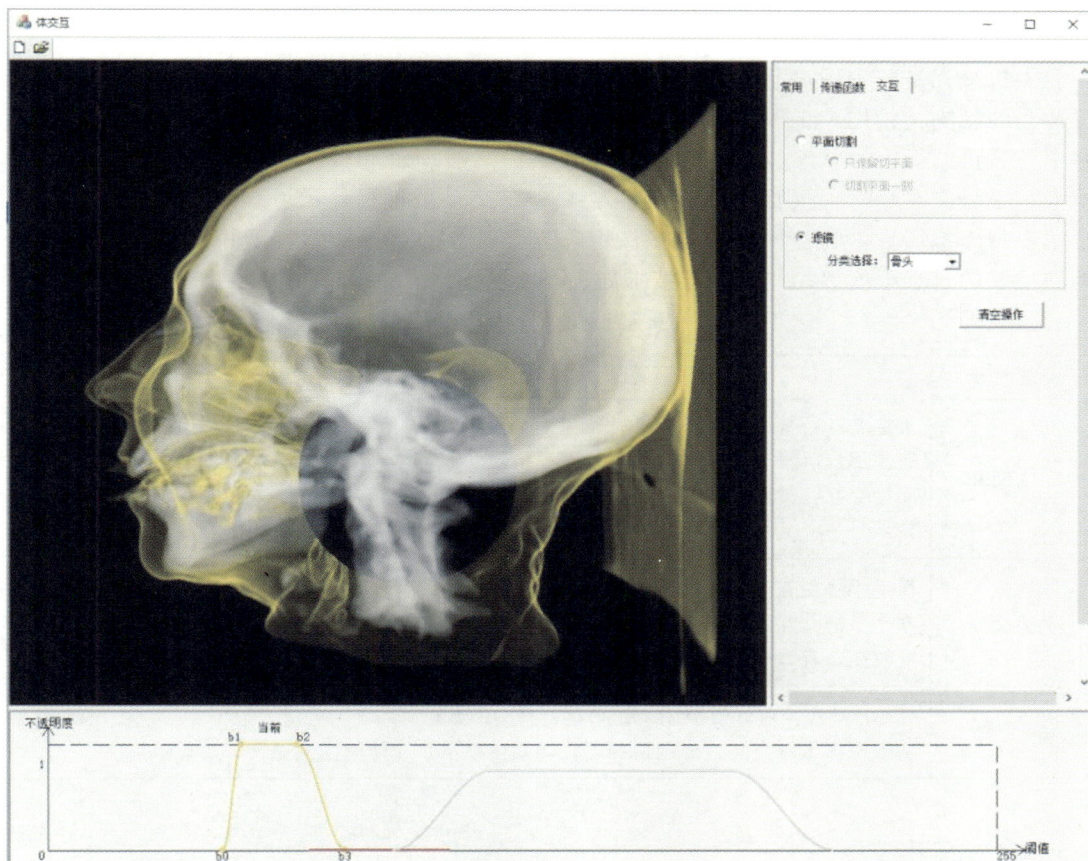

图 5.1　体数据交互系统界面及效果图

摘要：

  体绘制可以描述多种信息，对体数据集可利用鼠标或键盘进行二维交互，但操作复杂且不直观。利用 Leap Motion、HTC Vive 手柄等交互设备进行三维交互，可摆脱传统键盘和鼠标的束缚，具有较好的交互操作体验。三维交互时，可看到实时可视化结果，以更加趣味的方式调动读者的积极性，增强对抽象数据集的理解，如图 5.1 所示。体数据交互（以下简称为"体交互"）系统的主要对象是体数据。医学是体绘制技术研究最广泛的领域之一，本章以医学 CT 体数据为例，展开对其交互技术的探讨。涉及平面切割、滤镜等工具，系统支持鼠标、键盘的二维交互，同时也支持基于 Leap Motion 设备进行裸手手势交互。和传统二维交互相比，三维交互旨在提高学习者的主动性，为其提供更自然、直观和高效的交互方式。读者可选择二维或三维交互方式，学习和体验可视化内容（特别是医学体数据）的相关交互技术。

5.1 知识点导读

人机交互是实现用户与计算机之间进行信息交换的通路，人机交互设计的目标是通过适当的隐喻，将用户的行为和状态（输入）转换成一种计算机能够理解和操作的表示，并把计算机的行为和状态（输出）转换为一种人们能够理解和操作的表达，通过界面反馈给人；手势交互是一种重要的自然交互方式[44]。交互是可视化领域的重要研究内容，表示用户与虚拟场景中的各种对象相互作用，包含对象的可操作程度及用户从虚拟环境中得到反馈的自然程度等。相关交互技术如表 5.1 所示。

表 5.1 相关交互技术

交互技术	解释
三维交互	直接交互：基于摄像头的视觉交互，对拍摄的图像特征进行提取，追踪识别人体姿态。用户沉浸感更强，但计算量大，精确度低 间接交互：借助手持或触控的外部设备进行交互。准确度较高，但自由度和完备性较低
手势交互	裸手手势交互：利用摄像头识别手势。方便用户操作，对用户负担小，但精确度低 基于手柄交互：利用手柄或操纵杆等控制虚拟模型，输出方式包括声音和力觉。精确度较高，且方便携带，但对手部稍有负担
体交互	6DOF 操作：对体模型 3DOF 平移、3DOF 旋转 基于虚拟工具交互：使用切割工具切割体模型，或使用滤镜进行分层显示等

5.1.1 三维交互

过去与计算机之间的人机交互主要集中在传统的依赖鼠标和键盘的二维交互，其缺乏深度信息，但随着交互设备的发展，交互空间扩展到三维。三维交互（3D Interaction）作为人机交互的一种，使用户可以灵活地在三维空间中与虚拟环境进行互动，更强调交互的自然性。

基于用户交互体验，可以将三维交互分为直接交互和间接交互两种。其中，直接交互表示用户可以通过身体动作直接对三维内容进行操作；间接交互则需要用户使用中间设备来控制虚拟环境中的三维内容。

1. 直接三维交互

直接三维交互一般基于摄像头进行三维定位和交互。在直接交互过程中，需要通过摄像头对人体的姿态或者人体某一部分的姿势进行识别,将识别结果传给对应的软件系统,等待系统响应,这就要求将所有可能出现的姿态或者姿势进行分类、预定义,并整理出一定的指令集。需要系统快速处理大量图像帧,并且对用户的行为精度也有较高要求。由于光学交互有局限性,不能实现完备的操作命令,因此通常使用外部设备辅助对人体姿势的捕获,虽然准确度较高,但自由度和完备性较低。完备性是指系统功能能最大限度地满足用户需要的程度。

2. 间接三维交互

间接三维交互是指使用手持设备或者桌面点触进行交互,相对于光学交互,其完备性较高。通常情况下,6 自由度交互设备是间接三维交互中虚拟环境的标准配置。由于双手是人接触自然时使用较多的感官,活动中比其他感官部位更加灵活,因此目前多数间接交互设备都与手部动作有关,主要有手持设备与桌面点触设备。

(1)手持设备有很多种类,包括操纵杆、手柄等。根据用户操作设备的动作,系统给出相应反馈,用户再根据系统的反馈,产生在三维空间控制虚拟物体的感觉。

(2)桌面点触设备包括智能手机、平板电脑、可穿戴设备等,通过手指或者笔尖接触设备表面进行交互,虽然比直接交互方式更加精确,但是交互动作会被限制在触控屏幕上,不能很好利用三维空间。

5.1.2 手势交互

手势交互(Gesture Interaction)是一种重要的自然交互方式,其通过人体信息的自然输入实现人机交互,具有自然、直观和灵活的特点。手势交互作为三维交互方式,分为以下两种情况。

1. 裸手手势交互

使用摄像头拍下手部图像,通过特征提取跟踪手指、手掌位置,记录每一帧手指姿势变化,然后根据指令集操作模型,确定交互模式。

常用的基于光学的手势识别系统有 Kinect 和 Leap Motion。二者原理相同,都是通过光学感测进行体感控制,根据红外测距原理,通过设备上的摄像头和红外设备对物体进行定位。Kinect 是微软开发的一款感应器,主要追踪中远距离(0.5~4m)的全身动作,在短距离检测时,对于手部动作,会产生相对误差,不能检测出细微手势的区别。Leap Motion 由体感控制器制造公司 Leap 开发,侧重于识别精度高、低延迟的手指运动,其动作跟踪精度达到 0.01mm,数据刷新频率高于一般显示器刷新频率,具有良好实时性。虽然使用起来方便,但实现起来相对复杂且遮挡部位无法正确识别,识别的手势不稳定。考虑 Leap Motion 的高精度、低延迟的特点,本章主要介绍基于 Leap Motion 的裸手手势交互。

裸手手势交互指基于视觉无接触式手势交互,利用摄像头捕捉,而不借助于其他触控设备,最大限度发挥手势的多样性和流畅性,也让手部充分得到自由,减少手部负担。Leap Motion 作为一款手势识别设备,如图 5.2 所示,采用双目立体视觉技术,由左、中、右 3 个红外发射器和左、右两个摄像机采集手部数据。Leap Motion 识别存储的数据不仅包括手部(如手指各骨骼、手掌)的静态数据,还包括动态数据(由每一帧与前一帧的计算可得),可以自定义部分基本手势,包括方向、状态、持续时间等。Leap Motion 提供对不同手势响应的接口,方便程序编写,其详细介绍、工作原理等参见附录 1.12。通过手势多样性,控制模型 6DOF 操作,包括 3DOF 平移、3DOF 旋转。除此之外,还可以实现对模型的一些特殊操作,如切割、滤镜等。

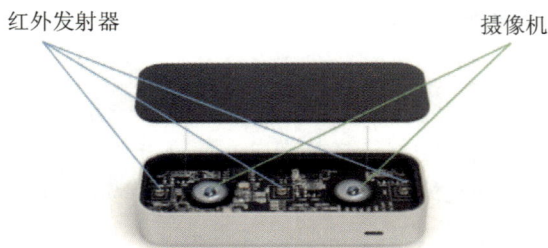

图 5.2　Leap Motion 内部构造图

2. 基于手柄交互

基于手柄交互主要使用操纵杆或手柄等外部设备,让用户操作这些设备与虚拟空间的模型进行交互,产生用手直接操作模型的感觉。接触式交互设备不存在遮挡问题,识别的精度较高。下面以手柄交互为例,介绍两类交互方法。

1)基于 HTC Vive 手柄交互

HTC Vive 可通过激光定位将捕捉到的动作转换为数据输入,然后通过分析数据将动作在虚拟环境中再现从而实现交互。用户作用对象和摄像头捕捉对象都是利用 HTC Vive 手柄。手柄包括菜单按钮、触控板、系统按钮、扳机键和侧面的手柄按钮等,如图 5.3 所示。关于 HTC Vive 的介绍和使用可参见附录 2.4。

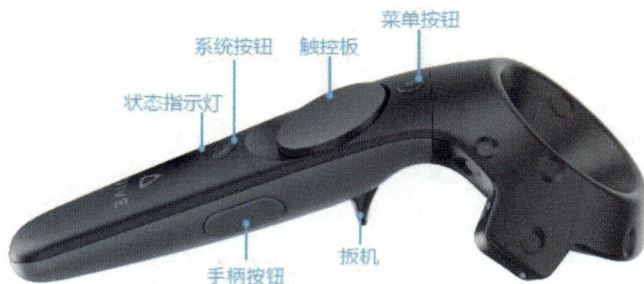

图 5.3　HTC Vive 手柄

2)基于 Phantom 操纵杆交互

Phantom 是美国 Sensable 公司开发的力反馈设备,其结构及轴点运动示意图,如图 5.4 所示。用户通过操纵杆交互,操纵杆会反馈给用户一定力觉信息,使其产生触摸虚拟对象的感觉,并随时改变控制策略。通过两个扭动轴点,实现 6DOF 位置感应、笔尖移动感应。

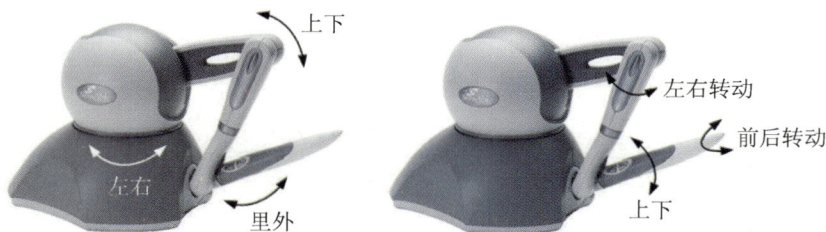

图 5.4 Phantom 结构及轴点运动示意图

5.1.3 6DOF 操作

在三维交互环境中，虽然可以从任意方向观察三维模型，但是用户更希望能够通过交互改变三维模型的状态（大小、方向、位置）。6DOF 操作（six Degree of Freedom Manipulation）即对虚拟模型的 3DOF（X、Y、Z 3 个轴）旋转和 3DOF（X、Y、Z 3 个方向）平移。平移、旋转的变换矩阵为

$$T(t_x,\ t_y,\ t_z)=\begin{bmatrix} 1 & 0 & 0 & t_x \\ 0 & 1 & 0 & t_y \\ 0 & 0 & 1 & t_z \\ 0 & 0 & 0 & 1 \end{bmatrix}$$

$$R_x(\theta)=\begin{bmatrix} 1 & 0 & 0 & 0 \\ 0 & \cos\theta & -\sin\theta & 0 \\ 0 & \sin\theta & \cos\theta & 0 \\ 0 & 0 & 0 & 1 \end{bmatrix}$$

$$R_y(\theta)=\begin{bmatrix} \cos\theta & 0 & \sin\theta & 0 \\ 0 & 1 & 0 & 0 \\ -\sin\theta & 0 & \cos\theta & 0 \\ 0 & 0 & 0 & 1 \end{bmatrix}$$

$$R_z(\theta)=\begin{bmatrix} \cos\theta & -\sin\theta & 0 & 0 \\ \sin\theta & \cos\theta & 0 & 0 \\ 0 & 0 & 1 & 0 \\ 0 & 0 & 0 & 1 \end{bmatrix}$$

其中，$T(t_x,\ t_y,\ t_z)$ 为平移矩阵，$R_x(\theta)$、$R_y(\theta)$、$R_z(\theta)$ 分别为绕 X、Y、Z 轴旋转 θ 角度的矩阵变换，以上所有变换矩阵都以三维坐标系的原点作为参考点。

5.1.4 Focus＋Context 交互

Focus＋Context 交互（Focus＋Context Interaction）的基本思想是让用户不仅可以看到感兴趣区域的重要信息，同时还可以得到关联信息的整体印象[45]。传统的 Focus＋Context 技术是将更多的图像像素分配给更重要的数据，这与鱼眼相机模型的基本思想相

同，需要在放大 Focus 区域时尽量保持 Focus 区域外特征较明显的区域也不发生扭曲，如图 5.5 所示，图 5.5（a）是加拿大城市卡尔加里的鸟瞰图，图 5.5（b）是利用 Focus＋Context 交互技术将特定区域放大后的地图。

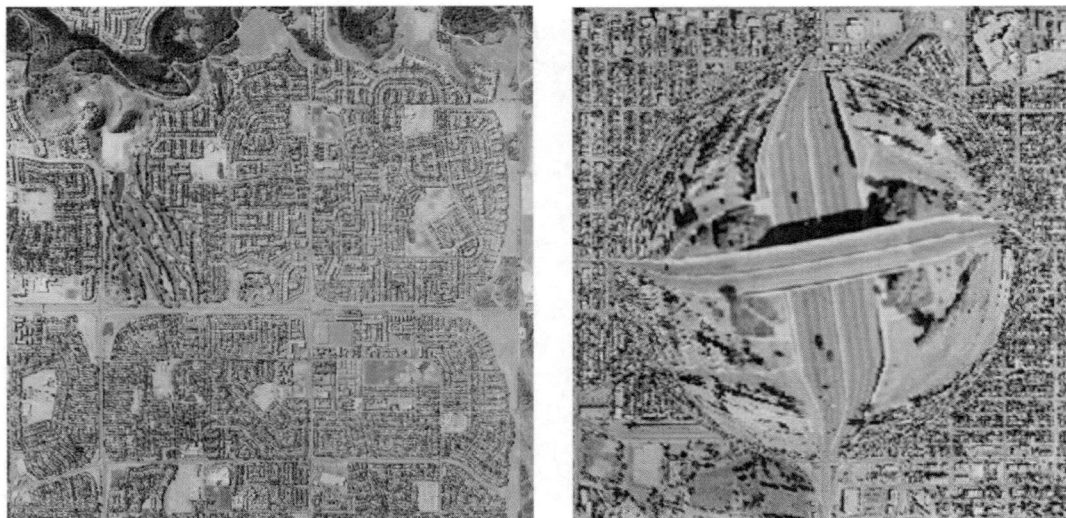

（a）卡尔加里的鸟瞰图　　　　　　　（b）放大后的地图

图 5.5　鱼眼模型效果图[46]

有研究者提出使用魔术透镜（Magic Lens）作为用户交互界面，实现 Focus＋Context 的思想。魔术透镜最早由比尔（Bier）等人提出，通过修改物体视觉外观，增强感兴趣区域以及抑制干扰信息[47]。如图 5.6 所示，对一个由三维块组成的桥使用魔术透镜，定义 Focus 区域，正方形透镜的功能是显示模型被框选区域的线框，圆形透镜的功能是放大框选区域的模型。将该魔术透镜用在由二维图像重构出的三维模型上，可以对感兴趣区域实现轮廓增强、放大以及显示特定数据等效果。

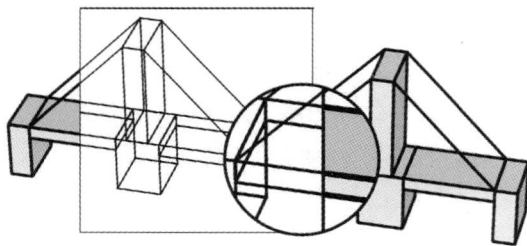

图 5.6　桥模型中使用透镜

有研究者将透镜、滤镜应用到体数据中[48][49][50]，聚焦感兴趣区域的重要信息，保留关联信息依赖于绘制算法和传递函数设计等。本章提供基于滤镜的交互，也是针对体数据，基于第 4 章梯形传递函数的设计思想，侧重对聚焦区域的不同组织分层显示。

5.2 方法概要

人机交互技术的研究在不断发展，交互功能的实现主要依赖输入输出设备和相应软件。根据输入设备划分，交互方式大致分为两种：一是利用二维设备结合软件方法实现交互，如在键盘或鼠标上定义对体模型的旋转、平移等操作；二是直接配备三维设备对体数据进行交互，如选择 Leap Motion 交互设备，设计手势对体模型进行切割、滤镜等交互操作。体模型除了 6DOF 操作外，主要关注其内部结构交互，需要探测内部，分析组织的结构形态和局部细节。下面将介绍对体模型操作的切割、滤镜两类虚拟工具以及相应手势的交互设计。

5.2.1 平面切割

除了平移、旋转、缩放等操作外，对器官组织虚拟切割是解决观察内部数据时的常用手段。目前，已有研究人员利用复杂的几何模型和基于深度切割医学体数据[51]。平面切割可以对断面上的信息进行仔细探查，然而其删除了重要的上下文信息，会导致歧义[52]。本章将其扩展到保留切平面一侧的非完全切割。

平面切割分为只保留切平面和将平面一侧完全切掉两种情况。利用切割方法可以在断面观察到感兴趣的细节信息。切割平面用单位法线 n 与平面上一点 P 来表示，数据集中采样点 T_i 到切割平面符号距离是 $d_i = n \cdot (T_i - P)$，其中，正负代表切割平面两侧，视线方向为 v。

1. 只保留切平面

切割示意图，如图 5.7 所示，沿着某一条视线方向，绿色采样点表示因遮挡观察需要剔除(不参与贡献)，黄色采样点表示落在切割面上，红色则表示参与体绘制融合。当只保留切平面时，绿色和红色采样点将不参与颜色累加。

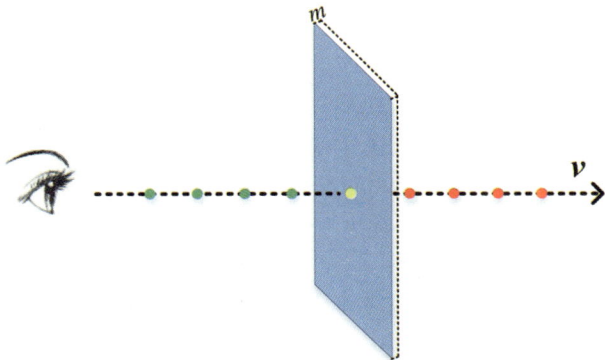

图 5.7　切割示意图

数学意义上,面没有厚度,但图形上对切平面采用增厚来增强信息,如用 Phong 光照模型进行光照增强。设切平面厚度为 m,令

$$h = 1 + d_i / m$$

当采样点在切割平面上时,$h = 1$。假设环境光为白色,采样点 T_i 的颜色值 C_i 从传递函数获得,将其带入 Phong 光照模型,则修改为

$$C_{i,\text{shaded}} = k_{a,\text{new}} C_a + k_{d,\text{new}} (L \cdot N_{T_i}) C_i + k_{s,\text{new}} (H \cdot N_{T_i})^{k_e} C_s$$

式中,$C_{i,\text{shaded}}$ 为最终参与颜色累加,C_a、C_s 分别为环境光和高光颜色,L,H,N 定义如前,$k_{a,\text{new}}$、$k_{d,\text{new}}$、$k_{s,\text{new}}$ 为

$$\begin{cases} k_{a,\text{new}} = k_a + h(k_d + k_e) \\ k_{d,\text{new}} = k_d(1-h) \\ k_{s,\text{new}} = k_s(1-h) \end{cases}$$

式中,k_a、k_d、k_s 分别是 Phong 光照模型中漫反射系数、环境光系数和镜面反射系数,而且 $k_a + k_d + k_s = 1$。当 $d_i \geqslant -m$ 时,随着 h 增大,$k_{a,\text{new}}$ 会不断增大,而 $k_{d,\text{new}}$、$k_{s,\text{new}}$ 会不断减小。

2. 保留切平面一侧

切割平面一侧,如法向朝向视点一侧,即满足 $n \cdot v \geqslant 0$,完全切割,保留切割平面及另一侧。如图 5.7 所示,绿色采样点不参与绘制,黄色和红色采样点,按照光线投射体绘制进行颜色累加,即

$$C_{i,\text{new}} = \begin{cases} C_i & d_i < -m \\ C_{i,\text{shaded}} & -m \leqslant d_i < 0 \\ \text{和背景融合} & d_i \geqslant 0 \end{cases}$$

5.2.2 滤镜

利用滤镜和视点形成特殊局部空间,实现分层浏览体模型内的不同组织,以此来提高可视化交互性以及体数据集局部细节的展现能力[53]。如图 5.8 所示,图 5.8(a)表示真实环境中光束照射下形成的感兴趣空间,由体数据集与光束相交的圆锥体区域组成。在体模型静止时,因为视线与光束存在一定的角度差,只有当光源与视点在感兴趣区域中心线上时,不会出现遮挡问题。可将光源位置转变到如图 5.8(b)所示的圆点处,视锥体空间大于灯束所形成的感兴趣空间,这样将不会影响用户观察效果。进一步简化视锥体空间,将视点与光源设置在同一位置,如图 5.8(c)所示。简化后,整个体数据集划分成为两个子集,为非感兴趣区域与感兴趣区域。感兴趣区域是视点和滤镜所形成的圆锥体与体模型相交的区域,采用分层显示。而对于非感兴趣区域则进行光线投射体绘制。

分层显示本质上是对传递函数(有关细节参见第 4 章)进行调整,即所选择层最大不透明度大于 0,而其他层的最大不透明为 0。如图 5.9 所示的传递函数,对 CT 数据的每一种组织赋予一个不透明度值,皮肤、肉与软骨、骨头所在层对应的最大不透明度分别为 A_0、A_1、A_2。若滤镜选择当前层为骨头,则 $0 < A_2 \leqslant 1$,$A_0 = A_1 = 0$。

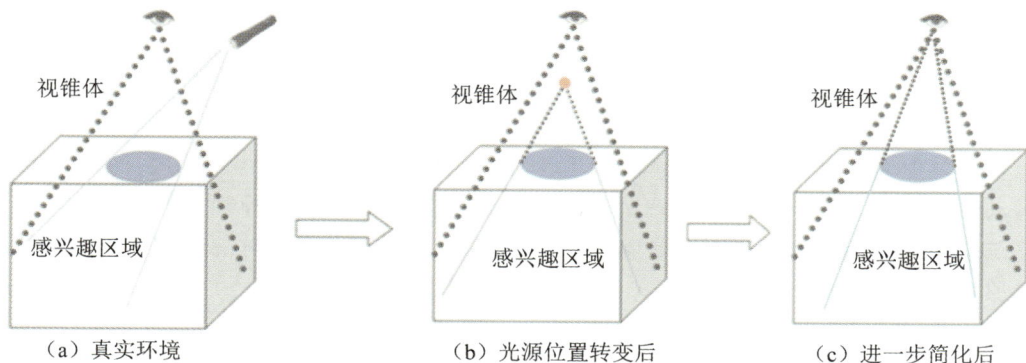

（a）真实环境　　　　（b）光源位置转变后　　　　（c）进一步简化后

图 5.8　滤镜简化示意图

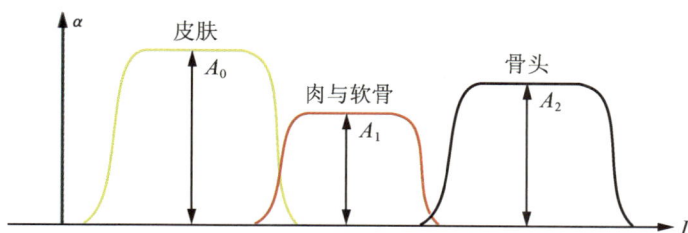

图 5.9　传递函数示意图

5.2.3　手势设计

1. 坐标系的映射关系

设计交互手势时，涉及 6 个空间坐标系，如图 5.10 所示，即手部刚体坐标系、Leap Motion 坐标系、世界坐标系、手模型局部坐标系、体模型局部坐标系和屏幕坐标系。Leap Motion 识别手部 21 个关键点（参见附录 1.12），这些关键点的位置信息只有手掌和 5 个指尖可以被直接获取，其他关键点只能通过构建手部模型求得。为了达到直观自然的用户交互体验，通过坐标变换将 Leap Motion 坐标系映射到世界坐标系中，通过动作定义、功能绑定等

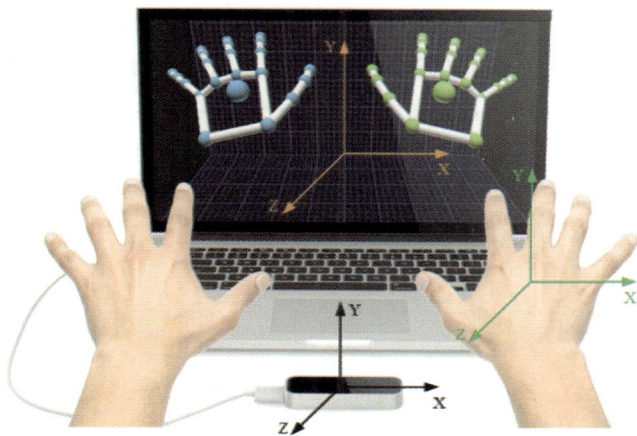

图 5.10　坐标系示意图

过程，实现对体模型的交互操作。手在手部刚体坐标系的运动，对应手模型在其局部坐

标系的运动(然后经过坐标变换得到世界坐标系的位置),手模型操纵体模型或交互工具。

2. 设计原则

通过调查多名测试者使用手势交互的过程,发现大多数人希望他们双手的翻转运动可以直接映射到三维虚拟物体的旋转,并且大多以伸展的手掌模拟虚拟切割平面;同时,大运动量的空间手势会造成用户疲劳,长时间双手外展并不是一种理想的交互方式,因此系统应该尽可能跟踪手指而不是整个手[52]。综上所述,当交互对象是体数据时,手势设计原则可从以下 3 个方面考虑。

1)用户

符合用户认知行为和常用习惯,例如,手掌(或某部位)平移代表体模型平移、手掌(或某部位)旋转代表体模型旋转、"OK"手势表示已成功完成某项任务等。这种设计易学易用,不需要大量的学习训练,效率高。

2)系统

尽可能简化手势设计,一般单手完成的交互优先设计常用手的手势。设计组合手势时,应尽量减少基本动作数量,以减少用户的记忆和认知负担。当任务复杂时,可设计双手手势,例如,左手对体模型进行 6DOF 操作,右手对其进行多种交互(切割、滤镜等)任务。

3)过程

手势设计应保持连贯性和流畅性,以方便一次性完成。长时间交互过程中应保持用户完成动作的舒适度,为降低疲劳,减少设计手臂抬高或外展很久的手势。

3. 手势识别与处理

从 Leap Motion 帧中获取模型所需的左右手信息,并进行加工,对特定手势操作做出反应。在定义这些操作手势时,需要考虑直观、自然,将操作功能与手势的意义结合起来。

1)左手操作功能

为了解决旋转角有限的问题,引入自转概念,模拟物体惯性旋转。如果体数据旋转速度大于某个阈值时,进入自动旋转状态,旋转速度可以是固定的,也可以是衰减的。自动旋转可以一直进行或者人为制止,因此需要检测左手手势。若左手不在 Leap Motion 工作区或者左手张开时,则继续旋转;若左手在 Leap Motion 工作区内握拳时,则停止自转。左手操作功能设定和手势定义如表 5.2 所示。

表 5.2 左手手势编码、定义以及功能

手势编码	手势定义	手势功能
LG0	左手不在工作区	体数据非自转时静止
LG1	左手握拳	体数据静止
LG2	左手手掌伸开,在三维空间中平移	体数据平移
LG3	左手手掌伸开转动	体数据旋转
LG4	左手手掌伸开快速移动	触发体数据自转

2）右手操作功能

根据模型设定，右手对工具进行操作，如固定工具、移动工具、不同工具之间的切换和不同层间的切换。主要工具有体切割和滤镜等。右手操作功能设定和手势定义，如表5.3所示。

表 5.3　右手手势编码、定义以及功能

手势编码	手势定义	手势功能
RG1	右手握拳或右手不在工作区	固定工具
RG2	右手手掌三维空间中平移	平移工具
RG3－	右手手指逆时针画圈	切换上一层
RG3＋	右手手指顺时针画圈	切换下一层

根据上述的双手功能，可确定体模型和交互工具的不同状态。体模型状态包括静止状态、左手操控状态、自动旋转状态。交互工具状态包括平面切割状态和滤镜状态。体模型交互状态转化关系如图5.11所示。

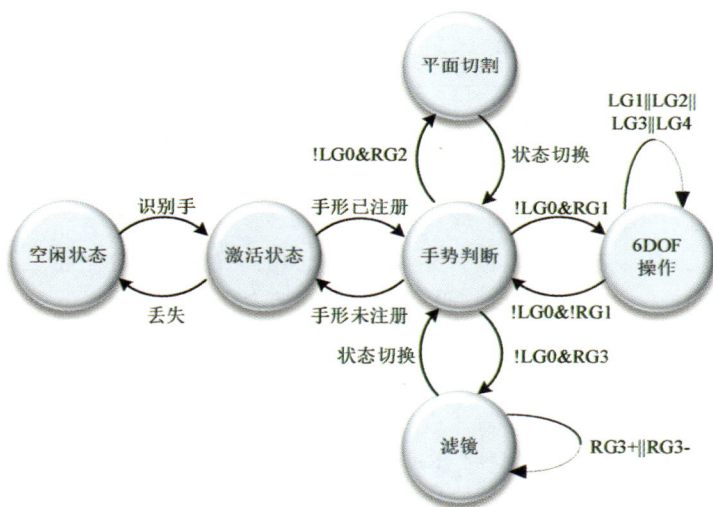

图 5.11　体模型交互状态转化关系

5.3　系统介绍

首先，安装 Leap Motion 工具包，其配置和安装方法参见附录1.12的第6节；其次，安装体交互系统，方法参见第4章4.3.3节的系统配置部分。下面从系统架构、系统界面、手势交互和二维交互4个方面来介绍系统。

5.3.1 系统架构

1. 框架流程

体交互系统框架由数据采集、单/双手判断、手势识别、三维交互 4 个模块组成，如图 5.12 所示。

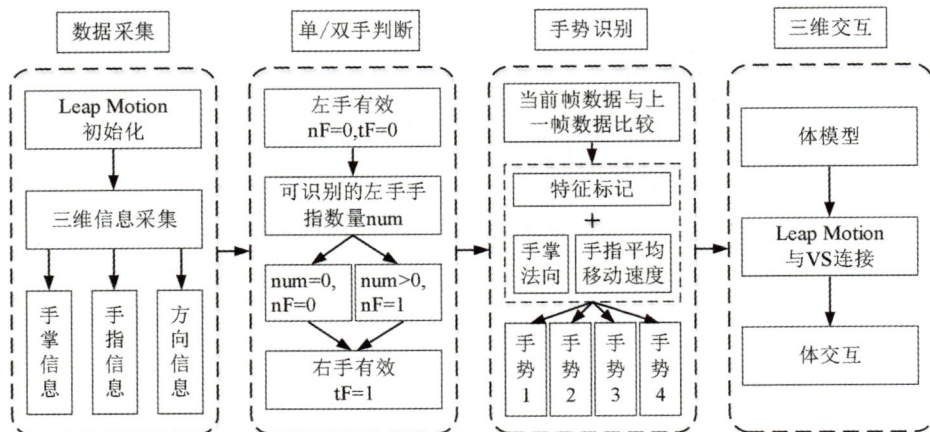

图 5.12 体交互系统框架图

说明如下。

(1)数据采集。

Leap Motion 设备采集手势数据，主要包括 Leap Motion 初始化和三维信息采集等过程。Leap Motion 初始化通过 SDK 将设备与计算机连接，并利用 Leap Manager 函数对开发环境初始化设置。

(2)单/双手判断。

单/双手判断是判断左右手状态并进行标记，标记分为 naviFlag 和 toolFlag，分别简记为 nF 和 tF。对左手和右手是顺序处理，nF 标记为左手手势，nF＝0 表示左手握拳，nF＝1 表示左手开掌，此时处于 6DOF 操作功能；tF 标记为单双手，tF＝0 表示仅有左手，tF＝1 表示两只手都存在，此时处于平面切割或滤镜状态。

(3)手势识别。

手势识别是识别并分类手势。计算当前帧与前一帧的数据手指、手掌法向的变化和手指平均移动速度，根据之前特征处理完成的标记，分为单手操作：左手握拳(手势 1)、左手开掌(手势 2)；双手操作：右手开掌(手势 3)、右手握拳仅伸出食指(手势 4)这 4 种手势。

(4)三维交互。

三维交互是用户使用手势与体模型进行交互，包括体模型构建、使用接口，最终完成体模型交互。

2. 交互功能

体交互系统功能以第 4 章体数据可视化系统为基础，在 TAB 页面中增加了"交互"选项卡，且结合 Leap Motion 实现体感交互。交互功能如表 5.4 所示，交互工具设计可参见 5.3.2 节。

表 5.4 交互功能

模块名	功能	
交互	平面切割	只保留切平面
		切割平面一侧
	滤镜	分层浏览

3. 项目结构图

体交互系统项目中，TabPage3.cpp 包含交互模块主要函数，其详细结构如图 5.13 所示。其中，kernal.cu、MainFrm.cpp、GlobalFuncApi.cpp、CUDAView.cpp、FuncViews.cpp、ControlView.cpp 等主要系统文件介绍参见 4.3 节。这里 TabPage3.cpp 对应交互模块。

```
▲ 🗀 源文件
   ▷ ✚ ControlView.cpp
   ▷ ✚ CUDA.cpp
   ▷ ✚ CUDADoc.cpp
   ▷ ✚ CUDAView.cpp
   ▷ ✚ DialogForEnterClassName.cpp
   ▷ ✚ DialogForModifyClassName.cpp
   ▷ ✚ DialogForModifyLightPosition.cpp
   ▷ ✚ FuncViews.cpp
   ▷ ✚ GlobalFuncApi.cpp
   ▷ ✚ LeapListener.cpp
   ▷ ✚ MainFrm.cpp
     ✚ stdafx.cpp
   ▷ ✚ TabPage0.cpp
   ▷ ✚ TabPage1.cpp
   ▲ ✚ TabPage3.cpp
      ▷ ⚬ BEGIN_MESSAGE_MAP(CTabPage3, CDialog)
      ▲ → CTabPage3
         ⚙ ~CTabPage3()
         ⚙ CTabPage3(CWnd *)
         ⚙ DoDataExchange(CDataExchange *)
         ⚙ InitTabPage3()
         ⚙ OnBnClicked_Clear() ─────▶ 清空操作
         ⚙ OnBnClicked_isClipping() ─────▶ 是否开启切割
         ⚙ OnBnClicked_isFilter() ─────▶ 是否开启滤镜
         ⚙ OnBnClicked_PlaneOnly() ─────▶ 只保留切平面
         ⚙ OnBnClicked_PlaneSide() ─────▶ 保留切平面一侧
         ⚙ OnCbnSelchange_FilterClass() ─────▶ 滤镜分类选择
         ⚙ OnInitDialog()
         ⚙ UpdateFilterTransFunc()
```

图 5.13 项目结构

5.3.2 系统界面

TAB 页面中增加了"交互"选项卡，如图 5.14 所示，其主要有平面切割和滤镜两个工具。

1）平面切割工具

若选中"只保留切平面"单选按钮，效果如图 5.15（a）所示；若选中"切割平面一侧"单选按钮，则效果如图 5.15（b）所示。

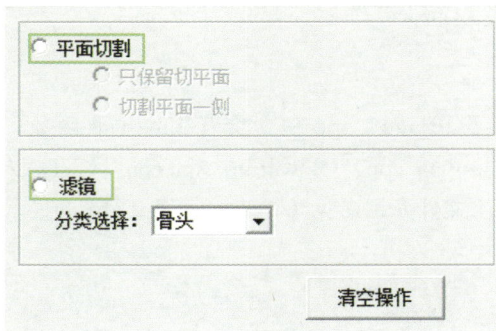

图 5.14　"交互"选项卡

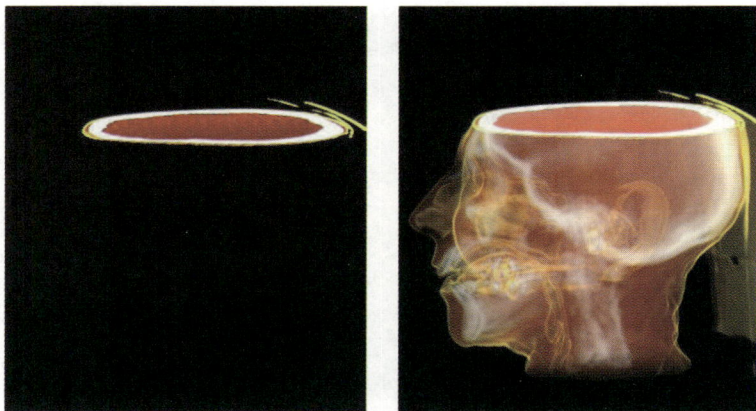

（a）只保留切平面　　　　（b）保留切平面一侧

图 5.15　切割效果图

2）滤镜工具

滤镜工具中有"分类选择"列表框，表示对体数据分层显示。如图 5.16 所示，如选择不同的层，则在滤镜范围内只显示该层，隐藏其他层，其中，图 5.16（a）为"皮肤"层、图 5.16（b）为"肉与软骨"层、图 5.16（c）为"骨头"层。

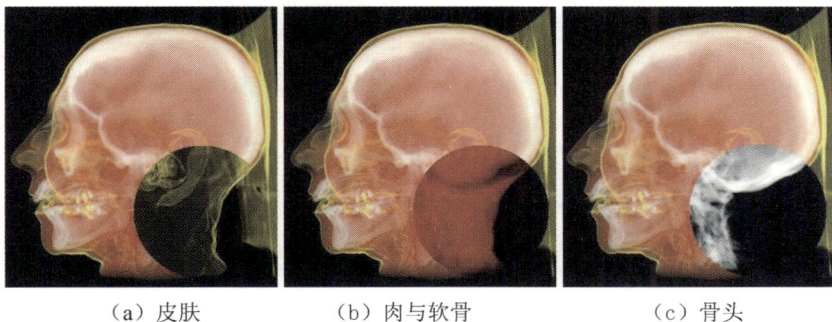

(a) 皮肤　　　　　　(b) 肉与软骨　　　　　　(c) 骨头

图 5.16　滤镜效果图

5.3.3　手势交互

1. 6DOF 操作手势

6DOF 操作手势为左手对体数据模型进行平移、旋转等操作，如图 5.17 所示是用户面对屏幕，左手自然置于 Leap Motion 之上，从用户视角拍摄的对应手势。

☞静止：左手握拳，保持不动，如图 5.17(a)所示。

☞3DOF 平移：左手手掌自然撑开，沿 X、Y 或 Z 轴移动，平移模型，如图 5.17(b)所示。

☞3DOF 旋转：左手手掌自然撑开，沿 X、Y 或 Z 轴转动，旋转模型，如图 5.17(c)所示。

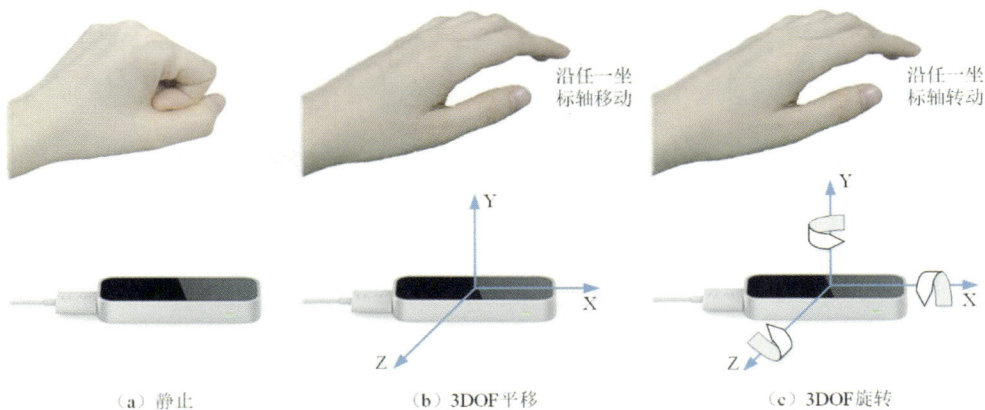

(a) 静止　　　　　　(b) 3DOF平移　　　　　　(c) 3DOF旋转

图 5.17　使用 Leap Motion 对体数据交互示意图

2. 平面切割手势

平面切割由右手手掌完成，手掌所在平面代表虚拟切平面。沿手掌平面法向移动，对模型进行虚拟切割，如图 5.18(a)所示。右手掌沿任一方向转动可改变切平面法向，如图 5.18(b)所示。

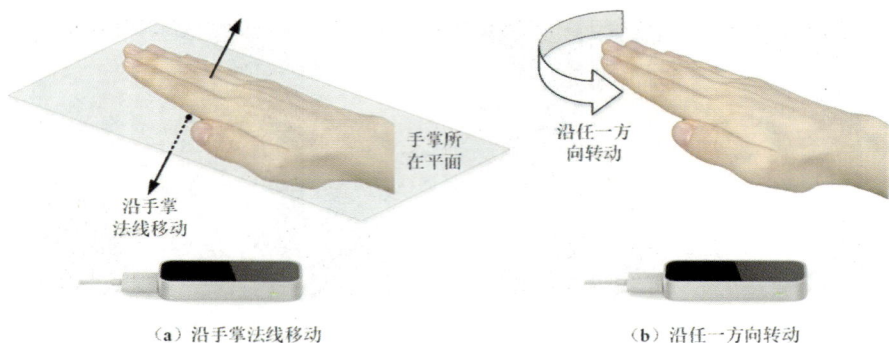

（a）沿手掌法线移动　　　　　　　　　　　　（b）沿任一方向转动

图 5.18　Leap Motion 切割平面手势

3. 滤镜手势

滤镜手势和平面切割一样，左手需要握拳保持模型处于静止或移出状态，右手伸出食指实现以下操作。

☞移动滤镜：右手沿 Leap Motion 的 X、Y 轴移动，可移动滤镜，如图 5.19（a）所示。

☞缩放滤镜：沿 Z 轴移动，可放缩滤镜。

☞切换滤镜：通过右手食指画圈，顺时针（或逆时针）切换到上一层（或下一层），如图 5.19（b）所示。

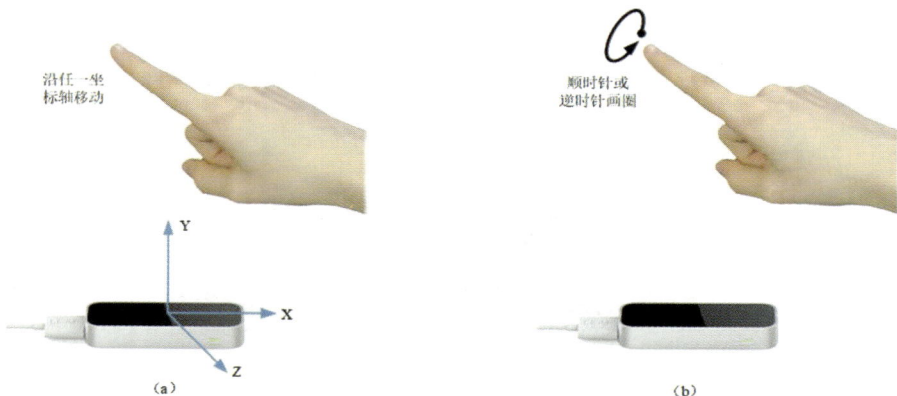

图 5.19　Leap Motion 滤镜手势

5.3.4　二维交互

除在 5.2 节中介绍的手势交互以外，体交互系统还支持二维设备（鼠标、键盘）交互。但是二维设备的操作有限，无法准确模拟三维空间内对体模型的 6DOF 操作。

键盘上的字母 A、D 键分别控制绕 Y 轴进行顺时针和逆时针旋转，字母 W、S 键分别控制绕 X 轴进行顺时针和逆时针旋转，Shift 键分别和字母 A、D、W、S 键组合控制模型沿 X 轴方向和 Y 轴方向进行正、负向移动，Shift 键分别和字母 Q、E 键组合控制模型沿 Z 轴方向进行正、负向移动。

通过鼠标左、中键组合模拟交互操作，左键控制旋转，中键控制在 XOY 平面移动，滚轮控制沿 Z 轴正、负方向平移。

5.4 导图操作

硬件配置：CPU Xeon E5－2630 v3、主频为 2.40GHz、内存为 32GB、显卡类型为 NVIDIA GeForce GTX 980 Ti(显存 6097MB)。

软件环境：Windows 10（64 位）操作系统，开发工具为 Visual Studio 2015、CUDA10，开发语言为 C++，NVIDIA 驱动 25.21.14.2600、OpenGL4.6。

5.4.1 测试数据

图 5.1 的输入数据是一个人头采样的 CT 数据"\BnuVisBook\SharedResource\VolumeInteraction\data\VolumeData\head.raw"，大小为 $256 \times 256 \times 225$，3 个方向的采样间距依次为 1.0mm。将以上信息写入一个后缀为 .config 的配置文件 head.config 中，其位于"\BnuVisBook\SharedResource\VolumeInteraction\data\Config"文件夹内，详细格式参见 4.4 节数据说明。

XML 文件 head.xml 保存传递函数信息，其位于"\BnuVisBook\SharedResource\VolumeInteraction\data\TransferFuncXML"文件夹内。具体数据内容如下。

```
<TransferFunc>
<Class name＝"皮肤" R＝"253" G＝"197" B＝"2" controlPointB0＝"47"
controlPointB1＝"52" controlPointB2＝"67" controlPointB3＝"79"
alpha＝"1"/>
<Class name＝"肉与软骨" R＝"156" G＝"14" B＝"14" controlPointB0＝"75"
controlPointB1＝"82" controlPointB2＝"90" controlPointB3＝"101"
alpha＝"0"/>
<Class name＝"骨头" R＝"200" G＝"200" B＝"200" controlPointB0＝"95"
controlPointB1＝"119" controlPointB2＝"184" controlPointB3＝"211"
alpha＝"0.75"/>
</TransferFunc>
```

5.4.2 操作步骤

1. 运行

双击"\BnuVisBook\SharedResource\VolumeInteraction\Release"文件夹中的 CUDA.exe 程序，打开体交互系统（工程文件对应"\BnuVisBook\SharedResource\VolumeInteraction\CUDA.sln"）。单击工具栏最左侧的"打开文件"按钮，在弹出的对话框中选择"\BnuVisBook\SharedResource\VolumeInteraction\data\VolumeData"目录中的"head.raw"文件并打开。滚动鼠标中键拉近模型，完成后的界面如图 5.20 所示。

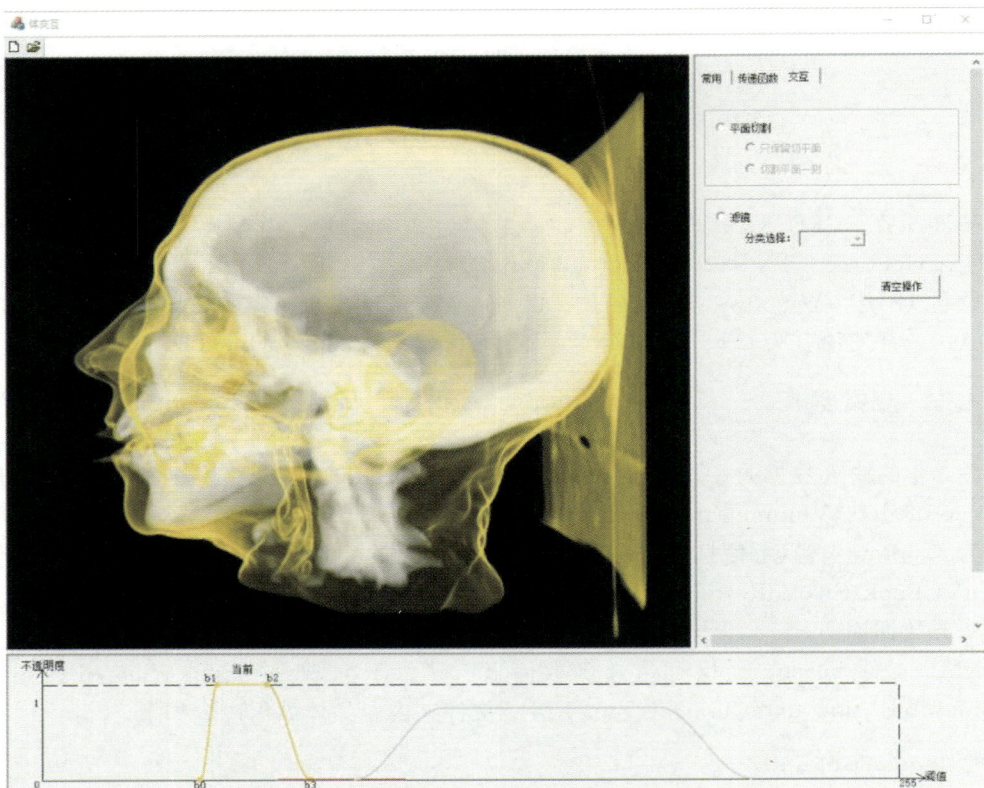

图 5.20　交互界面

2. 二维交互

选择视图右侧的"交互"选项卡，每完成一次交互操作，需要单击"清空操作"按钮，恢复原状态。

选中"滤镜"单选按钮，在"分类选择"列表框中选择组织"骨头"，滚动鼠标中键可以调整滤镜大小，按住左键可移动滤镜。最终得到如图 5.1 所示的滤镜效果。

3. 左手操作模型

双手伸向 Leap Motion 上方约 20cm 处静止，观察屏幕中模型的位置，此时可以移开右手。左手手掌伸开，前后移动可拉近或移远模型。沿任意方向转动左手手掌，体模型会做相应旋转。左手握拳保持模型静止在当前状态，将其移到合适位置后，再次伸开手掌。重复多次，体模型达到理想状态（如图 5.20 所示）后移开左手。

4. 右手操作滤镜

伸出右手食指，如图 5.19(b)所示，移动右手在视图中寻找圆形"滤镜"，确定"皮肤"层。使用 5.2 节手势设计部分的滤镜操作，移动右手将滤镜调至如图 5.1 所示的位置和大小。保持右手位置不动，食指顺时针画圈，将滤镜调整到"肌肉和软组织"层；再次顺时针画圈，将滤镜调整到"骨头"层，得到图 5.1。或者右手食指逆时针画圈，将滤镜直接调整到"骨头"层。

参考文献

［1］陈为，张嵩，鲁爱东. 数据可视化的基本原理与方法［M］. 北京：科学出版社，2013.

［2］Bertin J. Semiology of graphics：diagrams［C］. Conference on Computer Networks，1983.

［3］Mackinlay J D. Automating the design of graphical presentations of relational information［J］. ACM Transactions on Graphics，1986，5(2)：110-141.

［4］唐泽圣，陈为. 2011 可视化条目. 中国计算机大百科全书［M］. 北京：中国大百科全书出版社.

［5］Han J，Kamber M，Pei J. 数据挖掘概念与技术［M］. 北京：机械工业出版社，2012.

［6］Jolliffe I T. Principal Component Analysis［M］. New York：Springer，2002.

［7］Borg I，Groenen P J F. Morden multidimensional scaling：Theory and applications［M］. New York：Springer，2002.

［8］van der Maaten L，Hinton G. Visualizing data using t-SNE［J］. Journal of Machine Learning Research，2008，9：2 579-2 605.

［9］孙吉贵，刘杰，赵连宇. 聚炎算法研究［J］. 软件学报，2008，19(1)：48-61.

［10］Guha S，Rastogi R，Shim K. Cure：an efficient clustering algorithm for large databases［J］. Information Systems，2001，26(1)：35-58.

［11］Luca S，Michael F，Thomas B. Mclust 5：Clustering，classification and density estimation using gaussian finite mixture models［J］. The R Journal，2016，8(1)：205-233.

［12］Karypis G，Kumar V. A fast and high quality multilevel scheme for partitioning irregular graphs［J］. Siam Journal on Scientific Computing，1998，20(1)：359-360.

［13］Lipton R，Tarjan R. A separator theorem for planar graphs［J］. Siam Journal on Applied Mathematics，1979，36(2)：177-189.

［14］Kernighan B，Lin S. An efficient heuristic procedure for partitioning Graphs［J］. The Bell System Technical Journal，1970，49(2)：291-307.

［15］Rodriguez A，Laio A. Clustering by fast search and find of density peaks［J］. Science，2014，344(6191)：1 492-1 496.

［16］Eades P. A heuristic for graph drawing［J］. Congressus Numerantium，1984，42(42)：149-160.

［17］Fruchterman T，Reingold E. Graph drawing by force-directed placement［J］.

Software-Practice and Experience, 1991, 21(11): 1 129-1 164.

[18]Ingber L. Very fast simulated re-annealing[J]. Mathematical and Computer Modelling, 1989, 12(8): 967-973.

[19]Hu Y. Efficient and high quality force-directed graph drawing[J]. Mathematica Journal. 2006, 10(1): 37-71.

[20]Barnes J, Hut P. A hierarchical O (NlogN) force-calculation algorithm[J]. Nature, 1986, 324(6096): 446-449.

[21]Walshaw C, Cross M, Everett M. Parallel dynamic graph partitioning for adaptive unstructured Meshes[J]. Journal of Parallel & Distributed Computing, 1997, 47(2): 102-108.

[22]Barnard S T, Simon H D. Fast multilevel implementation of recursive spectral bisection for partitioning unstructured problems[J]. Concurrency: Practice and Experience, 1994, 6(2): 101-117.

[23]Tzourio-Mazoyer N, Landeau B, Papathanassiou crivello F, Erard O, Delcroix N, Mazoyer B., Joliot M, Automated anatomical labeling of activations in SPM using a macroscopic anatomical parcellation of the MNI MRI single-subject brain[J]. Neuroimage, 2002, 15(1): 273-289.

[24]Thomas-Yeo B T, Krienen F M, Sepulcre J, et al. The organization of the human cerebral cortex estimated by intrinsic functional connectivity[J]. Journal of Neurophysiology, 2011, 106(3): 1 125-1 165.

[25]Mori S, Crain B J, Chacko V P, et al. Three-dimensional tracking of axonal projections in the brain by magnetic resonance imaging[J]. Annals of Neurology, 1999, 45(2): 265-269.

[26]Behrens T E J, Johansen-Berg H, Woolrich M W, et al. Non-invasive mapping of connections between human thalamus and cortex using diffusion imaging[J]. Nature Neuroscience, 2003, 6(7): 750-757.

[27]梁夏, 王金辉, 贺永. 人脑连接组研究: 脑结构网络和脑功能网络[J]. 科学通报, 2010, 55(16): 1 565-1 583.

[28]Rossini P M, Iorio R D, Bentivoglio M, et al. Methods for analysis of brain connectivity: An IFCN-sponsored review [J]. Clinical Neurophysiology, 2019, 130 (10).

[29]Xu P, Tian G, Zuo R, et al. VisConnectome: an independent and graph-theory based software for visualizing the human brain connectome[J]. Chinese Journal of Electronics, 2019, 28(3): 475-481.

[30]王一帆, 朱黎, 何泽睿, 田歌, 申佳丽, 骆岩林. VisConnectome: 基于图论且独立运行的脑网络可视化软件[J]. 生物医学工程学杂志, 2019, 36(5): 810-817.

[31]Lorenson W E, Cline H E. Marching Cudes: A high resolution 3D surface construction algorithm[J]. Computer Graphics, 1987, 22(1), 163-169.

［32］Levoy M. Display of surfaces from volume data［J］. Computer Graphics and Applications，IEEE，1988，8(3)：29-37.

［33］彭群生，鲍虎军，金小刚. 计算机真实感图形的算法基础［M］. 北京：科学出版社，1999.

［34］Rheingans P，Ebert D. Volume illustration：nonphotorealistic rendering of volume models［J］. IEEE Transactions on Visualization and Computer Graphics，2001，7(3)：253-264.

［35］吴腾飞，骆岩林，田沄，武仲科，闫建平. 脑血管体绘制的快速表意式增强［J］. 中国图象图形学报，2013(04)：121-127.

［36］Bruckner S，Gröller M E. Enhancing depth-perception with flexible volumetric halos［J］. IEEE Transactions on Visualization and Computer Graphics，2007，13（6）：1344-1351.

［37］Max N. Optical models for direct volume rendering［J］. IEEE Transactions on Visualization and Computer Graphics. 1995，1(2)：0-108.

［38］唐泽圣. 三维数据场可视化［M］. 北京：清华大学出版社，1999.

［39］Kay，Kayjia. Ray-Box Intersection，1998-04-01. http：//www. siggraph. org/education/materials/HyperGraph/raytrace/rtinter3. htm.

［40］Luo Y. Distance-based focus＋context models for exploring large volumetric medical datasets［J］. IEEE Computing in Science and Engineering，2012，14(5)：63-71.

［41］Luo Y，Gao B，Deng Y，Zhu X，Jiang T，Zhao X，Yang Z. Automated brain extraction and immersive exploration of its layers in virtual reality for the rhesus macaque MRI datasets［J］. Computer Animation and Virtual Worlds，2019，30：e1841，1-16.

［42］Engel K，Kraus M，Ertl T. High-quality preintegrated volume rendering using hardware-accelerated pixelshading［C］. Proceedings of the Acm Siggraph/Eurographics workshop on Graphics hardware，ACM，2001：9-16.

［43］Bruckner S，Gröler M. E. Instant volume visualization using maximum intensity difference accumulation［J］. Computer Graphics Forum，2009，28(3)：775-782.

［44］张凤军，戴国忠，彭晓兰. 虚拟现实的人机交互综述［J］. 中国科学：信息科学，2016，46(12)：1 711-1 736.

［45］任磊，魏永长，杜一，张小龙，戴国忠. 面向信息可视化的语义 Focus＋Context 人机交互技术［J］. 计算机学报，2015，38(12)：2 488-2 498.

［46］Carpendale S，Light J，Pattison E. Achieving higher magnification in context ［C］. Proceedings of the ACM Symposium on User Interface Software and Technology. New York，USA，2004：71-80.

［47］Bier E A，Stone M C，Pier K，et al. Toolglass and magic lenses：the see-through interface［C］. Proceedings of the 20th Annual Conference on Computer Graphics and Interactive Techniques，1993，73-80.

［48］Wang L，Zhao Y，Mueller K，et al. The magic volume lens：an interactive focus＋context technique for volume Rendering[C]. IEEE Visualization，2005：367-374.

[49]Monclús E，Díaz J，Navazo I，et al. The virtual magic lantern：an interaction metaphor for enhanced medical data inspection[C]. Proceedings of the 16th ACM Symposium on Virtual Reality Software and Technology，2009：119-122.

[50]王琪瑞，陶煜波，周志光，丁治宇，林海. 语义透镜：针对多体数据的交互可视探索工具[J]. 计算机辅助设计与图形学学报，2015，27(9)：1 675-1 685.

[51]Yuan F. An interactive concave volume clipping method based on GPU ray casting with boolean operation[J]. Computing and Informatics，2012，31(3)：551-571.

[52]Shen J，Luo Y，Wu Z，et al. CUDA-based real-time hand gesture interaction and visualization for CT volume dataset using leap motion[J]. Visual Computer，2016，32(3)：359-370.

[53]Zhu X，Sun B，Luo Y. Interactive learning system "VisMis" for scientific visualization course[J]. Interactive Learning Environment，2018，26(4)：553-565.

附　录

附录 1.1　基于 Sklearn 对数据降维处理的代码片段

```
from sklearn.decomposition import PCA
from sklearn.manifold import MDS
from sklearn.manifold import TSNE
import numpy as np
result＝[]
with open('2000－2016.csv','r')as csvfile:# 读取数据文件
    csvfile.readline()
    for line in csvfile.readlines():
        line＝line.strip('\n')
        tmparr＝line.split(',')
        tmparr＝tmparr[1:len(tmparr)]
        for i in range(len(tmparr)):
            tmparr[i]＝float(tmparr[i])
        result.append(tmparr)
X＝np.array(result)
print(X.shape)  # (17,20)
pca＝PCA(n_components＝2)                    # 使用 PCA 将数据降至二维
pca_result＝pca.fit_transform(X)
print(pca_result)
mds＝MDS(n_components＝2)                    # 使用 MDS 将数据降至二维
mds_result＝mds.fit_transform(X)
print(mds_result)
tsne＝TSNE(n_components＝2)                  # 使用 t-SNE 将数据降至二维
tsne_result＝tsne.fit_transform(X)
print(tsne_result)
```

附录 1.2　多维视系统绘制平行坐标图的代码片段

```
var option={
    title:{                  //标题及其相对位置
        text:'平行坐标图',
        left:'center'
    },
    legend:{                 //图例组件数据及其相对位置
        orient:'vertical',
        left:'0%',
        data:result[keyname]
    },
    color:colors,            //颜色配置
    toolbox:{                //工具栏组件配置
        show:true,
        feature:{
            mark:{show:true},
            dataView:{show:true},
            restore:{show:true},
            saveAsImage:{show:true}
        }
    },
    parallelAxis:axises,  //坐标轴数据
    parallel:{               //坐标轴相对位置
        left:'15%',
        right:'13%',
        bottom:'10%',
        top:'20%',
        parallelAxisDefault:{
            type:'value',
            nameLocation:'end',
            nameGap:20
        }
    },
    series:dataset           //数据集
};
```

```
//初始化 Echarts 实例
var myChart＝echarts.init(document.getElementById('mydraw'));
//设置可视化选项
myChart.setOption(option);
```

附录 1.3　Unity3D 介绍

Unity3D 是由 Unity Technologies 公司开发的一款多平台综合型游戏引擎，又被称为 U3D，最初版发布于 2005 年 6 月。除应用于研发游戏外，Unity3D 还被广泛用于数据可视化、虚拟现实工业设计、动画、电影等领域，是一款综合性的三维场景开发工具。Unity3D 可创建模型，还可以将其他软件创建的模型导入。其既可通过鼠标、键盘交互，也可通过 SteamVR 插件与 HTC Vive 设备相连使用。可在本书所提供的电子资源目录"\BnuVisBook\SharedResource\SocialNetworkVis\tools"文件夹中运行"UnitySetup64－2018.4.0f1.exe"安装软件。若使用其他版本，则可登录"Unity 中国"官网 https://unity.cn/releases，找到所需版本下载安装。下面对其做简单介绍。

1. 界面

Unity3D 界面如图 1.3.1 所示，包括 Hierarchy 窗口、Scene 窗口、Inspector 窗口、Project 窗口。Hierarchy 窗口负责管理游戏场景中几何模型、相机、灯光等游戏对象，每一个游戏对象被定义为一个大类 GameObject，可以为其添加许多功能性组件。Scene 窗口用于显示虚拟场景，既可在全局视角中调整模型对象，也可以以相机视角查看渲染效果。当在"Hierarchy"面板中选中一个模型对象时，可在"Inspector"窗口查看和编辑该游戏对象的组件属性。Project 窗口管理工程文件资源，包括预设体、模型、贴图、材质、脚本以及插件等。

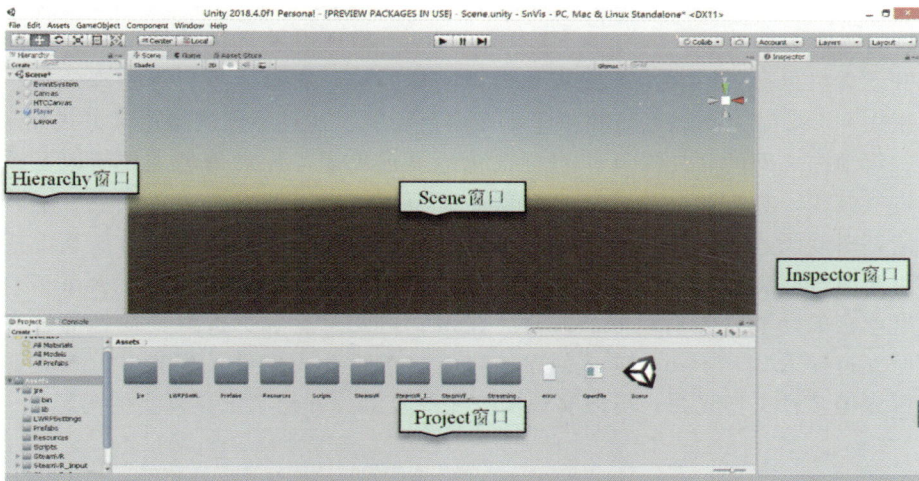

图 1.3.1　Unity3D 界面

2. 底层架构

Unity3D 底层集成物理系统、动画系统、粒子系统、地形系统、声音系统、光照系统、模型系统、材质系统、脚本系统、界面系统和着色器等。其底层架构如图 1.3.2 所示。

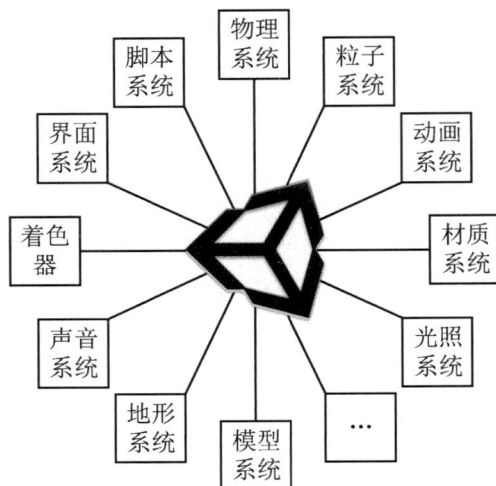

图 1.3.2　Unity3D 底层架构

模型系统可以提供简单几何体（如立方体、球体、圆柱体、胶囊体、平面等）的创建和编辑功能，并可对模型进行编组/解组操作。地形编辑器支持以笔刷方式精细地雕刻出山脉、峡谷、平原、盆地等地形，同时还包含材质纹理、动植物等功能。声音系统支持 AIFF、WAV、MP3、OGG 等多种格式的音频文件，并具有复杂的功能，可记录来自用户机器上任何可用麦克风的音频。着色器参见附录 1.5 和正文 2.2.2 节。界面系统是 Unity3D 界面交互系统，具有使用灵活、界面美观、支持个性化定制的特点，包含 Canvas、Image、Button 等重要的 UI 组件。Unity3D 2017.x 及以前版本支持 C♯ 和 Javascript 脚本，Unity3D 2018.x 及以后版本只支持 C♯ 脚本，脚本编程语言可编辑 Unity3D 的绝大多数功能。内置的 NVIDIA Physx 物理引擎是目前使用最为广泛的物理引擎，开发者可以通过它高效、逼真地模拟刚体碰撞、布料、重力等物理效果。粒子系统参见正文 2.2.2 节。动画系统提供了 5 个主要功能：通过不同逻辑连接方式控制不同部位运动，将动画之间的复杂交互作用可视化地表现出来，针对角色工作流以及动画的创建能力进行制作，具有能把动画从一个角色模型直接应用到另一个角色模型上的动画重定向功能，对动画片段以及它们之间的过渡和交互的过程进行预览。材质系统描述场景中物体与光照进行交互的过程，是决定物体表面外观的最重要部分之一，Unity3D 的材质系统具有丰富的功能，能对色彩、纹理、光滑、透明、反射、折射、发光等较真实地表现，同时支持导入 3D Studio Max 创建的材质。光照系统提供了聚光灯、点光源、平行光、面积光等多种类型光照，可以实现实时光照效果，并绘制出较真实的阴影。

3. 外层框架

Unity3D 的外层框架大致分为 4 层，包括应用层（Application）、模型对象（Gameobject）、组件与脚本（Component）、场景（Scene）。

应用层是经过封装的、具有独立功能的应用程序，例如，天空盒、模型对象、灯光、碰撞体等。整个场景是由各种各样的模型对象组成，如人物及自然景观等模型。为模型对象添加组件可以使对象具有某种功能，如添加一个刚体组件使其具有刚体属性。脚本则是开发者自己用脚本编辑器开发的具有特定功能的组件。场景就是合理搭建出的虚拟世界，由模型对象以及附加给对象的组件与脚本组成。

4. 创建工程方法

Unity3D 创建工程的一般步骤如图 1.3.3 所示，导入的资源主要包括模型、材质、贴图、各种插件等，或其他"unitypackage"资源包，也可创建一些简单模型（如球体、立方体等）和材质。导入资源后，设计出所需要的场景。之后调整场景中对象属性，如灯光亮度、颜色、角度，以及相机位置、视域等参数，以达到最好的视觉效果。最后编写脚本，实现人与场景的交互。

图 1.3.3　Unity3D 创建工程的一般步骤

下面以一个虚拟场景的漫游为例，介绍创建工程的过程。

（1）新建工程。

打开 Unity3D，在进入如正文图 2.39 所示的"工程管理"界面时，单击界面上方的 New 按钮，进入"新建工程"界面，如图 1.3.4 所示，单击 Create project 按钮即可新建工程。

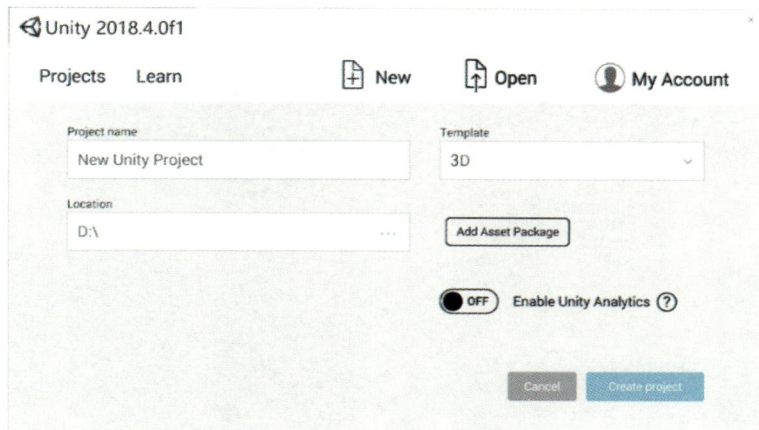

图 1.3.4　Unity3D 新建工程

（2）导入资源。

将目录"\BnuVisBook\SharedResource\SocialNetworkVis\tools"中的"VirtualScene.

unitypackag"组件拖入"Project"窗口中，弹出"Import Unity Package"对话框，单击 Import 按钮导入资源，如图1.3.5所示。

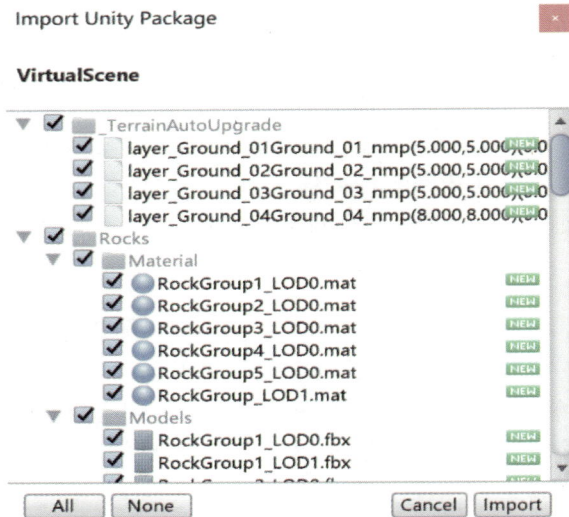

图1.3.5　Unity3D导入Unitypackage资源

（3）场景设计。

在"Project"窗口中选择地形"Terrain"，将其拖入"Hierarchy"窗口或"Scene"窗口。"Scene"窗口便会显示地形，再在"Project"窗口中选择一些"石头"模型或预设体，拖入场景并放置到合适位置，缩放到合适大小，如图1.3.6所示。

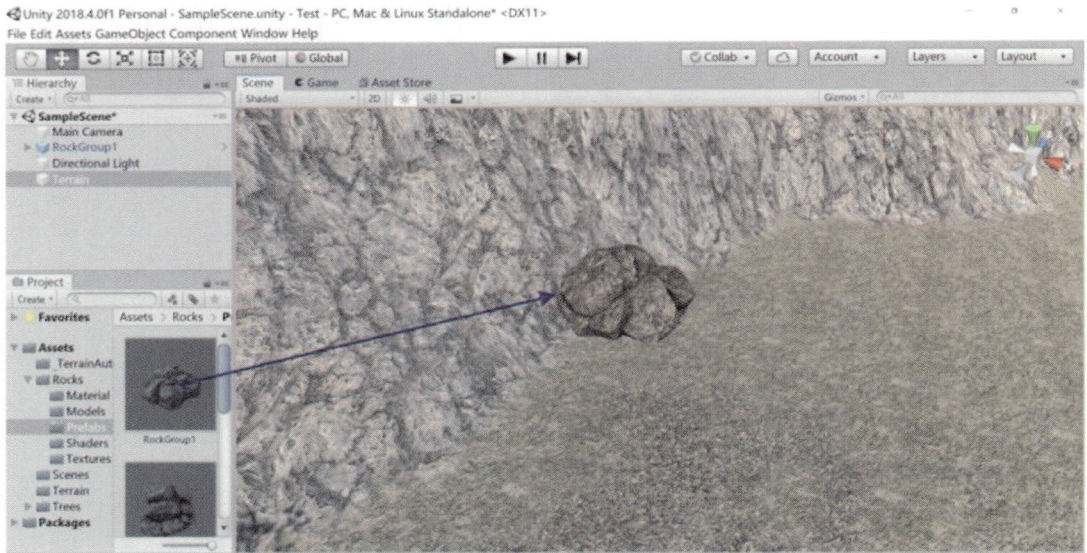

图1.3.6　Unity3D设计场景

（4）调整属性。

将相机（Camera）调整到一个合理位置，如图 1.3.7 所示。

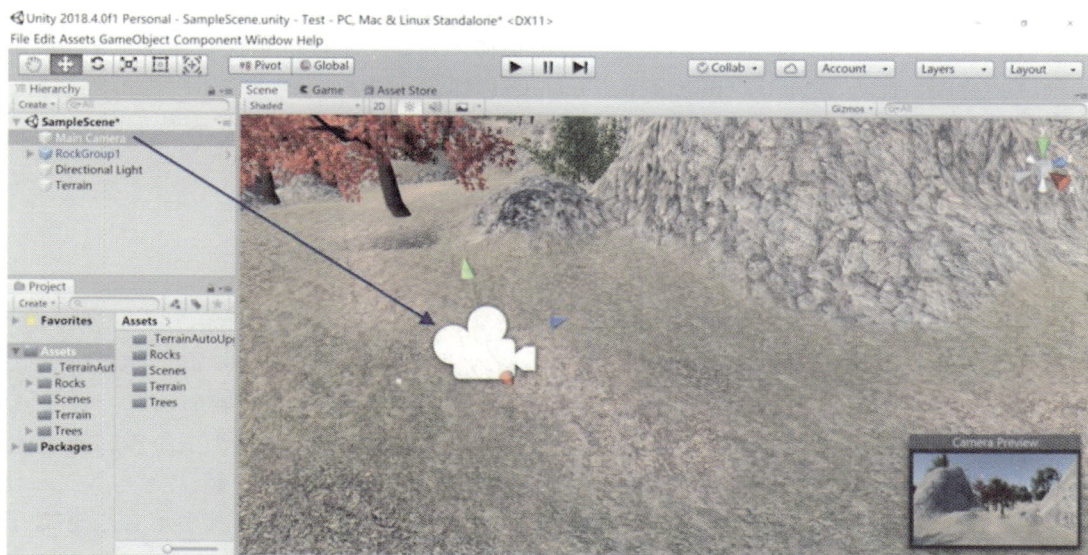

图 1.3.7　调整 Unity3D 相机位置

（5）脚本控制。

在"Project"窗口右击，在弹出的快捷菜单中选择"Create"→"C♯ Script"选项，新建一个 C♯ 脚本文件"Camera.cs"，并拖入相机，如图 1.3.8 所示。

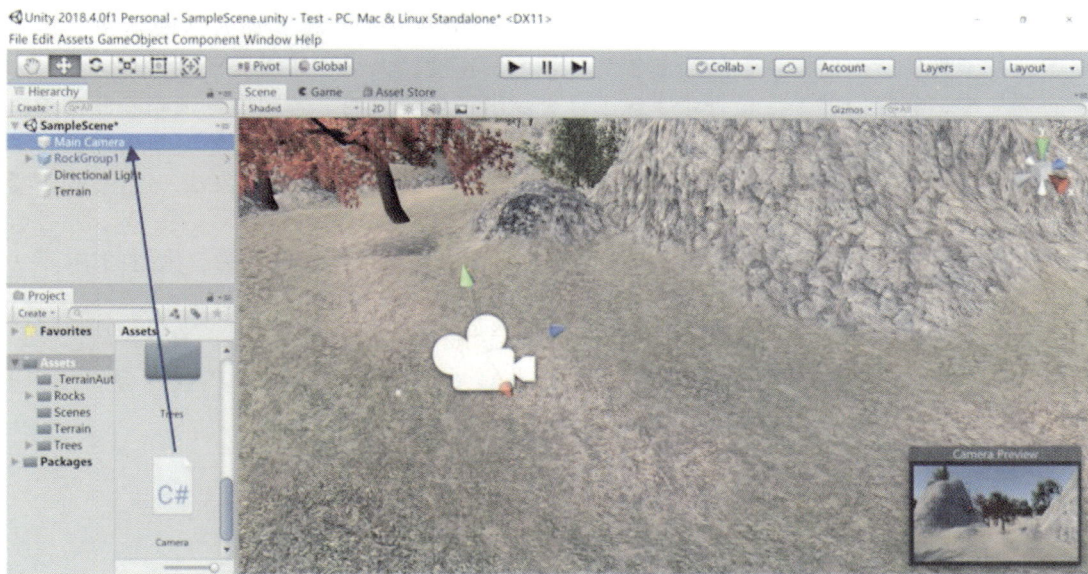

图 1.3.8　Unity3D 将脚本拖给相机

双击打开"Camera. cs"文件，在其 Update()函数中输入"if(Input. GetKey(KeyCode. W))transform. Translate(0,0,Time. deltaTime * 5f)；"，单击 Unity3D 界面上方的 ▶ 按钮运行工程，即可通过按键 W 控制相机向前运动，实现基本漫游。其中，函数 GetKey()的参数代表按下哪个键；函数 Translate()表示平移，其 3 个参数分别代表向 X、Y、Z 方向的移动速度，此处的"0,0,Time. deltaTime * 5f"即表示相机只向 Z 方向(相机正朝向)以每秒 5 单位速度移动。此外，还有其他类似函数，如函数 Rotate()代表旋转等，可修改或添加代码实现更复杂的交互功能。

附录 1.4　粒子系统介绍

粒子系统是一种可模拟一些特定模糊现象的技术，如火、云、烟、水、爆炸等。其基本设计思想是采用很多形状微小的粒子作为基本元素表达不规则模糊的物体。粒子系统被赋予一定的"生命"，在系统中要经历"出生""运动与更新"及"死亡"3 个阶段，通常粒子系统在三维空间中的生成由发射器控制，运动与更新由其本身属性控制。

粒子系统模拟不规则模糊物体的运动过程分为以下 5 个基本步骤，其中第二步至第五步循环执行。

第一步，初始发射器。确定发射器的初始属性，如发射器类型(如球形发射器，即粒子从中心位置发射并向各个方向运动)、每次更新生成新粒子的数量、生成速度(时间间隔，即多久后再生成新粒子)、生成粒子区域参数(如球形发射器的区域半径、立方体发射器的区域边长等)、中心位置、各粒子的位置分布、运动速度(三维向量，包含方向信息)、颜色、大小、寿命(生命周期，即存活的时间)、透明度等。

第二步，生成新粒子。根据发射器的参数，产生新粒子并将其加入当前画面，同时赋予新粒子更新所需的属性，如当前年龄、颜色、速度、大小、透明度等变化趋势。

第三步，删除旧粒子。检查每个粒子是否超出了生命周期，若超出，则删除此粒子。

第四步，更新属性。若未超出生命周期，则根据粒子各参数变化趋势更新属性。

第五步，渲染绘制。绘制当前所有有生命的粒子，将每个粒子渲染成一个像素、圆球或经过纹理映射的四边形等。

下面以"火焰"为例介绍粒子系统模拟过程，假设火焰粒子产生区域为三维空间中 $y=0$ 的 XOZ 平面，由下向上发射模拟火焰燃烧的效果。

通常中心位置附近的火焰粒子较密集，向外逐渐稀疏，呈正态分布。若 $P_0(P_0\_x,0,P_0\_z)$ 为发射器定义的中心位置，r 为发射器定义的火焰生成区域半径，$P_i(P_i\_x,0,P_i\_z)$ 为每次更新生成的单个粒子位置，则随机变量"粒子位置 $P(P\_x,0,P\_z)$"满足

$$P\_x = \frac{1}{\sqrt{2\pi r^2}}\exp\left\{-\frac{(P_i\_x - P_0\_x)^2}{2r^2}\right\}$$

$$P\_z = \frac{1}{\sqrt{2\pi r^2}}\exp\left\{-\frac{(P_i\_z - P_0\_z)^2}{2r^2}\right\}$$

通常中心位置附近的火焰粒子寿命长，向外寿命逐渐变短，可视为与粒子距中心位置的距离呈正态分布。若 Max_life 为发射器定义的最大粒子寿命，则粒子的寿命 P_life 满足

$$P\_life = Max\_life \cdot \exp\left\{-\frac{(\|\boldsymbol{P}-\boldsymbol{P}_0\|)^2}{2\sigma_1^2}\right\}$$

其中，σ_1 视具体火焰情况而定。

空气浮力对火焰的影响最大，因此火焰粒子会受到一个 Y 轴正向的作用力，而在计算机模拟时，可忽略加速度，使粒子的运动速率 P_v（每次循环更新后粒子运动的距离）与作用力的大小 $|F_y|$ 关联。若 Max_v 为发射器定义的最大速率，Min_v 为发射器定义的最小速率，则 P_v 满足

$$P\_v = C|F_y| = (Max\_v - Min\_v) \cdot random\_v + Min\_v$$

其中，$random\_v \in [0,1]$ 为线性随机数，C 为常数。

火焰在燃烧过程中大小变化也呈正态分布，初期火焰粒子比较小，然后逐渐增大，当到达一定的时间后又逐渐变小直至消失，通常以寿命中期为分界线，因此粒子大小 P_size 是粒子当前年龄 P_age 的函数。若 Max_size 为发射器定义的最大粒子大小，则 P_size 满足

$$P\_size = Max\_size \cdot \exp\left\{-\frac{(P\_age - P\_life/2)^2}{2\sigma_2^2}\right\}$$

其中，σ_2 视具体火焰情况而定。

往往火焰中部最亮，人们很难透过火焰看到其他景物，火焰生成的底部和消失的顶部较暗，这便意味着火焰在燃烧的过程中透明度的变化也呈正态分布，初期火焰粒子透明度高，然后逐渐降低，当到达一定的时间后又逐渐升高，通常也以寿命中期为分界线，因此粒子透明度 P_alpha 是粒子当前年龄 P_age 的函数，满足

$$P\_alpha = 1 - \exp\left\{-\frac{(P\_age - P\_life/2)^2}{2\sigma_3^2}\right\}$$

其中，σ_3 视具体火焰情况而定。

通常火焰的颜色有从生成时的黄色 C_yellow 到消失时的红色 C_red 的线性渐变过程，可通过粒子当前年龄将二色融合，同时要再乘以 P_alpha 以保证透明度

$$P\_color = \left[C\_yellow \cdot \left(1 - \frac{P\_age}{P\_life}\right) + C\_red \cdot \frac{P\_age}{P\_life}\right] \cdot P\_alpha$$

其伪代码如下。

模拟火焰粒子

输入：

　　//火焰粒子发射器属性

　　n:每次生成粒子的数量

　　t:生成新粒子的时间间隔

　　P_0:中心位置，

　　C_start:粒子生成时的颜色

　　C_end:粒子消亡时的颜色

　　Max_v:最大速率

　　Min_v:最小速率

　　Max_life:最大寿命

　　Max_size:最大尺寸

1.   function Flame(n,t,P_0,C_start,C_end,Max_v,Min_v,Max_life,Max_size)

    {

    //声明其他全局所需属性

2.   time＝t:计时器

3.   particles:粒子列表

4.   执行粒子运动与更新过程:while(1)

    {

5.   每循环一次,计时器累加:time＋＋

6.   如果计时器达到生成新粒子的时间间隔:if(time≥t)

    {

7.   重置计时器:time＝0

8.   生成 n 个新粒子:for(i＝1→n)

    {

9.   根据发射器参数及新粒子各参数的变化函数生成一个新粒子:

    new particle(P,P_v,P_life,P_size,P_alpha＝1,P_color,P_age＝0)

10.   将生成的新粒子加入粒子列表:particles.add(particle)

    }

    }

11.   更新粒子列表中的每个粒子:for(i＝0→particles.size－1)

    {

12.   绘制

13.   更新位置为"原位置＋速度:particles[i].P＋＝particles[i].P_v"

14.   当前年龄＋1:particles[i].P_age＋＋

15.   更新大小

16.   更新透明度

17.   更新颜色

18.   如果当前年龄超过寿命:if(particles[i].P_age)≥particles[i].P_life)

19.   则将该粒子从粒子列表中删除:particles.remove(particles[i])

    }

    }

    }

附录 1.5　着色器 ShaderGraph 介绍

Shader(着色器)是一种用来实现图形渲染、替代固定渲染管线的可编辑程序。通过 Shader 可以自定义图形硬件的渲染算法,使画面呈现出一些特殊效果。大多数 Shader 针对 GPU 开发,使用 Shader 语言(GLSL/HLSL/CG)对图像的像素、顶点、纹理进行动态调整。

Shader 常被用来制作各种特效,如定义渲染的光照模型,调整图像的色相、饱和度、亮度、对比度,生成模糊、高光、体积光、失焦、卡通渲染、色调分离、形变、边缘检测等。与 Shader 关系紧密的渲染管线的主要任务是在给定虚拟相机、三维物体对象、光源、着色方程、纹理等的情况下,生成一张二维图像。通常由 CPU 与 GPU 共同完成,分成 3 个阶段:应用阶段、几何阶段、光栅化阶段。GPU 渲染管线流程图如图 1.5.1 所示。

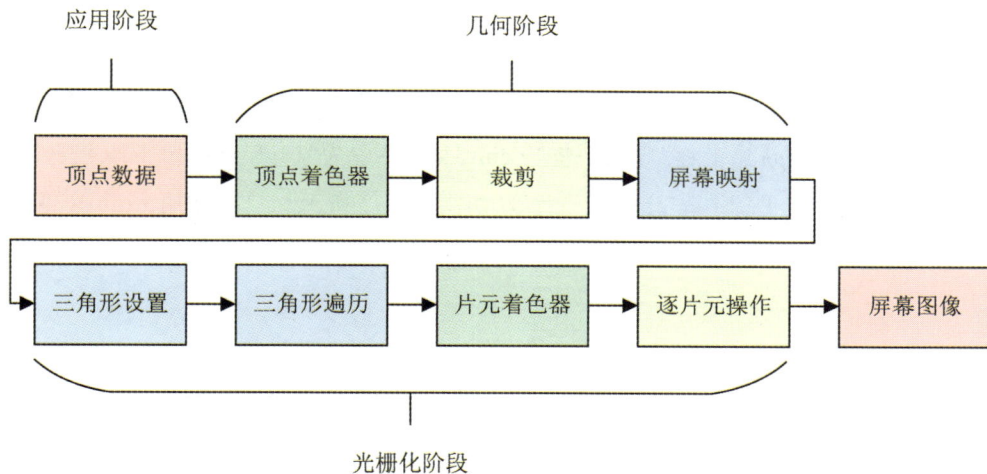

图 1.5.1　GPU 渲染管线流程图

(1)应用阶段。

应用阶段在 CPU 中完成,CPU 准备场景数据,设置渲染状态,最后向 GPU 发送 Draw Call 命令,输出渲染需要的几何信息到显存中,即渲染图元。

(2)几何阶段。

几何阶段由 GPU 完成,主要负责顶点坐标变换、光照、裁剪、投影以及屏幕映射,该阶段将变换与投影后的顶点坐标、颜色、纹理坐标传递给下一阶段。其主要包括顶点着色器,其可编程,把顶点坐标从模型空间变换到齐次裁剪空间,同时允许对顶点属性进行一些基本处理,处理完后顶点会附着一些通用信息,如纹理坐标;可裁剪,剔除相机视锥体外的图元,提高性能;可屏幕映射,把三维的几何图元一一映射到二维的屏幕空间上。

（3）光栅化阶段。

光栅化阶段利用几何阶段传过来的数据产生片元（像素），渲染出最终图像。其主要包括：三角形设置、输出三角形面片的边数据，传递给下一个阶段；三角形遍历，遍历每个像素，检查是否被一个三角形面片所覆盖，如果覆盖则产生一个片元；片元着色器，可编程，计算每个片元的颜色；逐片元操作，可编程，进行 Alpha 测试、深度测试、颜色混合。

经过上述阶段，得到最终的屏幕图像。Shader 其实是 GPU 渲染管线上一些可高度编程的阶段，通常主要指顶点着色器（Vertex Shader）和片元着色器（Fragment Shader）两种。顶点着色器用来进行顶点变换、光照计算与纹理坐标生成。片元着色器用来进行逐像素的颜色填充。

Unity3D 提供了两种编写 Shader 的方式。一种是基于 ShaderLab 语言编写 Unity Shader。ShaderLab 语言是 Unity 提供的一种说明性语言，为渲染过程提供一层抽象，使开发者更为轻松地控制渲染。另一种是基于 Shader Graph，通过实时可视化方式构建 Shader，开发者只须在网络图中创建和连接节点，而不必编写代码。

下面以边缘光为例，介绍使用 Shader Graph 创建 Shader 的过程。

1. 新建 Lightweight RP 工程

打开 Unity3D 软件，在进入如正文图 2.38 所示的"工程管理"界面时，单击界面上方的 New 按钮，进入"新建工程"界面，将"Template"设置为"Lightweight RP（Preview）"，单击 Create project 按钮创建 Lightweight RP 工程，如图 1.5.2 所示。只有使用 Lightweight RP 作为项目模板，才能使用 Shader Graph。

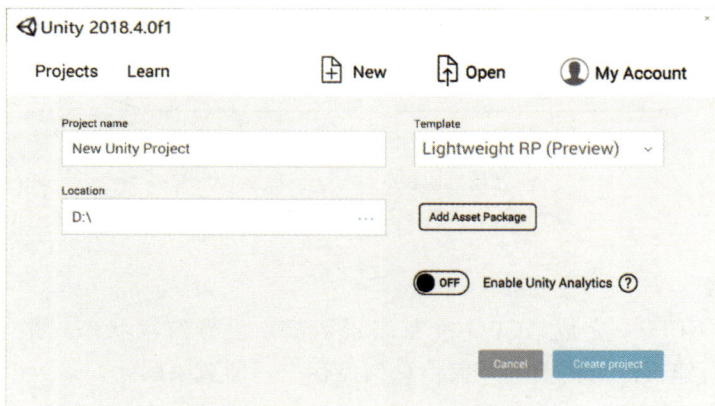

图 1.5.2　Unity3D 新建 Lightweight RP 工程

2. 创建 Shader Graph 文件

在"Project"窗口右击，在弹出的快捷菜单中选择"Create"→"Shader"→"PBR Graph"选项，新建 Shader 文件"Rimlight. shadergraph"。双击该文件，可进入 Shader Graph 编辑面板，如图 1.5.3 所示。

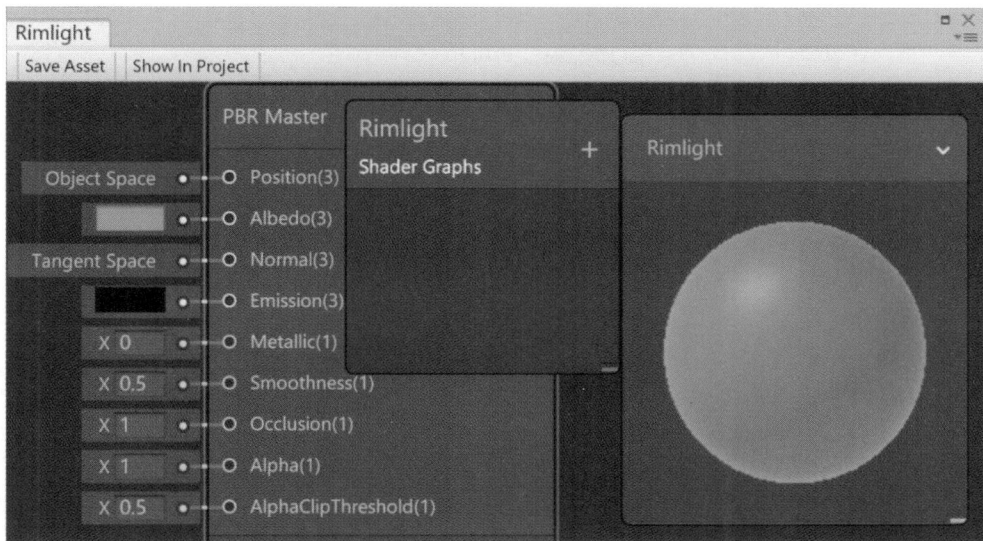

图 1.5.3 Shader Graph 编辑面板

3. 创建节点实现边缘光效果

如图 1.5.4 所示，在 Shader Graph 面板左侧属性栏中单击"＋"按钮，新建 3 个属性：Color 类属性"Color"和"LightColor"，Vector1 属性"LightPower"。

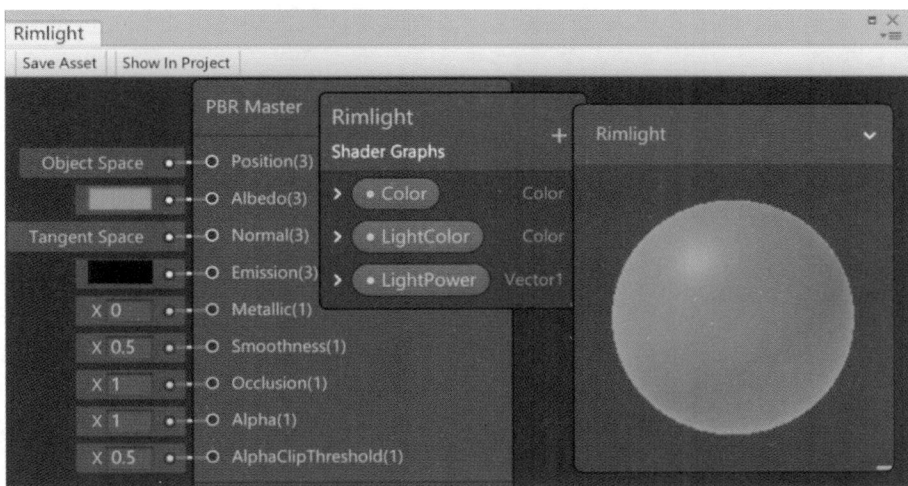

图 1.5.4 Shader Graph 属性栏

在 Shader Graph 面板中央右击，在弹出的快捷菜单中选择"create node"选项，出现节点列表，依次创建 5 个节点 Math→Basic→Multiply、Math→Vector→Fresnel Effect、Properties→Property：Color、Properties→Property：Lightcolor、Properties→Property：LightPower。如图 1.5.5 所示，依次拖曳连接 Color 节点与 PBR Master 节点的 Albedo、LightPower 节点与 Fresnel Effect 节点的 Power、LightColor 节点与 Multiply 节点的 A、

Fresnel Effect 节点的 Out 与 Multiply 节点的 B、Multiply 节点的 out 与 PBR Master 节点的 Emission。单击面板左上方的 Save Asset 按钮进行保存。

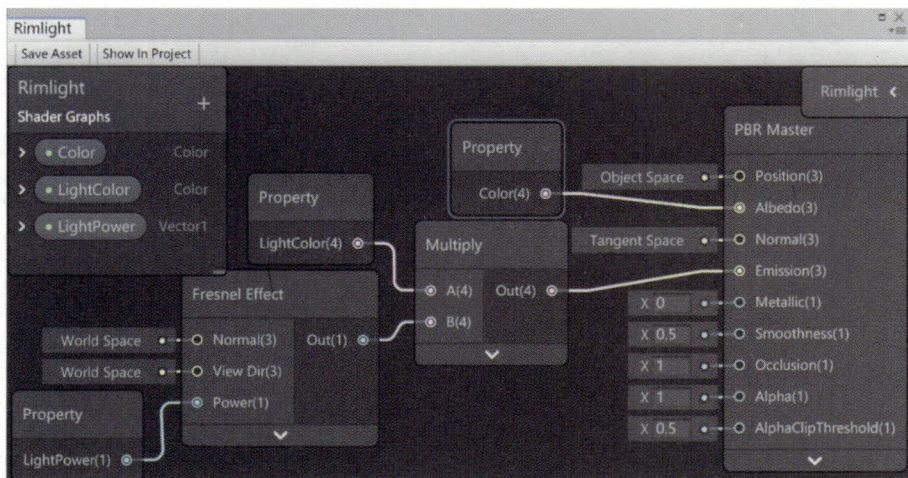

图 1.5.5　Shader Graph 可视化编辑结果

4. 将 Shader 赋给材质并调整属性值

在"Project"窗口右击，在弹出的快捷菜单中选择"Create"→"Material"选项，新建 Material 文件"Rimlight. mat"。在"Inspector"窗口将"Shader"修改为"Shader Graphs/Rimlight"，在窗口中调节预设的 3 个属性，即可改变材质的颜色、边缘光的颜色与强度，如图 1.5.6 所示。

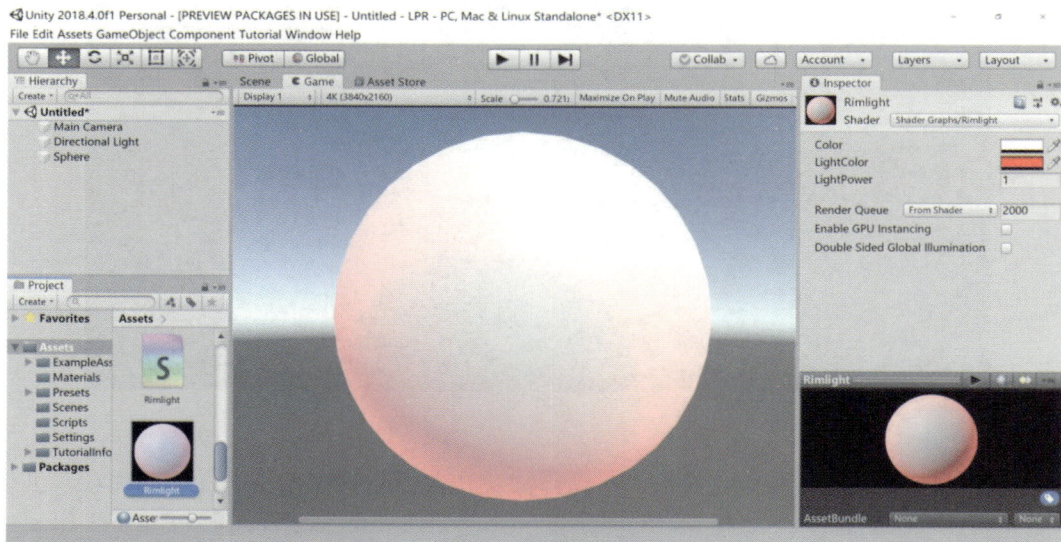

图 1.5.6　在 Unity3D 材质中调节 Shader 属性

附录 1.6　HTC Vive 介绍

　　HTC Vive 设备可以将用户身临其境地带入虚拟场景，从视觉、听觉等方面提供逼真的交互体验。其主要包括一个头戴式显示器（头盔）、两个单手持控制器（手柄）和一个能在有效空间同时追踪显示器与控制器的定位系统（定位器），如图 1.6.1 所示。利用手柄和人们自身走动，其可以实现在虚拟场景中前进、后退、转向等交互操作。

图 1.6.1　HTC Vive

　　通过两个定位器提供 360°追踪，确定其头戴式设备与操控手柄的准确位置。定位器及各部位名称如图 1.6.2 所示。定位器通过电源适配器与电源相连，状态指示灯显示定位器的运行状态，为绿色时表示正常。同步数据线在定位器连接不稳定时使用，频道按钮用来改变频道，在频道指示灯处显示当前频道。

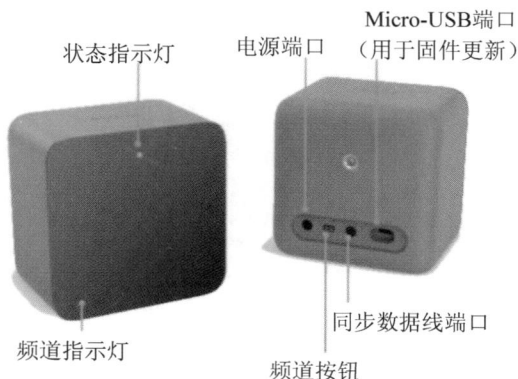

图 1.6.2　HTC Vive 定位器

　　头盔用来观看虚拟物体，各部位名称如图 1.6.3 所示。头盔前方凹点为追踪感应器，通过定位器追踪确定用户的空间位置。正前方下面是一个相机镜头，侧面有状态指示灯，红色说明连接成功，当红灯变为绿灯时，表示头盔驱动成功。背面有三合一连接线，与串流盒相连。镜头距离旋钮和瞳孔间距旋钮分别用于调整镜头与眼部距离以及双眼之间的距离，用户可自行调整到舒适距离。

串流盒连接头盔、计算机和电源，如图 1.6.4 所示。橙色一端连接头盔的三合一连接线，另一端与计算机和电源相连。3 个接口依次为 HDMI、USB 和电源。

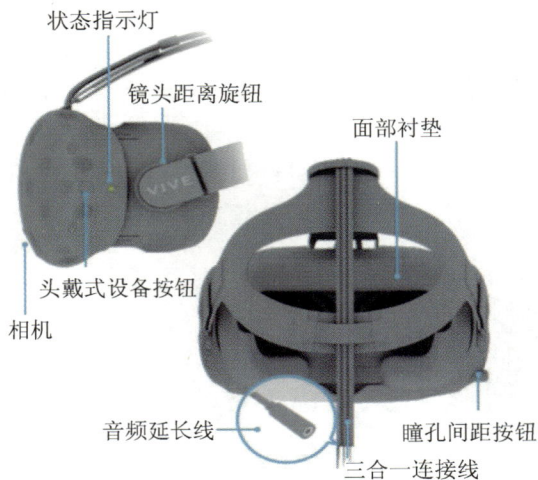

图 1.6.4　HTC Vive 串流盒

图 1.6.3　HTC Vive 头盔

通过操控手柄可以和虚拟物体互动，手柄及各部位名称如图 1.6.5 所示。系统按钮用来开启手柄，当状态指示灯为红色时，表示已经开启，此时可能未被定位器检测到或电量不足；当状态指示灯为绿色时，可以正常使用。触控板一般是控制相机在虚拟场景中前后左右移动，其他按钮可通过设置完成不同交互功能。当手柄电量不足时，可将 micro-USB 数据线与手柄尾部接口相连为其充电。

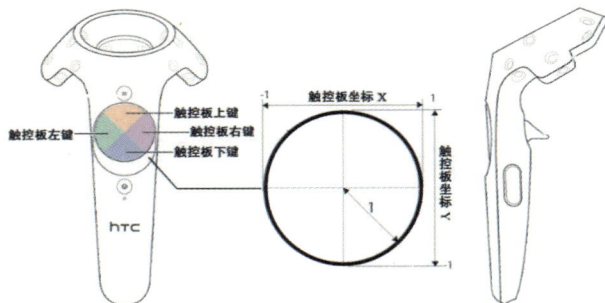

图 1.6.5　HTC Vive 手柄及坐标系

HTC Vive 设备的具体安装步骤如下。

(1)安装定位器。

选择房间内一个没有障碍物的空间，最小为 2m×1.5m，最大为 5m×5m，且在定位器附近安装电源插座，必要时可以使用延长线。建议使用三脚架或固定夹底座定位器，保证定位器位置的稳定性。定位器应放置在矩形对角线的相对位置，距离地面 2m 以上，定位器之间的距离应小于 2m。每个定位器视场为 120°。如图 1.6.6 所示，最好将定位器安装在头部以上位置，并将其角度向下调整 30°~45°，以完全覆盖操作区域。

图 1.6.6 放置 HTC Vive 定位器

使用电源适配器，将定位器与电源相连，检测两个状态指示灯是否为绿色，确保两个频道指示灯分别为"b"和"c"，如图 1.6.7 所示。若定位器连接不稳定，可使用同步数据线。必要时使用定位器背后的频道按钮更换频道。

图 1.6.7 检测 HTC Vive 定位器

（2）连接串流盒。

将串流盒及其组件的 USB 数据线、HDMI 连接线和电源线插入合适位置。将 USB 数据线和 HDMI 连接线的另一端连接至计算机，其中，HDMI 连接线必须连接到与显示器相连的同一显卡，电源适配器连接至电源，如图 1.6.8 所示。

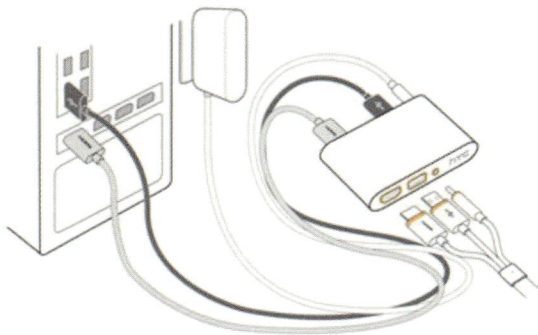

图 1.6.8 连接 HTC Vive 串流盒

（3）连接头盔。

将头戴式设备的三合一连接线插入串流盒橙色接口的相应位置，如图 1.6.9 所示，等待安装头戴式设备的设备驱动程序。

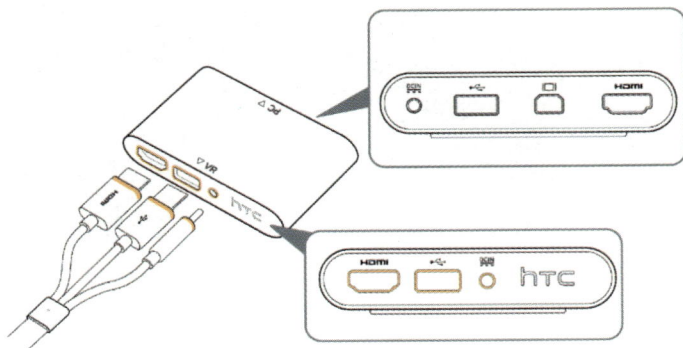

图 1.6.9　连接 HTC Vive 头盔

（4）启动手柄。

按下操控手柄上的系统按钮以启动手柄，发出"哔"声且状态指示灯为绿色时，表示正常开启。若无线操控手柄没电，可使用电源适配器和 micro-USB 数据线为其充电。

附录 1.7　SteamVR 安装

SteamVR 是 HTC Vive 的驱动程序，具体安装步骤如下。

（1）安装 Steam。

登录 Steam 官网（https://store.steampowered.com/about/），单击 安装 STEAM 按钮下载安装。

（2）登录验证。

打开 Steam 软件，进入"Steam 登录"界面，进行登录。若出现"Steam 令牌-电脑需要授权"界面，根据提示，输入验证码，完成验证。

（3）安装 SteamVR。

进入 Steam 主界面，如图 1.7.1 所示，在左侧搜索框输入"SteamVR"。选中所搜索到的"SteamVR"工具，单击右侧的 安装 按钮，根据提示下载安装，结束后单击 ▶ 启动 按钮运行。

图 1.7.1　SteamVR 安装

附录 1.8　OpenGL 可视化编程

1. OpenGL 简介

OpenGL(Open Graphics Library)是一个通用的三维图形程序接口,从本质上说,它是一个 3D 图形和模型库,具有可移植性。OpenGL 的前身是 SGI 公司为其图形工作站开发的 IRIS GL。到目前为止,OpenGL 已经经历过很多版本的迭代与更新,最新版本为 4.0 以上。对于嵌入式设备,有 OpenGL ES(OpenGL for Embeddled Systems)版本,该版本是针对手机、Pad 等嵌入式设备而设计的,是 OpenGL 的一个子集。限于篇幅,OpenGL ES 在此就不再介绍。

OpenGL 涉及的基本概念主要包括以下内容。

☞绘制(Draw):计算机根据模型创建三维图像的处理过程。

☞渲染(Rendering):计算机根据模型创建图像。

☞模型(Model):也称为物体(Objects),由几何图元组成,包括点、线、多边形。

☞点(Points):如图 1.8.1(a)所示,由一组浮点数来定义。一般所有的内部计算均在三维方式下进行。在内部计算时,所有顶点用 4 个浮点坐标来表示(x, y, z, w),如果 w 不为 0,那么该坐标对应于欧几里得三维点$(x/w, y/w, z/w)$。w 坐标可以用 OpenGL 命令来指定,如 w 没有定义,默认值为 1.0。

☞线(Lines):如图 1.8.1(b)所示,线即线段,而不是数学上可两端无限延伸的直线。任何情况下,线段都是根据描述的顶点首尾相连而成。

☞多边形(Polygon):如图 1.8.1(c)和 1.8.1(d)所示,线段封闭连接而成的区域,最终由一系列端点坐标来定义。理论上,多边形可以定义成各种复杂形状,但在 OpenGL 中有严格限制:首先,多边形的边不能相交,只能是数学上定义的简单多边形;其次,多边形必须是凸多边形,即多边形内的任意两点构成的直线也在该多边形内部。

☞像素(Pixel):显示硬件能够放置到屏幕上的最小可视化元素。在显示器上最小的显示单元是一个像素,因此与数学上考虑的理论几何世界是有差别的,不管像素的宽度有多小,始终比数学上的无限小点和无限细的线要粗。

☞帧缓存(Frame Buffer)：是有图形硬件设备管理的一块独立内存区域，通常包括颜色缓存、深度缓存、模板缓存和累积缓存。这些缓冲区域可能是在一块内存区域，也可能单独分开，依赖硬件。其中，颜色缓存是储存所有的片段颜色，整个帧缓存对应一帧图像即当前屏幕画面。

☞Z-缓存(Z-Buffer，又称为深度缓存)：其通常和颜色缓存有着一样的宽度和高度，由系统自动创建，以 16、24 或 32 位 float 的形式储存深度值。

☞双缓存(Double Buffer)：在前台显示缓冲区(Front Buffer，也称为前缓存)之外再建立一个后台计算和保存的缓冲区(Back Buffer，也称为后缓存)。需要先在 Back Buffer 中生成一幅图像，然后把已经生成的图像复制到 Front Buffer，显示在屏幕上。实时动画主要利用双缓存技术。

☞消隐(Hidden Curve/Surface Removing)：图形绘制时消除被遮挡的、不可见的线或面，称为线消隐和面消隐，或简称为消隐。经过消隐得到的投影图就是视区里看到的图形。深度缓存用于隐藏面消除。OpenGL 在开启深度测试和指定深度缓存比较函数后可自动消隐处理。Z-缓存，通常是用于消隐。

☞光栅化(Rasterization)：将几何图元及相关颜色信息转换为由栅格组成的二维图像，特点是每个元素对应帧缓冲区中的一个像素。

☞融合(Blending)：将源色和目标色以某种方式混合，产生新的 RGBA。

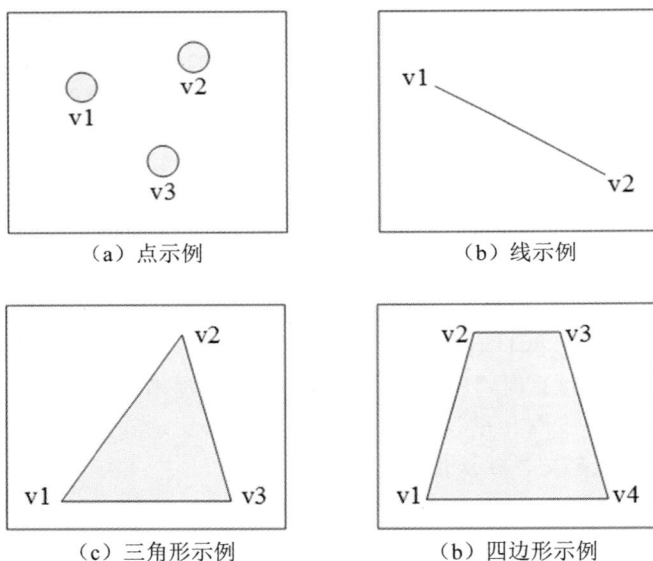

图 1.8.1 OpenGL 各几何图元

2. OpenGL 工作原理

OpenGL 常用的函数库，包括核心库(gl)、实用库(glu)、实用工具库(glut)、辅助库(aux)等。函数前缀的 gl、glu、glu、glut 等，分别表示该函数属于哪个库，函数名后可以看出需要多少个参数以及参数类型。i 表示 int 型、f 表示 float 型、d 表示 double 型、u 表示无符号整型。例如,glVertex3fv()表示该函数属于 gl 库,参数是 3 个 float 类型的向量。

OpenGL 的工作方式可以通过各种状态或模式设置,在重新改变状态之前它们一直有效。每个状态变量都有其默认值,可以用 OpenGL 函数命令查询。大多数状态变量可以用命令 glEnable()或 glDisable()来打开或关闭。所有几何体最终都被描述为一个有序的顶点集合,指定顶点用函数 glVertex * (),对函数 glVertex * ()的调用,只能在 glBegin()和 glEnd()函数之间进行。

动态链接库 Opengl32. dll 封装 OpenGL 的函数库,如核心库(gl)、实用库(glu)、实用工具库(glut)、辅助库(aux),相应的静态库为 opengl32. lib、glu32. lib、glut32. lib、glaux. lib,在 Windows 环境中的工作过程如图 1.8.2 所示。各种应用程序调用 OpenGL 函数时,首先会调用动态链接库,如 opengl32. dll、glu32. dll、glut32. dll、glaux. dll 进行处理,处理后再交给操作系统进一步处理。硬件接收到指令后,按照以下过程进行处理:通过对设备制造厂商提供的服务驱动程序的调用,传递给视频显示驱动程序,该程序驱动显卡向显示屏幕提供显示。

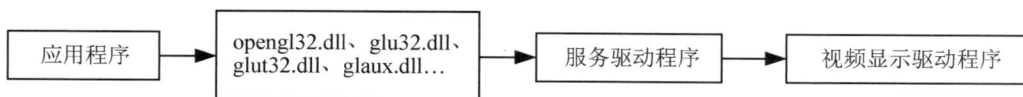

图 1.8.2　OpenGL 在 Windows 环境中的工作过程

3. 图形操作步骤

没有 shader 参与的 OpenGL 绘制管线,进行图形操作时,在计算机屏幕上渲染绘制出三维图形,按照以下的步骤实现。

第一步,通过基本图形单元建立虚拟模型,同时对所建立的模型进行数学描述。这里的基本图形单元是指点、线、多边形、图像、位图等。

第二步,将建立的虚拟模型放置在三维空间中的合适位置,设置观察视点以便观察感兴趣的景物。

第三步,计算建立的模型中各个物体的色彩,确定光照条件、纹理信息等参数。

第四步,对创建的模型进行光栅化,将其数学描述和色彩信息等转换成计算机屏幕上的像素信息。

在以上过程中,OpenGL 还可能执行如自动消隐处理等的一些其他操作。此外,在对模型进行光栅化操作之后,还可以在数据进入帧缓冲区之前根据需要对像素数据进行操作。

4. 绘制图形

1)基本结构

所有几何体最终都被描述为一个有序的顶点集合,指定顶点采用函数 glVertex * (),对函数 glVertex * ()的调用,只能在 glBegin()和 glEnd()函数之间进行。画点、线的基本结构如下所示。

```
glBegin(mode_parameter);      //开始绘制,mode_parameter 为图元类型
    glColor3f(r,g,b);          //绘制的颜色
```

```
glVertex2f(x1,y1,z1);            //顶点序列开始
glVertex3f(x2,y2,z2);            //下一个顶点
… …
glEnd();                         //结束绘制
```

2)绘制几何图元

上述代码以模式 mode_parameter 和颜色（r，g，b）先在坐标（$x1$，$y1$，$z1$）和（$x2$，$y2$，$z2$）处画两个点。在 glBegin() 与 glEnd() 函数之间通过 glVertex() 的一系列函数来定义一组顶点，然后根据 mode_parameter 将这些点连接画线，或以孤立点的形式画出。

mode_parameter 的参数值和含义如表 1.8.1 所示，其中以 GL_ 为前缀定义常量，使用大写字母的方式，中间用下划线作为单词间的分隔符。

表 1.8.1 mode_parameter 对应的几何图元名称及其含义

参数值	含义
GL_POINTS	单独的点
GL_LINES	一对顶点组成一条单独的线段
GL_LINE_STRIP	将所有的点连接变成一条折线
GL_LINE_LOOP	将 GL_LINE_STRIP 画成的折线头尾相连，形成闭合图形
GL_TRIANGLES	3 个顶点组成的三角形
GL_QUADS	4 个顶点组成的四边形
GL_POLYGON	多个顶点组成的多边形

OpenGL 对三维模型的绘制实际上是将模型拆分成一个个小三角形来完成的，绘制单个三角形的代码如下。

```
int DrawTriangles(GLvoid)
{
 //清除屏幕和深度缓存
 glClear(GL_COLOR_BUFFER_BIT | GL_DEPTH_BUFFER_BIT);
 glLoadIdentity();                   //重置当前模型观察矩阵
 glBegin(GL_TRIANGLES);              //开始绘制三角形
   glVertex3f(0.0f,1.0f,0.0f);       //上顶点
   glVertex3f(－1.0f,－1.0f,0.0f);    //左下顶点
   glVertex3f(1.0f,－1.0f,0.0f);     //右下顶点
 glEnd();                            //结束绘制
 return TRUE;
}
```

OpenGL 画点、线以及多边形时要注意如下内容。

☞点在屏幕上显示时是有尺寸的，应使用 OpenGL 的函数 void glPointSize（Glfloat size），设置渲染点的像素宽度，参数 size 必须大于 0，其默认值为 1.0。

☞可指定任意宽度的线，利用函数 void glLineWidth（Glfloat width）设置线宽，其单位为像素，参数 width 的值必须大于 0，默认值为 1.0。

☞多边形大多数是通过填充包围在边界以内的所有像素来绘制。如果相邻的多边形有公共顶点或公共边，则其构成像素实际上只画一次，这样可以避免透明多边形的边被画两次，而使其比其他边显得黑一些。

☞绘制三维模型时，需要注意多边形表面法向，因为在一个表面给定点处，有两个方向相反的向量垂直于此表面，一般法向指朝向表面外侧的向量，用 glNormal＊（）函数设置。在光照计算执行之前，必须将其变为单位法向量，可用 glEnable（GL_NORMALIZE）函数设置。

3）几何变换

OpenGL 有两个坐标系，分别为世界坐标系和物体坐标系，开发者用来绘图的是物体坐标系。两个坐标系中，世界坐标系可以看作一个现实存在的、基本不变的全局坐标系。物体坐标系可以看作用户自定义的坐标系，这个坐标系可以任意平移、旋转与缩放，在初始情况下其与世界坐标系是重合的，也可以通过 glLoadIdentity（）函数强制复位。这里需要注意的是，在使用一个函数时需要弄清它使用什么坐标系，刚刚用到的 glVertex 系列函数是都采用物体坐标系的。

☞平移函数：

```
//使两个坐标系重合,可用来初始化物体坐标系
void glLoadIdentity();
//将物体坐标系平移至(x,y,z)处
void glTranslate(TYPE x,TYPE y,TYPE z);
```

☞缩放函数：

```
//当前物体坐标系的缩放,x、y、z 分别指在 3 个方向上的放大倍数
void glScale(TYPE x,TYPE y,TYPE z);
```

☞旋转函数：

```
//当前物体坐标系绕向量(x,y,z)旋转 angle 度
void glRotate(TYPE angle,TYPE x,TYPE y,TYPE z);
```

☞任意仿射变换：包括平移、旋转以及比例变换。这种变换能够保持直线的平直性（即变换后直线还是直线不会打弯，圆弧还是圆弧）和平行性（平行线还是平行线，相交直线的交角不变）。仿射变换可以由以下公式表示。

$$
\begin{bmatrix} x' \\ y' \\ z' \\ w' \end{bmatrix} = \begin{bmatrix} m_0 & m_4 & m_8 & m_{12} \\ m_1 & m_5 & m_9 & m_{13} \\ m_2 & m_6 & m_{10} & m_{14} \\ m_3 & m_7 & m_{11} & m_{15} \end{bmatrix} \begin{bmatrix} x \\ y \\ z \\ w \end{bmatrix} = M \begin{bmatrix} x \\ y \\ z \\ w \end{bmatrix}
$$

式中，M 的 16 个元素存储在一维数组 m 中，这些元素按列顺序排列。

```
void glMultMatrixf(m);  //当前矩阵乘以仿射变换矩阵 m,并更新
```

4)投影变换

在图元装配之后的光栅化阶段前,需要将三维虚拟世界的物体投影到二维平面上。OpenGL 常用的投影模式有两种:正交投影与透视投影,使用 glMatrixMode(GL_PROJECTION)函数切换到投影模式。

☞ 正交投影:在 OpenGL 中,根据应用程序提供的投影矩阵,管线会确定一个可视空间区域,称为视锥体。视锥体是由 6 个平面确定的,这 6 个平面分别为上平面(top)、下平面(bottom)、左平面(left)、右平面(right)、远平面(far)和近平面(near)。场景中处于视锥体内的物体会被投影到近平面上(视锥体外的物体将被裁剪掉),然后再将近平面上投影出的内容映射到屏幕上的视口中。对于正交投影而言,视锥体的情况如图 1.8.3 所示。

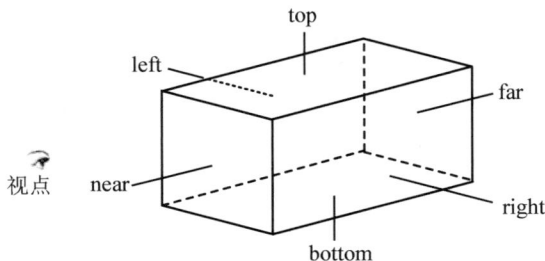

图 1.8.3 正交投影示意图

OpenGL 对应代码如下。

```
glViewport(0,0,newWidth,newHeight);        //设置视口
glMatrixMode(GL_PROJECTION);               //切换到投影矩阵
glOrtho(left,right,bottom,top,near,far);   //正交投影
glMatrixMode(GL_MODELVIEW);                //切换到模型视图矩阵
… …                                        //开始画图
```

☞ 透视投影:模拟现实世界人眼观察物体时会有"近大远小"的效果,其投影线不平行,相交于视点,视锥体如图 1.8.4 所示。其中,fov 表示视锥体的上顶面和下顶面之间的夹角,范围为 $0°\sim180°$。zNear 和 zFar 分别是近、远裁剪面到视点的距离,它们为正值。视锥体与投影平面相交形成投影窗口,aspect 是投影窗口的宽高比例。

OpenGL 对应代码如下。

```
glViewport(0,0,newWidth,newHeight);        //设置视口
glMatrixMode(GL_PROJECTION);               //切换到投影矩阵
gluPerspective(fovy,aspect,zNear,zFar);
glMatrixMode(GL_MODELVIEW);                //切换到模型视图矩阵
… …                                        //开始画图
```

5)纹理映射

纹理映射的基本步骤如下。

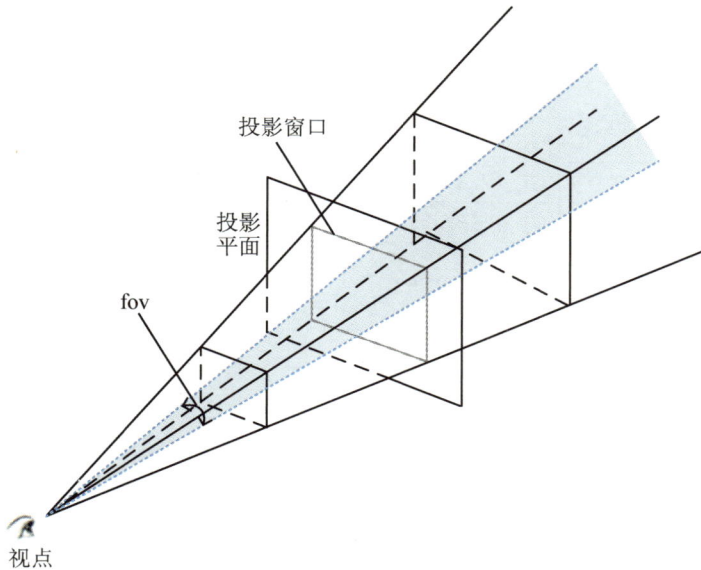

投影窗口

投影
平面

fov

视点

图 1.8.4　透视投影示意图

第一步，定义纹理。

第二步，控制滤波。

第三步，确定映射方式。

第四步，给出模型顶点的几何坐标和纹理坐标的对应关系。

(1) 定义纹理。

定义纹理用得最多的是二维纹理，定义如下。

```
void glTexImage2D（target，level，components，width，height，border，
format，type，*pixels）；
```

其中，参数 target 是常数 GL_TEXTURE_2D。参数 width 和 height 给出了纹理图像的长度和宽度，可以有不同的值。

(2) 控制滤波方式。

控制滤波方式的定义如下。

```
void glTexParameter（target，pname，param）；
```

第一个参数 target 可以是 GL_TEXTURE_1D 或 GL_TEXTURE_2D，是一维或二维纹理的说明参数；后两个参数的可能值如表 1.8.2 所示。

表 1.8.2　控制纹理映射的方式

Pname	Param	含义
GL_TEXTURE_WRAP_S	GL_CLAMP	在 s 方向上约简
	GL_REPEAT	在 s 方向上重复
GL_TEXTURE_WRAP_T	GL_CLAMP	在 t 方向上约简
	GL_REPEAT	在 t 方向上重复
GL_TEXTURE_MAG_FILTER	GL_NEAREST	放大，采用坐标最靠近像素中心的纹理像素
	GL_LINEAR	放大，采用最靠近像素中心的 4 个像素的加权平均值
GL_TEXTURE_MIN_FILTER	GL_NEAREST	缩小，采用坐标最靠近像素中心的纹理像素
GL_TEXTURE_MIN_FILTER	GL_LINEAR	缩小，采用最靠近像素中心的 4 个像素的加权平均值
	GL_NEAREST_MIPMAP_NEAREST	缩小，选择最邻近的 mip 层，并使用最邻近过滤
	GL_NEAREST_MIPMAP_LINEAR	缩小，在 mip 层之间使用线性插值和最邻近过滤
	GL_LINEAR_MIPMAP_NEAREST	缩小，选择最邻近的 mip 层，使用线性过滤
	GL_LINEAR_MIPMAP_LINEAR	缩小，在 mip 层之间使用线性插值和使用线性过滤，又称为三线性 mipmap

　　一般纹理图像为正方形或长方形，当它映射到一个多边形或曲面上并变换到屏幕坐标时，纹理的单个纹理像素很少对应于屏幕图像上的像素。根据所用的变换和所用的纹理映射，屏幕上单个像素可以对应于一个纹理像素的一小部分（即放大）或一大批纹理像素（即缩小）。对应 OpenGL 函数如下，具体可参照表 1.8.2。

```
glTexParameter * (GL_TEXTURE_2D,GL_TEXTURE_MAG_FILTER,param);
glTexParameter * (GL_TEXTURE_2D,GL_TEXTURE_MIN_FILTER,param);
```

　　纹理坐标可以超出（0，1）范围，并且在纹理映射过程中可以重复映射或约简映射。在重复映射的情况下，纹理可以在 s、t 方向上重复。对应 OpenGL 函数如下，具体可参照表 1.8.2。

```
glTexParameterfv(GL_TEXTURE_2D,GL_TEXTURE_WRAP_S,param);
glTexParameterfv(GL_TEXTURE_2D,GL_TEXTURE_WRAP_T,param);
```

（3）映射方式。

纹理图像可以直接作为多边形上的颜色，也可以用纹理中的值来调整多边形（曲面）原来的颜色，或用纹理图像中的颜色与多边形（曲面）原来的颜色进行混合。因此，OpenGL 提供以下 3 种纹理映射方式。

$$void\ glTexEnv(target,pname,param);$$

其中，参数 target 必须是 GL_TEXTURE_ENV。若参数 pname 是 GL_TEXTURE_ENV_MODE，则参数 param 可以是 GL_DECAL、GL_MODULATE 或 GL_BLEND，说明纹理值与原来表面颜色的处理方式；若参数 pname 是 GL_TEXTURE_ENV_COLOR，则参数 param 是包含 4 个浮点数（分别是 R、G、B、A 分量）的数组。

（4）模型顶点的几何坐标和纹理坐标的对应关系。

在绘制纹理映射场景时，不仅要给每个顶点定义几何坐标，而且也要定义纹理坐标。经过多种变换后，几何坐标决定顶点在屏幕上绘制的位置，而纹理坐标决定纹理图像中的哪一个纹理像素赋予该顶点。纹理坐标通常可用 glTexCoord{1234}(cords) 函数定义成一、二、三或四维形式，称为 $(s，t，r，q)$ 坐标，以区别于物体坐标 $(x，y，z，w)$ 和其他坐标。

纹理映射举例。

```
//准备工作
glGenTextures(1,&texture[0]);    //生成一个纹理号
glBindTexture(GL_TEXTURE_2D,texture[0]);//所生成纹理号绑定纹理
对象
//滤波控制方式为含 MAG 和 MIN 的两个参数
glTexParameteri(GL_TEXTURE_2D,GL_TEXTURE_MAG_FILTER,GL_
LINEAR);
glTexParameteri(GL_TEXTURE_2D,GL_TEXTURE_MIN_FILTER,GL_
LINEAR);
glTexImage2D(GL_TEXTURE_2D,0,3,texture1sizeX,texture1sizeY,0,GL_
RGB,GL_UNSIGNED_BYTE,texture1data);//生成纹理对象,数据为 data
//绘制一个纹理映射的四边形
glBegin(GL_QUADS);
    //第一个纹理坐标和第一个几何坐标对应
    glTexCoord2f(0.0f,0.0f);
    glVertex3f(-1.0f,-1.0f,1.0f);
    //第二个纹理坐标和第二个几何坐标对应
    glTexCoord2f(1.0f,0.0f);
    glVertex3f(1.0f,-1.0f,1.0f);
    //第三个纹理坐标和第三个几何坐标对应
    glTexCoord2f(1.0f,1.0f);
```

```
glVertex3f(1.0f,1.0f,1.0f);
//第四个纹理坐标和第四个几何坐标对应
glTexCoord2f(0.0f,1.0f);
glVertex3f(−1.0f,1.0f,1.0f);
……
glEnd();
```

6）光照和材质

在光照模式下，以辐射光（Emitted Light）、环境光（Ambient Light）、漫反射光（Diffuse Light）和镜面光（Specular Light）模拟真实光照及材质属性，是场景中物体最终反映到人眼的光的 RGB 分量与材质 RGB 分量的某种组合。若光源颜色为（LR，LG，LB），材质的颜色为（MR，MG，MB），则在忽略其他反射光的情况下，到达人眼的光的颜色为（LR×MR，LG×MG，LB×MB）。

OpenGL 把现实世界中的光照系统近似归为 3 部分，分别是光源、材质和光照环境。光源就是光的来源，是光的提供者。材质是指被光源照射的物体表面的反射、漫反射（OpenGL 不考虑折射）特性，反映的是光照射到物体上后物体表现出来的对光的吸收、漫反射、反射等性能。光照环境反应所有光源发出的光经过无数次反射、漫反射之后整体环境所表现出来的光照效果。指定合适的光照环境参数可以使最后形成的画面更接近于真实场景。

（1）光源。

☞光照分量：OpenGL 中光照模型中的反射光分为 3 个分量，如表 1.8.3 所示。

表 1.8.3 光照模型反射光

分量	含义
环境光	由光源发出经环境多次散射而无法确定其入射方向的光，其特征是入射方向和出射方向均为任意方向
漫反射光	来自特定方向，垂直于物体时比倾斜时更明亮，一旦照射到物体上，则向各个方向均匀地发散出去，其特征是入射方向唯一、出射方向为任意方向
镜面光	来自特定方向并沿另一方向反射出去，一个平行光束在高质量的镜面上产生完全的镜面反射，其特征是入射方向和出射方向均唯一

☞创建光源：在 OpenGL 中用函数 glLightfv()可创建光源，如下所示。

```
void glLightfv(light,pname,const * params);
```

其中，参数 light 指定所创建的光源号，如 GL_LIGHT0、GL_LIGHT1 等。参数 pname 指定光源特性，具体信息如表 1.8.4 所示。参数 params 设置相应的光源特性值。

表 1.8.4　光源参数

pname	含义
GL_AMBIENT	RGBA 模式下的环境光
GL_DIFFUSE	RGBA 模式下的漫反射光
GL_SPECULAR	RGBA 模式下的镜面光
GL_POSITION	光源的位置齐次坐标(x, y, z, w)
GL_SPOT_DIRECTION	点光源聚光方向矢量(x, y, z)
GL_SPOT_EXPONENT	点光源聚光指数
GL_SPOT_CUTOFF	点光源聚会截止角
GL_CONSTANT_ATTENUATION	常数衰减因子
GL_LINER_ ATTENUATION	线性衰减因子
GL_QUADRATIC_ ATTENUATION	平方衰减因子

光源的位置坐标采用齐次坐标(x, y, z, w)。$w=0$ 时，定义相应的光源是定向光源，其所有的光线几乎是互相平行的（如太阳光），光源方向由定义的坐标(x, y, z)指向$(0, 0, 0, 0)$；当 $w=1$ 时，光源为定位光源，(x, y, z, w)指定光源的具体位置，该位置会根据模型视点矩阵进行变换。

在 OpenGL 中，光源的启用和关闭代码如下。

```
glEnable(GL_LIGHTING);          //启用光照
glEnable(GL_LIGHTx);            //启动第 x 号光照
glDisable(GL_LIGHTING);         //关闭光照
```

☞ 光源衰减：由于定向光源模拟的是无穷远的光源，不会根据距离改变而衰减，所以在定向光源中是禁用衰减的；而定位光源有衰减，离光源越远光强度越弱。

在 OpenGL 中，光衰减是通过光源的发光量乘以衰减因子来实现的。衰减系数$=1/(K0+K1\times D+K2\times D^2)$，其中 D 为光源位置与顶点之间的距离。

OpenGL 代码定义如下。

```
K0＝GL_CONSTANT_ATTENUATION;      //常数衰减因子
K1＝GL_LINER_ATTENUATION;         //线性衰减因子
K2＝GL_QUADRATIC_ATTENUATION;     //二次衰减因子
```

（2）材质。

材质定义物体对不同光的反射（吸收）能力，定义材质的函数如下。

```
void glMaterialfv(face,pname,const * params);
```

其中，参数 face 表明当前材质应该应用到物体的哪一个面上，可以取 GL_FRONT、GL_BACK、GL_FRONT_AND_BACK。参数 pname 指定材质特性，具体信息如表 1.8.5 所示。参数 params 设置相应的材质特性值。

表 1.8.5　材质参数

pname	含义
GL_AMBIENT	材料的环境光颜色
GL_DIFFUSE	材料的漫反射光颜色
GL_ AMBIENT_AND_ DIFFUSE	材料的环境光和漫反射光颜色
GL_SPECULAR	材料的镜面反射光颜色
GL_SHININESS	镜面指数
GL_EMISSION	材料的辐射光颜色
GL_COLOR_INDEXES	材料的环境光、漫反射光和镜面光颜色

设置灯光和材质的示例如下。

```
//定义环境光分量
GLfloat lightAmbient[ ]={0.5f,0.5f,0.5f,1.0f};//环境光分量
GLfloat lightDiffuse[ ]={1.0f,1.0f,1.0f,1.0f};//漫反射分量
GLfloat lightPosition[ ]={0.0f,0.0f,2.0f,1.0f};//光源的位置
//创建一光源 GL_LIGHT1,并确定环境光分量
glLightfv(GL_LIGHT1,GL_AMBIENT,LightAmbient);
glLightfv(GL_LIGHT1,GL_DIFFUSE,LightDiffuse);
glLightfv(GL_LIGHT1,GL_POSITION,LightPosition);
//设置材质,表示当前材质对不同环境光的反射情况
glMaterialfv(GL_FRONT_AND_BACK,GL_SPECULAR,material_specular);
glMaterialfv(GL_FRONT_AND_BACK,GL_DIFFUSE,material_color);
glMaterialfv(GL_FRONT_AND_BACK,GL_AMBIENT,material_ambient);
glMaterialfv(GL_FRONT_AND_BACK,GL_SHININESS,128);
//基于状态控制机制
glEnable(GL_LIGHT1);
glEnable(GL_LIGHTING);
```

7)明暗处理

OpenGL 对场景中的物体进行平面明暗处理、光滑明暗处理,常采用以下两种形式。

```
glShadeModel(GL_FLAT);
glShadeModel(GL_SMOOTH);
```

其中,前者对物体进行平面明暗着色处理,用单一颜色去填充每个多边形;后者对物体进行光滑明暗处理,多边形内点的颜色由顶点的颜色经过线性插值得到。

8)显示列表

显示列表是由一组预先存储起来留待以后调用的 OpenGL 函数语句组成。只需将对象定义一次,然后将对象的详细描述存放在显示列表中。显示列表存放在高速缓存中,

执行时就可以重新显示。

　　显示列表的定义和几何图元的定义相似，以 glNewList( )函数开始，以 glEndList( )
函数结束，它们之间是显示列表的具体内容。每次调用时使用 glCallList( )函数。创建和
执行显示列表的过程如下。

```
//创建显示列表,分配 number 个相邻的未被占用的显示列表索引
glGenList(Glsizei number);
//参数 list 是一个正整数,它标志唯一的显示列表
//参数 mode 的值可能是 GL_COMPILE,GL_COMPILE_AND_EXECUT
glNewList(Gluint list,Glenum mode);
……
glEndList();
//执行显示列表
glCallList(GLuint list);
```

　　标志 GL_COMPILE 表示编译到高速缓存，但不显示其内容。GL_COMPILE_AND_
EXECUT 则表示不但编译而且立即显示。

　　在脑网络可视化系统第 3.2 节中绘制边的算法用显示列表实现，其代码如下。

```
//显示函数
void display(void){
  GLuint pipelines＝glGenList(1);    //分配 1 个未被占用的显示列表索引
  glNewList(pipelines,GL_COMPILE);
    drawPipelines(6);
  glEndList();
  glCallList(pipelines);            //执行显示列表
}
//绘制边函数
void drawPipelines(int m){
double theta,theta1＝0.0,theta2＝2.0 * 3.1415926;
double n[3],p[3],q[3],n2[3],perp[3],pp[3];
//计算从 end1 到 end2 的向量
n[0]＝end1[0]－end2[0]; n[1]＝end1[1]－end2[1]; n[2]＝end1[2]－
end2[2];
//在平面上创建两个互相垂直的向量 perp 和 q
n2[0]＝n[0]; n2[1]＝n[1]; n2[2]＝n[2];
if (n[0]＝＝0 && n[2]＝＝0)n[0]＋＝0.001;
else    n[1]＋＝0.001;
CrossProduct(perp,n,q);  CrossProduct(n2,q,perp);  //调用叉积函
数,最后一个参数是叉积结果
```

```
pp[0]=perp[0]; pp[1]=perp[1]; pp[2]=perp[2]; Normalize(&pp[0]);
perp[0]=pp[0]; perp[1]=pp[1]; perp[2]=pp[2];
pp[0]=q[0]; pp[1]=q[1]; pp[2]=q[2]; Normalize(&pp[0]);
q[0]=pp[0]; q[1]=pp[1]; q[2]=pp[2]; //得到单位法向量 perp 和 q
glBegin(GL_QUAD_STRIP);    //绘制一组相连的四边形
for (int i=0; i<=m; i++){
    theta=theta1+i*(theta2-theta1) / m;
    n[0]=cos(theta)*perp[0]+sin(theta)*q[0];
    n[1]=cos(theta)*perp[1]+sin(theta)*q[1];
    n[2]=cos(theta)*perp[2]+sin(theta)*q[2];
    pp[0]=n[0],pp[1]=n[1],pp[2]=n[2]; Normalize(&pp[0]);
    n[0]=pp[0],n[1]=pp[1],n[2]=pp[2];
    p[0]=end2[0]+radius2*n[0];
    p[1]=end2[1]+radius2*n[1];
    p[2]=end2[2]+radius2*n[2];
    glNormal3d(n[0],n[1],n[2]);
    glVertex3d(p[0],p[1],p[2]);
    p[0]=end1[0]+radius1*n[0];
    p[1]=end1[1]+radius1*n[1];
    p[2]=end1[2]+radius1*n[2];
    glNormal3d(n[0],n[1],n[2]);
    glVertex3d(p[0],p[1],p[2]);
    }
    glEnd();
}
```

附录 1.9　DICOM 标准

　　1983 年，美国放射学学会（America College of Radiology，ACR）和国家电气制造商协会（National Electrical Manufacturers Association，NEMA）成立了一个联合委员会，制定医学数字图像规范，应用于 X 射线、CT、磁共振、超声等医疗诊断设备的文件存储格式，其中包含患者的 PHI(Protected Health Information)，如姓名、性别、年龄等，还有一些图像信息、设备信息、医疗相关上下文信息等。于 1993 年发布了 DICOM3.0 标准，成为沿用至今的医疗影像领域的通用国际标准。

　　DICOM 将每层图像都存储为独立文件，这些文件用数字命名来反映相对应的图像层数。DICOM 文件扩展名为 .dcm，由文件头信息和数据集两部分组成，其结构图如

图 1.9.1 所示。文件头由文件序言、前缀和文件元信息元素组成，如设备信息、图像采集参数及患者信息等，是数据采集过程中的固有信息。而数据集是由一系列的数据元组成，其中包括标签号、值表示（即数据类型）、数据长度和数据域。所有数据元素用标签作为唯一标识，数据类型则取决于传输数据格式，为可选项。

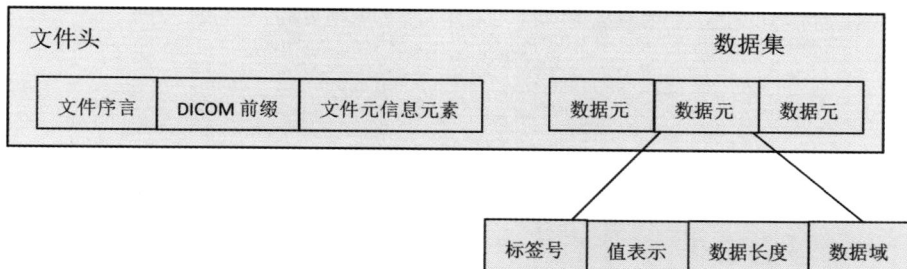

图 1.9.1　DICOM 文件结构图

DICOM 浏览器有很多，常见有 Sante DICOM Viewer、Mango 等。另外，基于 C++的 dcmtk、基于 Java 的 dcm4che 和基于 python 的 pydicom，都是可以解释 DICOM 标准的第三方库，在编程过程中引入它们可以避免底层解析工作，提高项目开发的效率。

DICOM 文件开始的 128 字节是文件头部分，主要信息存储在之后的数据集中。数据集以数据元的形式依次排列至文件结尾，数据元由标签号（tag）、值表示（value representation，VR）、数据长度（length）、数据域（value）依次组成。tag 是该数据元的标识，是标准定义的数据字典，由 4 字节表示，前 2 字节是组号，后 2 字节是偏移号，所有数据元在文件中都是按 tag 排序的，其中，（7fe0，0010）是图像像素数据开始处。VR 存储该项信息的数据类型，共有 27 种。length 存储该项信息的数据长度，value 存储该项信息的具体数据值。以下是某个 CT 影像中的部分图像信息示例：

```
//每一个像素的取样数,一般来说,灰度图像为 1,彩色图像为 3,
(0028,0002)  Samples per Pixel  VR:US  Length:2  Value:1
//图像高度
(0028,0010)  Rows               VR:US  Length:2  Value:512
//图像宽度
(0028,0011)  Columns            VR:US  Length:2 Value:512
```

以第一行数据为例，（0028，0002）代表该组数据元的组号为 0028，偏移号为 0002，Samples per Pixel 是数据元标识，表示该数据元描述了每个像素的采样数，数据类型（VR）是 US，表示 Unsigned Short，数据长度（Length）是 2，数据域（Value）是 1，表示该图像为灰度图像。

附录 1.10 三线性插值

三线性插值形式是线性插值的扩展，如图 1.10.1 所示。

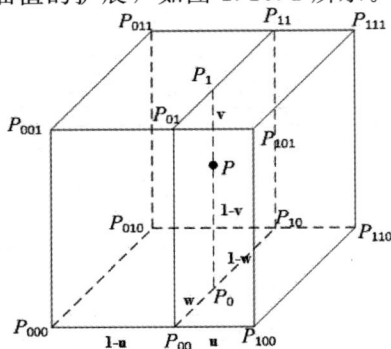

图 1.10.1 三线性插值

假设 P_{00}、P_{10}、P_{11}、P_{01}、P_0、P_1 为各边上的截点，截得体元各边比例为 u：$(1-u)$、v：$(1-v)$、w：$(1-w)$。

由

$$\boldsymbol{P}_{00}=u\boldsymbol{P}_{000}+(1-u)\boldsymbol{P}_{100}$$
$$\boldsymbol{P}_{01}=u\boldsymbol{P}_{001}+(1-u)\boldsymbol{P}_{101}$$
$$\boldsymbol{P}_{10}=u\boldsymbol{P}_{010}+(1-u)\boldsymbol{P}_{110}$$
$$\boldsymbol{P}_{11}=u\boldsymbol{P}_{011}+(1-u)\boldsymbol{P}_{111}$$

得到

$$\boldsymbol{P}_0=w\boldsymbol{P}_{10}+(1-w)\boldsymbol{P}_{00}$$
$$=uw\boldsymbol{P}_{010}+(1-u)w\boldsymbol{P}_{110}+u(1-w)\boldsymbol{P}_{000}+(1-u)(1-w)\boldsymbol{P}_{100}$$
$$\boldsymbol{P}_1=w\boldsymbol{P}_{11}+(1-w)\boldsymbol{P}_{01}$$
$$=uw\boldsymbol{P}_{011}+(1-u)w\boldsymbol{P}_{111}+u(1-w)\boldsymbol{P}_{001}+(1-u)(1-w)\boldsymbol{P}_{101}$$

于是

$$\boldsymbol{P}=v\boldsymbol{P}_0+(1-v)\boldsymbol{P}_1$$
$$=uvw\boldsymbol{P}_{010}+(1-u)vw\boldsymbol{P}_{110}+uv(1-w)\boldsymbol{P}_{000}+(1-u)v(1-w)\boldsymbol{P}_{100}+$$
$$u(1-v)w\boldsymbol{P}_{011}+(1-u)(1-v)w\boldsymbol{P}_{111}+u(1-v)(1-w)\boldsymbol{P}_{001}+$$
$$(1-u)(1-v)(1-w)\boldsymbol{P}_{101}$$

附录 1.11 基于 CUDA 的可视化编程

1. 基本概念

CUDA 是 NVIDIA 发布的并行计算架构，该架构通过挖掘图形处理器的浮点计算能力，继承了 GPU 并行处理大规模数据的优势，利用可伸缩编程思想，动态调度、执行线程级并行(Thread Level Parallel)任务，使可视化绘制更加高效。CUDA 可编程功能强大的并行处理能力，为实现体数据快速可视化提供了强有力的保障。

其主要特点如下。

(1)3D 图形应用程序可扩展并行性支持多核 GPU。

(2)以标准 C 语言作为编程语言，易上手。

(3)通过自定义调用并行处理架构，增加调度灵活度。

线程(Thread)是并行的基本单位，为提高并行执行效率，利用网格(Grid)和线程块(Block)的层次组织结构管理线程，如图 1.11.1 所示，视平面上每个像素颜色的生成交给一个线程完成，所有线程并行完成结果图像的生成。网格是能并行执行的线程块集合，一个线程块又由多个线程构成。

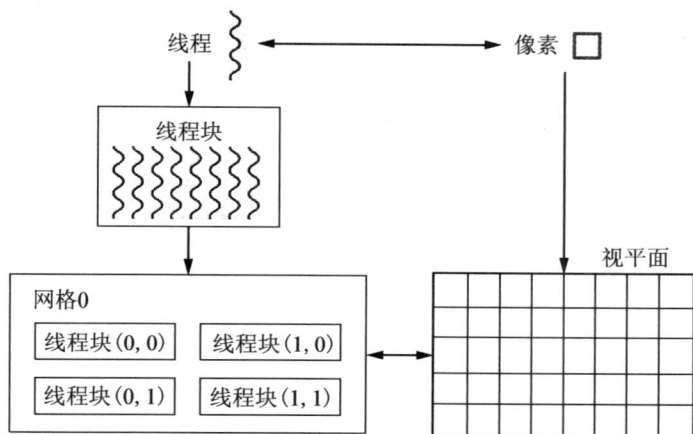

图 1.11.1 CUDA 线程模型

对于某个 C 语言程序，需要加速并行操作部分在 GPU(即设备端)上执行，而其他部分在 CPU(主机端)上执行。如图 1.11.2 所示，串行代码在主机上执行，核函数在设备端执行。

kernel()函数代表在 GPU 端实际执行并行加速的入口函数，使用__ global__定义，一个 kernel()函数按照线程网格的概念在 GPU 上执行，形式为 kernel<<<dimGrid,dimBlock>>>(arguments)，其中，dimGrid 和 dimBlock 分别为网格和线程块的维度、arguments 为这个函数的参数。例如：

```
d_render<<<gridSize,blockSize>>>(d_output,h_imageW,h_imageH,
h_brightness,h_density);
```

其中，d_render 是核函数、gridSize 和 blockSize 分别是网格和线程块的维度、d_output 是该核函数的计算结果指针、h_imageW 和 h_imageH 分别为视图宽度和高度、h_brightness 和 h_density 分别是控制体数据亮度和密度的参数。

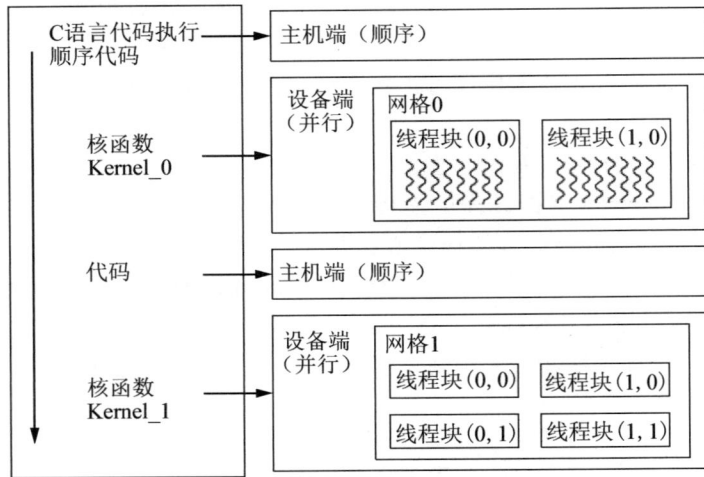

图 1.11.2　CUDA 执行模型

2. 存储器模型

CUDA 的存储结构模型，如图 1.11.3 所示，主要由以下几个部分组成。

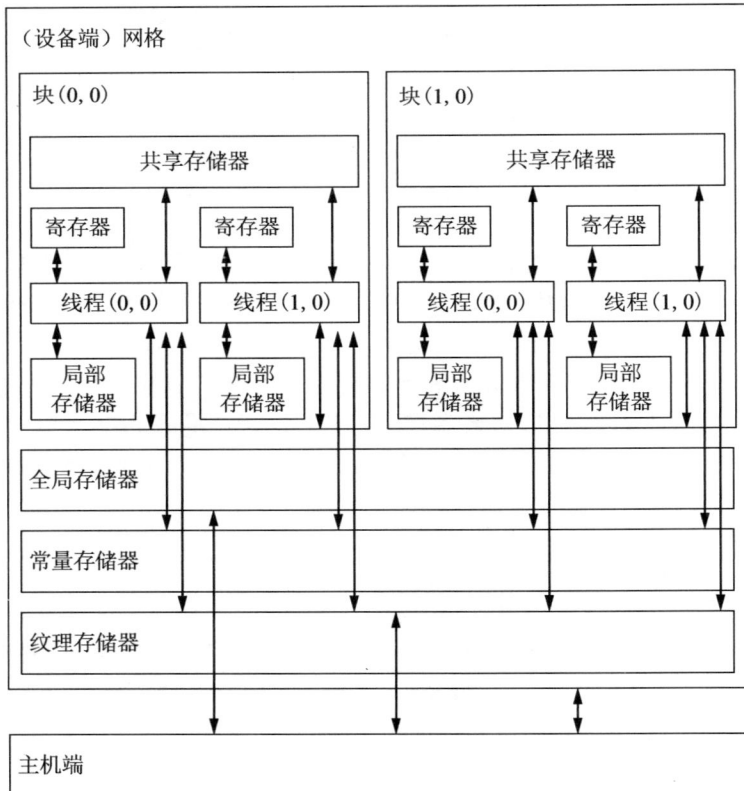

图 1.11.3　CUDA 存储结构模型

（1）局部存储器：寄存器被使用完毕后，数据将被存储在局部存储器中，此外还可存储大型结构体或者数组（无法确定大小的数组）、线程的输入和中间变量。

（2）共享存储器：每个线程块都有一个共享存储器，该存储器对于块内的所有线程都是可见的，并且与块具有相同的生命周期。在同一个块中的线程通过共享存储器共享数据、相互协作、实现同步。访问速度与寄存器相似，实现线程间通信的延迟最小。

（3）全局存储器：存在于显存中，也称为线性内存，所有线程都可访问全局存储器。通常使用 cudaMalloc() 函数分配存储空间，使用 cudaFree() 函数释放存储空间，使用 cudaMemcpy() 函数进行主机端与设备端的数据传输。

（4）常量存储器：只读地址空间，位于显存，用于存储需频繁访问的只读参数，所有的线程都可以访问该存储区。由于其在设备上有片上缓存，比全局存储器读取效率高很多。

（5）纹理存储器：将显存中数据与纹理参考关联，称为纹理绑定（Texture Binding）。纹理拾取使用的坐标与数据在显存中的位置可以不同，通过纹理参考约定二者的映射方式。纹理存储器提供不同的寻址模式，为某些特定的数据格式提供数据过滤的能力。

一个块内的线程可通过共享存储器来彼此协作，并同步协调存储器访问。每个线程块以任意顺序独立执行，允许跨核安排线程块。

以光线投射体绘制为例，并行加速过程如下：由视平面上每一个像素和视点连线决定一条光线，利用光线投射算法累加融合相交体素的方式实现体绘制。每一条光线作为加速的基本单元分配到每个线程，这些线程由 CUDA 的线程模型结构组织管理，将最后的运算内容存储在显存的全局存储器中以便 CPU 读取。实际上根据绘制窗口的像素来组织分配线程的做法既满足了成像分辨率的需求，也充分发挥了 CUDA 并行加速的能力。

3. 变量

CUDA C 语言为程序员提供了一种用 C 语言编写设备端代码的编程方式，包括对 C 的一些必要扩展和一个运行时库。本节介绍的在变量方面的扩展主要包括以下方面。

引入了变量类型限定符，用来规定变量被存储在哪一类存储器上。共享存储器上的变量使用关键字 __ shared __ 声明，全局存储器上的变量使用关键字 __ device __ 声明，常量存储器上使用关键字 __ constant __ 声明，在所有函数之外定义常量。例如：

```
//声明共享内存上矩阵 A,大小为 BLOCK_SIZE×BLOCK_SIZE
    __shared__ float    A[BLOCK_SIZE][BLOCK_SIZE]
//声明全局存储器上浮点数 offset
    __device__ float    offset;
//声明常量存储器上的数组 d_x
    __constant__ float  d_x[27];
```

引入了 4 个内建变量：blockIdx 和 threadIdx 用于索引线程块和线程，gridDim 和 blockDim 用于描述线程网格和线程块的维度。例如：

```
//x 是块索引 blockIdx.x 乘块维度 blockDim.x,并加线程索引 threadIdx.x
    uint x＝blockIdx.x * blockDim.x＋threadIdx.x;
```

引入了内置矢量类型，如 char4、ushort3、double2、dim3、float4 等，由基本的整型或浮点型构成，在设备端代码中各矢量类型有不同的对齐要求。例如：

```
//定义二维块大小 blockSize
   dim3   blockSize(16,16);
//定义浮点型向量 point 并初始化为 4 维数组
   float4   point＝make_float4(0.5f,0.5f,0.5f,1.0f);
```

4. 函数

CUDA C 在函数方面的扩展，主要包括以下方面。

引入了函数类型限定符，用来规定函数是在 Host 还是在 Device 上执行，以及这个函数是从 Host 还是从 Device 调用。__device__限定符用于声明在设备端上执行且只能在设备端调用的函数，不能对此类函数取指针。__global__限定符用于声明内核函数，这类函数在设备端执行，只能从主机端调用，返回类型必须为 void，参数通过共享存储器传递，不能与__host__连用。__host__限定符用于声明在主机端执行且只能从主机端调用的函数，没有任何限定符的函数相当于只用__host__限定符修饰的函数。__host__和__device__可以一起使用，此时函数将分别编译出主机端和设备端运行的版本。__device__和__global__都不支持递归，函数体内不能声明静态变量，参数数目不可变化。例如：

```
//矩阵加法的内核函数 matAdd(),矩阵 A＋矩阵 B＝矩阵 C,使用__global__
限定
   __global__ void matAdd(float * A,float * B,float * C)
   {
       //内建变量 threadIdx 与矩阵中每个元素的位置相对应
       int i＝threadIdx.x;
       int j＝threadIdx.y;
       C[i][j]＝A[i][j]＋B[i][j];
   }
   int main( )                              //主函数调用内核函数
   {
       ……
       dim3 dimBlock(N,N);                  //设置线程数目
       matAdd<<<1,dimBlock>>>(A,B,C);      //调用 Kernel 函数
       ……
   }
```

5. 纹理

1）简介

纹理存储器有缓存机制，主要有两个作用：首先，纹理缓存中的数据可以被重复利用，避免对显存的多次读取，节约带宽，也不必按照显存对齐的要求读取；其次，纹理

缓存一次预拾取坐标对应位置附近的几个像元，可以实现滤波模式，提高具有一定局部性的缓存效率。

如图1.11.4所示，纹理拾取的第一个参数指定对象称为纹理参考，其定义使用哪部分的纹理存储器。必须通过主机运行时，将其绑定到存储器的某些区域（即纹理），之后才能供内核使用。

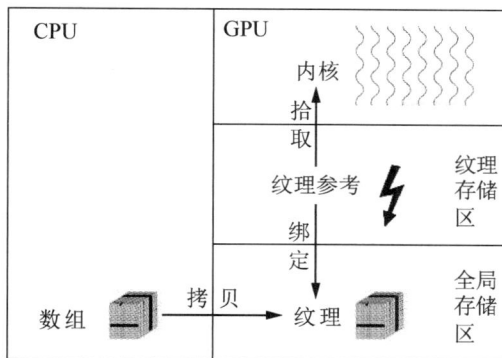

图1.11.4　纹理使用示意图

2) 纹理参考属性

纹理参考的一些属性只使用于与CUDA数组绑定的纹理参考，并且可以在运行时修改。这些属性规定纹理的寻址模式，是否进行归一化，以及纹理滤波模式，如表1.11.1所示，通过Texture Reference结构体进行描述。

```
struct textureReference {
    int normalized;                              // 是否对纹理坐标
进行归一化
    enum cudaTextureFilterMode filterMode;       // 纹理的滤波模式
    enum cudaTextureAddressMode addressMode[3];  // 寻址模式
    struct cudaChannelFormatDesc channelDesc;    // 纹理获取返回值
                                                    类型
}
```

表1.11.1　纹理参考属性

绑定纹理的数据结构	拾取坐标	滤波	归一化坐标	类型转换	多维纹理	寻址模式
CUDA数组	浮点型	对浮点型像元支持	支持	支持	支持	支持
线性内存	整型	不支持	不支持	支持	不支持	不支持

下面给出部分解释。

(1)拾取坐标。

由于 GPU 中通常用浮点计算点的坐标,因此使用浮点数作为纹理拾取坐标更加自然。浮点型纹理坐标可以是归一化或者非归一化。使用归一化纹理时,纹理在每个维度的坐标都被映射到[0.0,1.0]范围内,不用关心纹理的实际尺寸;使用非归一化纹理时,每个维度的坐标都被映射到[0.0,$N-1$]范围内,其中 N 是纹理在该维度上像元的数量。

(2)滤波。

滤波确定纹理取值模式。对 CUDA 绑定纹理,如果纹理拾取的返回值类型是浮点型,可对其进行滤波,可以是最近点取样模式(cudaFilterModePoint)或线性滤波模式(如 cudaFilterModeLinear)。最近点取样模式的返回值是与纹理拾取坐标对应位置最近像元的值,线性滤波模式会先取出附近几个像元值,按照拾取坐标对应位置与这几个像元位置的距离进行线性插值。线性滤波的插值计算不占用可编程单元,提供额外的浮点处理能力,但精度较低。最近点取样模式的返回值不会改变纹理中像元的值,适合于实现查找表。

(3)类型转换。

如果像元中的数据是 8bit 或 16bit 整型,可以通过类型转换改变纹理拾取的返回值类型。此时,8bit 或 16bit 对应的整数域会被映射到归一化的浮点范围[0.0,1.0](对无符号整型)或[-1.0,1.0](对有符号整型)。

(4)寻址模式。

寻址模式是确定当纹理访问超出边界时的处理方式。当与 CUDA 数组绑定的纹理输入坐标超出纹理寻址范围时,对输入坐标的处理有钳位和循环两种寻址模式。使用钳位模式(如 cudaAddressModeClamp)时,超过寻址范围的输入坐标将被"钳位"到寻址范围的最大值或最小值。循环模式(如 cudaAddressModeWarp)对超出寻址范围的纹理坐标作求模处理。钳位模式对归一化或非归一化纹理坐标都可使用,循环模式只对归一化纹理坐标使用。除此之外,对于线性存储器绑定的纹理进行访问时,如果坐标超过寻址范围,返回值将是 0。

举例说明如下。

```
// 设置纹理参考 tex 的属性
    tex.normalized=true;                        // 使用规范化坐标
    tex.filterMode=cudaFilterModeLinear;        // 线性插值
    tex.addressMode[0]=cudaAddressModeClamp;// 调整坐标在[0,1]范围
    tex.addressMode[1]=cudaAddressModeClamp;// 调整坐标在[0,1]范围
```

3)使用纹理过程

使用纹理存储器时,首先要在主机端声明需要绑定到纹理的线性存储器或 CUDA 数组,并设置好纹理参照,然后将纹理参考与线性存储器或 CUDA 数组绑定。主要操作步骤包括纹理参考声明、纹理参考绑定、纹理参考使用和纹理参考解绑。

(1)纹理参考声明。

纹理参考中的一些属性必须在编译前显式声明,定义在所有函数体外,作用范围包

括主机端和设备端代码，一旦确定就不能在运行时修改。纹理参照系通过一个作用范围为全文件的 texture 型变量声明：

```
texture<Type,Dim,ReadMode>  texRef
```

其中，Type 为纹理拾取返回的数据类型，Dim 指定纹理参考维度，默认值为 1；ReadMode 可以是 cudaReadModeNormalizedFloat 或 cudaReadModeElementType，前者要进行类型转换，后者不会改变返回值类型，默认为 cudaReadModeElementType。

　　GPU 光线投射体绘制时，体素颜色和不透明度由一个颜色查找表来确定，如图 1.11.5 所示，颜色查找表以数组形式存储，其值根据传递函数得到。由于采用 GPU 的线程模式来并行加速体绘制，利用 GPU 纹理作为查找表的载体，颜色值和不透明度值直接从预存的 GPU 显存中查找获得，减少了 GPU 和 CPU 之间的通信，同时由于数据存储的离散性，需要的实际查找值往往经过插值、浮点运算得到，而浮点插值运算恰好又是 GPU 的优势之一，所以利用 GPU 的纹理显存作为查找表的存储载体可大大减少传递函数映射查找所耗费的时间。

　　在 GPU 中，通过一个一维纹理存放颜色表，如灰度数据从 0 到 N 离散存放，这里 N 是一个由颜色存储位 i 来决定的自然数 $N=2^i$，通过预计算函数映射表的一维纹理，对这个纹理进行采样。

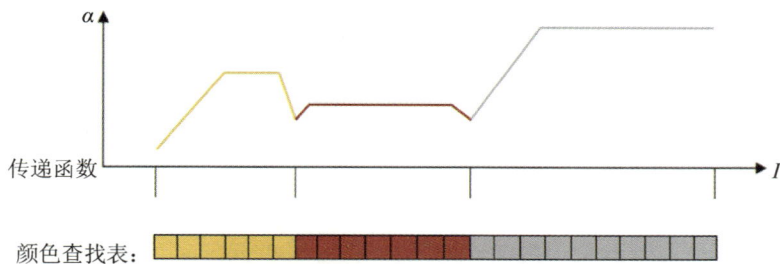

图 1.11.5　颜色查找表示意图

以下是声明纹理参考的示例。

```
Texture <float4,1,cudaReadModeElementType>  transferTex;
                                            // 一维传递函数
Texture <uchar,3,cudaReadModeNormalizedFloat> tex;
                                            // 三维纹理数据
```

　　声明 CUDA 数组之前，必须先以结构体 channelDesc 描述 CUDA 数组中的数据类型；然后确定 CUDA 数组的维度和尺寸，通过 cudaMalloc3DArray() 函数或 cudaMallocArray() 函数分配存储空间。使用完成后，通过 cudaFreeArray() 函数释放显存。

　　由 cudaMalloc3DArray() 函数分配的 CUDA 数组，使用 cudaMemcpy3D() 函数完成与其他 CUDA 数组或线性存储器的数据传输，使用 CUDAExtent 描述 CUDA 数组和用 malloc3D 分配的线性存储器在 3 个维度上的尺寸。

(2)纹理参考绑定。

声明纹理参考，通过 cudaBindTexture()函数或 cudaBindTextureToArray()函数将数据与纹理参考绑定。绑定数据类型必须与声明纹理参考时的参数匹配。使用 cudaUnbindTexture()函数解除纹理参照的绑定。

以下是函数 initTransFunc()的一部分，为体绘制中传递函数声明 CUDA 数组并分配空间。

```
// h_transferMemory:主机端传递函数数组;Threshold:存储传递函数所需
空间大小
void initTransFunc(float4 * h_transferMemory,size_t Threshold)
{
    //由结构体 cudaChannelFormatDesc 变量 channelDesc2 定义 CUDA 数组
      的数据类型
    cudaChannelFormatDesc channelDesc2 = cudaCreateChannelDesc
    <float4>();
    //分配存储空间
    cudaMallocArray( &d_transferFuncArray,&channelDesc2,
    Threshold,1);
    //从 Host 到 Device 进行数组数据传输,d_transferFuncArray 为设备端数组
    cudaMemcpyToArray(d_transferFuncArray,0,0,h_transferMemory,
    sizeof(float4) * Threshold,cudaMemcpyHostToDevice);
    ……
}
```

以下是函数 initTransFunc()的后半部分，设置一些运行时纹理参考属性，并将数据与纹理绑定。

```
// h_transferMemory:主机端传递函数数组;Threshold:存储传递函数所需
空间大小
void initTransFunc(float4 * h_transferMemory,size_t Threshold)
{
// 初始化传递函数数组
    float4 transferFunc[] = {{0.0,0.0,0.0,0.0,},{1.0,0.0,0.0,1.0,},
                             {1.0,0.5,0.0,1.0,},{1.0,1.0,0.0,1.0,},
                             {0.0,1.0,0.0,1.0,},{0.0,1.0,1.0,1.0,},
                             {0.0,0.0,1.0,1.0,},{1.0,0.0,1.0,1.0,},
                             {0.0,0.0,0.0,0.0,},};
    // 定义与纹理绑定的 CUDA 数组,并分配空间
    cudaChannelFormatDesc    channelDesc2 = cudaCreateChannelDesc
<float4>();
```

```
cudaArray *                    d_transferFuncArray;
//设置纹理参照属性
transferTex.filterMode＝cudaFilterModeLinear;
                               // 使用线性插值滤波
transferTex.normalized＝true;        // 使用规范化坐标
transferTex.addressMode[0]＝cudaAddressModeClamp;
                               //调整坐标在[0,1]范围内
//纹理参考绑定
 cudaBindTextureToArray ( transferTex,d _ transferFuncArray,
channelDesc2);
    }
```

(3)纹理参考使用。

纹理拾取函数采用纹理坐标对纹理存储器进行访问。对与线性存储器绑定的纹理，使用 tex1Dfetch()函数访问，采用的纹理坐标是整型。对与一维、二维和三维 CUDA 数组绑定的纹理，分别使用 tex1D()、tex2D()和 tex3D()函数访问，采用浮点型纹理坐标。

以下是纹理拾取函数的例子。

```
// 一维纹理拾取
template＜class Type,enum cudaTextureReadMode readMode＞
Type tex1D(texture＜Type,1,readMode＞ texRef,float x);
// 二维纹理拾取
template＜class Type,enum cudaTextureReadMode readMode＞
Type tex2D(texture＜Type,2,readMode＞ texRef,float x,float y);
// 三维纹理拾取
template＜class Type,enum cudaTextureReadMode readMode＞
Type tex3D(texture＜Type,3,readMode＞ texRef,float x,float y,
float z);
```

// 读取三维纹理示例如下。

```
float sample＝tex3D(tex,pos.x,pos.y,pos.z);
```

(4)纹理参考解除绑定。

// 调用 unbind texture 的函数，将 texture reference 的资源释放。

```
cutilSafeCall(cudaBindTextureToArray (transferTex,d_transferFuncArray,
channelDesc2));
```

附录 1.12　Leap Motion 介绍

1. Leap Motion 简介

Leap Motion 内部由两个红外摄像机(IR Camera)和 3 个红外发射器(IR LED)组成，如图 1.12.1(a)所示。Leap Motion 表面是一块黑色的红外滤光片，对可见光波段以及紫外光具有较强的屏蔽作用，可以过滤除红外线以外的光线，降低环境光对成像质量的影响。内部的红外发射器是红外 LED 灯，发射波长在 800nm～1000nm 的红外光，提供背光源。这样红外 LED 发射的光透过红外滤光片照射到外界的物体上，被物体发射回来后会被红外摄像机接收，Leap Motion 利用双目视觉深度算法将摄像机获得的图像提取出来，这样就很容易得到手指三维立体空间的运动和坐标信息。

Leap Motion 使用右手笛卡尔坐标系，如图 1.12.1(b)所示，让绿色提示灯面对使用者摆放，X 轴与设备的长边平行，Y 轴垂直于设备表面，Z 轴与设备的短边平行。Leap Motion 跟踪到的数据以真实物理空间的毫米为单位，精确度达到 0.01mm。

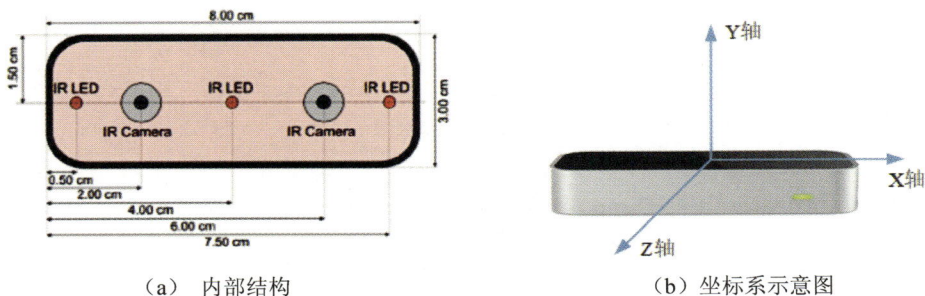

（a）　内部结构　　　　　　　　　　（b）坐标系示意图

图 1.12.1　Leap Motion 的内部结构和坐标系示意图

2. Leap Motion 工作区

Leap Motion 的工作区为一倒立的金字塔，设备处于定点位置。有效监测范围是设备上方 25mm～600mm 的范围，检测角度为 150°，如图 1.12.2 所示，蓝色范围为工作区。它可以识别工作区内的手、手指和类似于手指的工具，实时获取它们的位置、姿势和动作。

3. Leap Motion 追踪数据

Leap Motion 设备追踪在工作区中的手、手指和工具，更新的数据信息称为"帧"。每一"帧"数据包含所有手掌信息、所有手指信息、手持工具信息和所指对象信息，如表 1.12.1 所示。Leap Motion 自动为这些检测到的对象分配 ID，用户从而可以根据 ID，通过接口函数来查询这些对象的信息，如手掌位置、手掌朝向、手指速度等。这些 ID 是唯一的，该物体一直处于检测范围内没有丢失时，这个 ID 就保持不变；如果追踪目标丢失或者失而复得，Leap Motion 会分配一个新的 ID，体交互就是通过使用手指 ID 获取相关信息的。

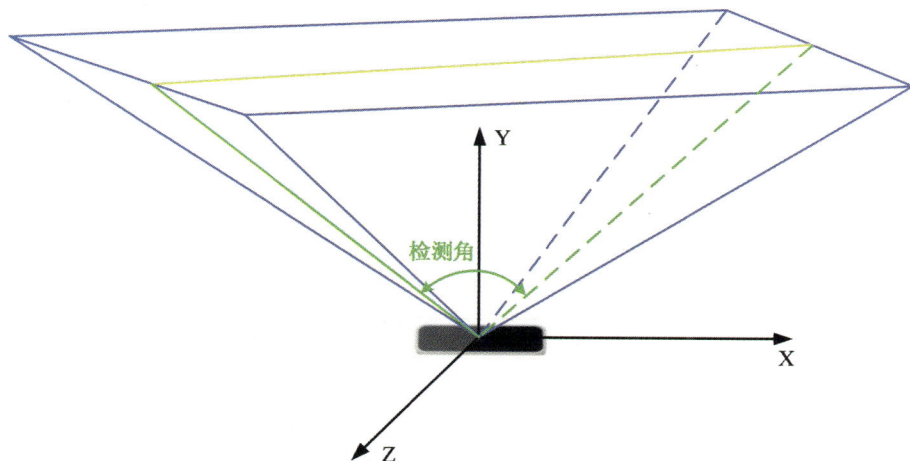

图 1.12.2　Leap Motion 工作区

表 1.12.1　Leap Motion 追踪数据

名称	介绍
Hands	所有的手
Pointables	有端点的手指、工具
Fingers	所有的手指
Tools	所有的工具
Gesture	所有手势的更新

如果用户的手只在 Leap Motion 的视野中出现了一部分，那么手指或者工具都无法与手关联。因此需注意手的摆放，确保手和工具同时都在可视范围内。

Leap Motion 识别物体的运动是通过比较当前帧与前一个特殊帧的信息实现的，只要前一特殊帧检测对象数据发生了位移、旋转、大小变化等就会被迅速识别。如果在视野内移动被检测到的手，帧信息就会包含位移变化；如果转动双手，帧信息就包含旋转信息。如果将双手靠近或者远离设备，帧信息就包含缩放信息。帧信息中描述运动的变量如表 1.12.2 所示。

表 1.12.2　Leap Motion 数据所含变量

名称	介绍
旋转坐标（Rotation Axis）	向量，描述坐标的旋转
旋转角度（Rotation Angle）	值，相对旋转角度（顺时针方向）
旋转矩阵（Rotation Matrix）	数组，旋转变换的矩阵
缩放因子（Scale Factor）	值，描述缩放比例
位移（Translation）	向量，描述坐标的位移

4. Leap Motion 手部模型

Leap Motion 中的手部模型包括手部整体、手指、骨骼的空间和运动信息，它可以判断这只手是左手还是右手，而且在追踪数据列表中可以出现多于两只手的信息。

1）手部模型

手部模型所包含的信息如表 1.12.3 所示，其中所涉及的球心和球半径的示意图如图 1.12.3 所示，手掌内侧弧度不同对应的球体半径也不同，图 1.12.3(a)手掌内侧弧度比图 1.12.3(b)平滑，对应的球体半径也比图 1.12.3(b)中的大。

表 1.12.3　手部模型信息

名称	介绍
手掌位置（Palm Position）	坐标，手掌在 Leap Motion 坐标系中的位置
手掌速率（Palm Velocity）	值，手掌运动速度 mm/s
手掌法向（Palm Normal）	向量，与手掌所在平面垂直的向量，方向指向手掌内侧
方向（Direction）	向量，由手掌中心指向手指方向
球心（Sphere Center）	坐标，将手掌内侧弧度看作一个球的一部分，此为该球的球心
球半径（Sphere Radius）	值，上述球的半径

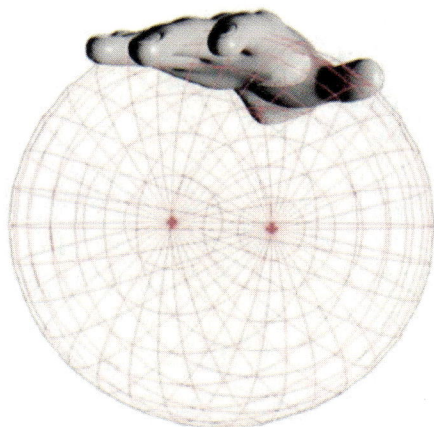 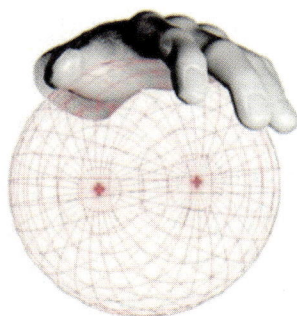

　　　　（a）示意图1　　　　　　　　　　　　　　　（b）示意图2

图 1.12.3　手掌所握球体示意图

2）手指模型

手指模型包括每根手指的末端位置和所指方向，也包括其骨骼信息，如图 1.12.4(a) 所示，Leap Motion 中从拇指到小指分别用 Thumb、Index、Middle、Ring、Pinky 表示。Leap Motion 中手的骨骼模型与真实的手部骨骼不完全相同，拇指的指骨实际上只有 3 节，为了方便程序运算，Leap Motion 中拇指包含了一节 0 长度的指骨，这样就让拇指和其他手指有一样的指骨数，因此单手时一共可以识别 20 个手指骨骼关键点和一个手掌关键点，如图 1.12.4(b)所示。

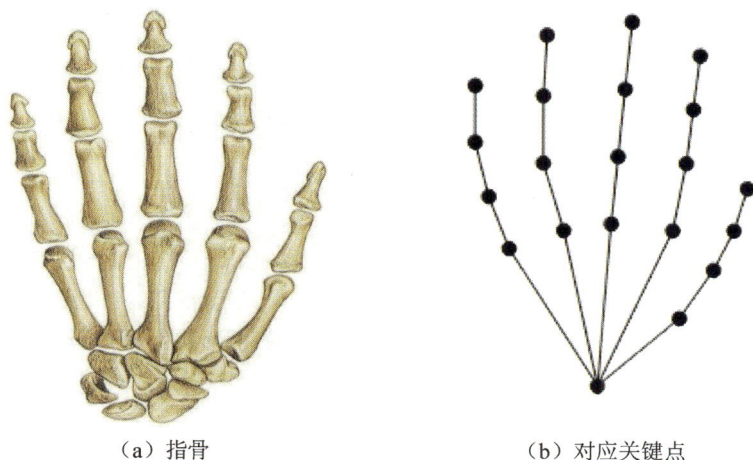

（a）指骨　　　　　　　　　（b）对应关键点

图 1.12.4　手指骨骼和对应手模型关键点示意图

3）预定义手势

Leap Motion 预定义了多个手势，对于每个被检测到的手势，它将每一个手势对象 Gesture 添加到帧数据中，可以通过帧手势列表来获取手势信息。表 1.12.4 是 Leap Motion 可以识别的运动手势，与图 1.12.5 所示一一对应。其中，图 1.12.5(a)表示单个手指画圈，这个手势是持续的，一旦开始就会持续更新状态到停止画圈。图 1.12.5(b)表示手的线性运动，是上下挥手姿势。图 1.12.5(c)表示单个手指点击，像按下键盘一样，是一个离散的运动，只有一个独立的手势对象会被添加到点击手势。图 1.12.5(d)表示单个手指对电脑屏幕方向垂直点击，就像触摸一个与用户垂直的屏幕，是离散的运动，只有一个独立的手势对象会被添加到点击手势。

表 1.12.4　预定义手势

名称	介绍
圈（Circle）	单个手指画圈
挥动（Swipe）	整个手部的线性运动
按键点击（Key Tap）	单个手指向下点击
屏幕点击（Screen Tap）	单个手指水平地点击竖直屏幕

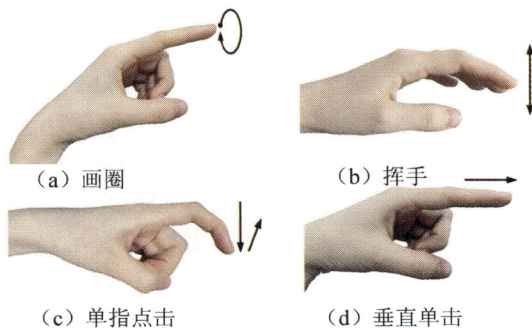

（a）画圈　　　　　　　　　（b）挥手

（c）单指点击　　　　　　　（d）垂直单击

图 1.12.5　手势运动示意图

如果手势重复数次，Leap Motion 会把更新手势对象不断添加到随后的帧中。画圈和挥手的手势都是持续的，Leap Motion 为程序在每帧中持续更新这些手势；点击是离散的手势，它把每次点击作为独立的手势对象报告。

5. Leap Motion 双手识别过程

双手交互模型是左手与右手同时进行交互操作，为了便于实现与操作，设定左手对模型进行控制，如平移、旋转等；右手对可视化工具进行操作，如体切割、滤镜等。

当然，模型允许只有左手或右手进行操作，如果只检测到一只手时，默认为左手功能，这只手只对模型进行控制。该模型实现过程分为手部识别、手势的识别、手势数据处理和手势操作响应等子过程，如图 1.12.6 所示。

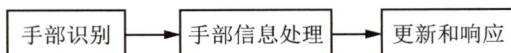

手部识别 → 手部信息处理 → 更新和响应

图 1.12.6　Leap Motion 双手交互操作实现过程示意图

手部的识别问题是指左右手识别，交互操作模型需要左手与右手协同，所以手部的识别是基础。由于目前 Leap Motion 没有提供识别左手或右手功能的接口，这个识别工作只能由开发者实现。由于硬件识别算法的限制，Leap Motion 并不能在任何时候都能识别出完整的手，如在手掌平行于设备坐标系 Y 轴时和手掌翻转时。这就给左右手识别带来了一定难度。根据 Leap Motion 开发文档，观察交互时手部的基本姿势，可根据刚开始进行交互时双手手掌方向，判断左右手。

如图 1.12.7 所示，当双手自然摆放时，左手掌心朝右，右手掌心朝左。当用户将要进行交互时，首先将手自然摆放在 Leap Motion 工作区，可以被 Leap Motion 能够识别，然后用户开始交互。

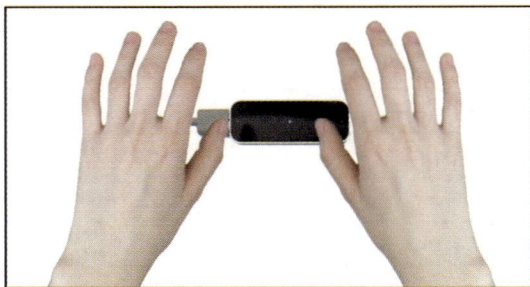

图 1.12.7　双手自然摆放时，Leap Motion 识别手的姿势

Leap Motion 提供了手掌所在平面法向量 **Palm Normal**，简记为 n。识别时，获取 n 的 X 轴分量 n_x，若 $n_x > 0$，则为左手；$n_x < 0$，则为右手；若 $n_x = 0$，则无法判断。在实现时，值得注意的一点是，如果手指过于弯曲，设备将识别到缺少手指或者没有手指的手，此时不能保证 n 的正确性，因此在左右手的识别过程中双手张开和自然摆放是两个关键。当识别到左手或者右手后，记录对应 ID，之后的交互，将根据 ID 来获取左右手信息。

操作模型中，只识别一只左手或一只右手，若存在第二只左手或者右手，模型将不予识别，若被识别的手撤出 Leap Motion 工作区后，原来的 ID 将被视为无效 ID。此后，若有相同属性的左手或右手出现，将对此手进行识别，并记录其 ID。完成识别后，便进入手势识别和手势数据处理。

6. 配置与安装

第一步：下载开发工具包 SDK。

在 Leap Motion 官网下载 SDK 的压缩包，下载地址为"https://developer.leapmotion.com/get-started/"，单击 Leap Motion Controller 下方的"SELECT"按钮，进入下载页面。本书以 Leap 3.2.1 版本为例，如果下载页面显示高版本，单击"see our documentation page"按钮，选择"V3 software"选项，单击"ORION BETA DOWWLOAD 3.2.1"按钮，完成注册和登录后下载。将下载的压缩包解压，得到 3 个文件，如图 1.12.8 所示。

第二步：安装 SDK。

双击图 1.12.8 中第二行的可执行文件，按照提示安装结束后会成功安装 3 个软件：Leap Motion App Home（应用商店）、Leap Motion Control Panel（Leap Motion 控制面板）、Leap Motion Visualizer（观察器）。

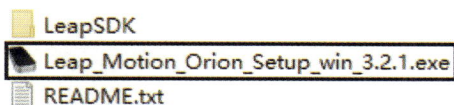

> 📁 **LeapSDK**
> 📄 **Leap_Motion_Orion_Setup_win_3.2.1.exe**
> 📄 README.txt

图 1.12.8　SDK 解压文件

第三步：连通设备并配置环境。

将 Leap Motion 与主机相连，在 Window 开始界面"最近安装"中打开 Leap Motion 控制面板，可对其进行设置。启动之后在桌面右下角会出现一个方形图标。设备插入后正常状态下为绿色，设备未插入时为黑色，设备表面有污染时为黄色。

第四步：将图 1.12.8 目录 Leap SDK 下"\lib\x64\Leap.d11"复制到"C:\Windows\System32"和"C:\Windows\SysWOW64"。

注意，Leap Service 有时会存在启动异常问题：当运行 Leap Motion 控制面板时，会提示 Leap Service 未启动，需要手动打开。面对这样的情况，右击"我的电脑"，在弹出的快捷菜单中选择"管理"→"服务与应用程序"→"服务"→"Leap Service"选项，选择"启动"选项即可。